U0727649

千古人物 清圣祖

中国历史上的盛世圣君

康熙传

李丹丹◎编著

内蒙古出版集团
内蒙古文化出版社

图书在版编目(CIP)数据

清圣祖康熙传 / 李丹丹编著 .-- 呼伦贝尔 : 内蒙古文化出版社，2016.6
（古代帝王传记丛书）
ISBN 978-7-5521-1114-9

Ⅰ. ①清… Ⅱ. ①李… Ⅲ. ①康熙帝（1654-1722）—传记Ⅳ. ① K827=49

中国版本图书馆 CIP 数据核字（2016）第 146721 号

清圣祖康熙传
QINGSHENGZU KANGXI ZHUAN
李丹丹　编著

责任编辑　姜继飞
装帧设计　鸿儒文轩

出版发行　内蒙古文化出版社
地　　址　呼伦贝尔市海拉尔区河东新春街4 - 3号
直销热线　0470 - 8241422　　邮编　021008

排版制作　大华文苑（北京）图书有限公司
印刷装订　三河市华东印刷有限公司
开　　本　710mm × 1000mm　1/16
字　　数　280千
印　　张　20
版　　次　2016年6月第1版
印　　次　2022年4月第2次印刷
印　　数　8001—13000 册
书　　号　ISBN 978-7-5521-1114-9
定　　价　39.80元

前言

浩浩五千年的中华历史长河，涌现出了许多帝王，他们曾经煊赫一时，有的是历史长河中的顺风船，有的是中流石，有的似春汛，有的如冬凌，有的是与水俱下的泥沙，有的是顺流而漂的朽木……总之，浩浩历史千百载，滚滚红尘万古名，史海钩沉，各领风骚，薪火相传，承继着悠久的中华历史。

在我国，帝王是皇帝和君王统称，是封建王朝最高的统治者，拥有至高无上的权力。在周朝之前，“帝”与“王”字义相近。而在秦朝以前，帝王是至尊君主，等同“天子”。自秦嬴政称“皇帝”后，“王”与“皇”有了区别，“王”成为地位仅次天子而掌控一方之诸侯的称呼了。

在我国历史上，“皇帝”这个名称是由秦嬴政最先确定的，也是他最先使用的。“皇帝”取“德兼三皇、功盖五帝”之意。秦始皇创建了皇帝制度，并自称第一个皇帝，称为“始皇帝”。皇帝拥有法律制定权、行政决策权和军事指挥权。自此，我国开始了长达两千多年的封建皇帝制度。

我国从公元前221年秦始皇称帝起，到1911年宣统帝退位止，在2131年的时间里，共产生了230位皇帝。第一个皇帝是秦始皇，最末皇帝是清朝宣统帝。其中在位时间最长的皇帝是清朝康熙帝，在位61年；在位时间最短的皇帝是明朝明光宗，在位仅1个月。当然，关于皇帝数量还存在多种说法。

这么多帝王，我们细细思量他们在历史上的价值和分量，还是有轻有重的。他们有的文韬武略兼备，建有盖世奇功，开创了辉煌历史，书写了宏伟的英雄史诗，成为了民族的自豪，十分值得千古赞颂；有的奸猾狡诈，就是混世枭雄，糟蹋了乾坤历史，留下了千古骂名永远被人们口诛笔伐；有的资质平平，没有任何建树，在历史上暗淡无光，如过眼云烟，不值一提……

但是，无论怎样，帝王是我国古代中央政权的突出代表，是最高的当权者，是政府和社会的核心，享有最高的权力和荣誉。作为历史的重要角色之一，帝王是当时左右和影响国家、民族命运的关键人物。因此，有人忠从，有人利用，有人艳羡，有人嫉妒，有人觊觎，有人怒斥。他们充满了谜一般的神奇诱惑力，我们能够从他们身上，集中感受到历史的丰富内涵与时代的沧桑变化。特别是历朝皇帝的贤愚仁暴、国运的兴衰更迭、政治的清浊荣枯、民生的安乐艰辛，都能给后世以镜鉴。至于帝王本人的成长修养、家庭的维系安顿、处世的进退取予、行事的韬略谋断等，我们都可以从中受到震撼，获得巨大的启示。

为此，我们根据最新研究资料，在有关专家指导下，特别推出了本套书系，主要精选了我国历史上十大著名帝王——他们都有运筹帷幄的雄才伟略，曾经叱咤风云，纵横天地，创造着世界，书写着历史，不断开创中华民族的辉煌篇章，不断推动我国历史的飞速发展，为我们留下了许多宝贵的精神财富和物质财富。

当然，这些帝王作为历史杰出人物也难免具有历史局限性，在他们身上也有许多封建、腐朽、落后、残酷等糟粕，这些都需要广大读者扬弃。而我们在讲述他们的人生事迹时，综合参考了大量史料，尽量挖掘他们优秀、积极、阳光、励志的正能量。因此，我们取其精华，去其糟粕。这样难免会出现挂一漏万等现象，也请广大读者理解。

总之，我们主要以这些帝王的人生轨迹为线索，并以真实历史事件贯穿，尽量避免冗长的对日常琐事的叙述和演绎戏说，而是采用富于启发性的历史故事来传达他们的人生与时代，尤其着重描写他们所处时代的生活特征和他们建功立业的艰难过程，以便广大读者产生共鸣并有所启迪。

目录

安定朝廷局势

康熙早已站在殿前，一见鳌拜走来，便威武地喝道："把鳌拜拿下！"

只听得一阵脚步声响，两边拥出一大群少年侍卫，一齐扑向鳌拜，有的抱腰，有的扯腿，有的拧胳膊，霎时间扭打成一团。

鳌拜原是个武将，力大无比，又有武艺，但是毕竟年纪大了，手脚已不灵便，同时寡不敌众，不一会儿就被众少年掀翻在地，捆缚起来，关进大牢。

康熙立即下令，命众亲王和大臣调查和议定鳌拜的罪行。众亲王和大臣见十四岁的皇上这么坚决果断，而且不动声色就拔掉了这个天大的祸根，自然不敢怠慢，只用十天工夫便把鳌拜专横乱政的三十条大罪调查清楚，奏请皇上将他处死。

少年荣登皇位

顺治十一年，也就是1654年，农历三月十八日，爱新觉罗·玄烨生于北京紫禁城景仁宫，他是顺治帝福临的第三个儿子。玄烨的生母是佟妃。佟妃的祖先佟养真本来是辽东的汉人，后来随兄弟佟养性投靠了努尔哈赤，被列入汉军，并受命管理汉军事务。后来佟养真战死，由他的儿子佟图赖承袭了职位，最后官至三等精奇尼哈番、太子太保。有了这样的身份，佟妃才得以被选入宫中，并于一年后生下了玄烨。

由此可知，玄烨并非一个纯粹的女真人后代，他的身上，至少流淌着三个优秀民族——满族、汉族、蒙古族的血液。尽管其母系已经加入了八旗，也算是满族人，但从血统上看，他的汉族血统也是永远抹杀不了的。

尽管母亲的地位没有使玄烨在众皇子中占据优势，但天资聪颖的他得到了最重要的一个人的宠爱，这个人就是孝庄太后。在玄烨出生之前，有一次，佟妃到慈宁宫向孝庄太后请安，孝庄太后知道她怀有身

孕，就对近侍说："我早先身怀福临时，左右之人即曾看见我衣服大襟有龙盘旋，赤光灿烂，后来果然诞生圣子，统一寰区。如今佟妃也有这种祥征，异日生子，必膺大福。"

这个说法很快在宫里传开了，据说玄烨出生时，整个皇宫上空都飘着异香，好久都不见散去，又有五色光气充溢在宫内，就像太阳光一样明亮。当时，宫人以及内侍看到之后，都大声称："这真是奇瑞之兆。"

不过，佟妃没能得到顺治的宠爱，玄烨也并没有因此受到父亲的特别关照。和其他的皇子一样，他刚一出生，就被抱出宫交给乳母喂养。后来，因为玄烨没有出过痘，乳母受命带着他到紫禁城西的一座偏宅居住，这里后来被改称为福佑寺。

玄烨生下来就很惹人喜爱，据《清实录》记载：

天表奇伟，神采焕发，双瞳日悬，隆准岳立，耳大声洪，循齐天纵。稍长，举止端肃，志量恢宏。

这段话的意思是：玄烨长得仪表堂堂，精神焕发，两只眼睛就像太阳一像明亮，鼻子就像高山一样挺拔，声音洪亮。等长大几岁以后，举止端庄严肃，志向远大，气量宽宏。

本来老人就喜爱孩子，孝庄太后得到这么一个可爱的孙子，自然是当作心肝宝贝。从她对玄烨的一些特殊关照的态度来看，她确实认为这个孩子将来是个当皇帝的材料，因此才会给予他最大的关怀。

孝庄太后不但对这个孙子的饮食起居时时过问，更是按照帝王的标准严格要求教导："不管是吃饭、坐立、行走、说话，你都要按规矩来。就算你自己一个人独处的时候，也不能放纵自己，如果让我知道你有不合规矩的地方，我就要责罚你了。"而后，孝庄太后语重心长地告诉玄烨，"不要怪奶奶狠心，我这样做，是为了使你将来能成就大业。"

自五岁开始，玄烨正式上学读书。孝庄太后为了更好地培养他，特地派了自己最贴心的侍女苏麻喇姑协助照看。苏麻喇姑聪明乖巧，知书达理，并精通满语，有她手把手地教导，玄烨进步更快了。对祖母的教诲，玄烨后来回忆说：

> 朕自幼龄学步能言时，即奉圣祖母慈训，凡饮食、动履、言语，皆有规度。虽平居独处，亦教以罔敢越轶，少不然即加督过，赖是以克有成……朕自八岁世祖皇帝殡天，十岁慈和皇太后崩逝，藐兹冲龄，音容记忆不真，未获尽孝，至今犹憾。藉圣祖母太皇太后鞠养教诲，以至成立。

清朝的皇子教育，在所有朝代中是最为严格的。五更时分，天还没有亮，皇子们就要到上书房学习。每天的日程安排得非常紧张，不但要读书，还要学习满族的“根本”——骑射。当时，清朝的皇帝各个都拥有一身的好武艺，完全是得益于这种自幼的严格训练。

在这种严格的教育下，玄烨的各方面都有很大进步。他天生聪慧，加上勤奋好学，虚心求教，很快就在众皇子中脱颖而出。《清实录》记载，他读书一目十行，而且过目不忘，从五岁以后，好学不倦，从早上到半夜都手不释卷。

对于中国传统文化典籍，他几乎都有涉猎，启蒙读物《三字经》《百家姓》《千字文》，儒家经典中的《大学》《中庸》《论语》《孟子》都是他学习的对象。他还给自己规定：每一段、每一篇，都要朗诵一百二十遍，然后背诵一百二十遍，直到滚瓜烂熟、融会贯通。

所以史书说他：“自五龄后，好学不倦。”也正因为如此，他渐渐地从书中明白了许多为人处世和治理国家的道理，“幼龄读书，即知酒色之可戒，小人之宜防，所以至老无恙”。又说，“朕自幼读书，于古今道理，粗能通晓。”

玄烨终生保持着读书不倦的习惯，从而也使他成为中国历史上素质较高的帝王之一。孝庄太后还经常给玄烨讲述祖先创业的历史，激励年

幼的玄烨很早就树立了作为一个明君治国安民的远大志向。

《清史稿》记载：

> 圣祖合天弘运文武睿哲恭俭宽裕孝敬诚信中和功德大成仁皇帝，讳玄烨，世祖章皇帝第三子也。母孝康章皇后。顺治十一年三月戊申，帝生于景仁宫。天表奇伟，隆准龙颜，举止端肃。六龄时，尝偕世祖皇二子福全、皇五子常宁问安宫中，世祖各问其志，皇二子以愿为贤王对，帝奏云："待长而效法皇父。"世祖皇帝遂属意焉。

这段话讲了玄烨少年时的一个故事：玄烨六岁那年的一天，他和哥哥福全、弟弟常宁一起去给父皇顺治帝请安。顺治把他们搂在怀里，问他们长大以后愿意做什么样的人。

那时常宁刚三岁，还不懂事，默然不知所云。而福全回答说："愿意做一个贤王。"

而玄烨则答："长大了，我一切都跟着父皇学习，效法您的治国之道。"一个仅仅六岁的孩童，竟然能说出这样的话来，令顺治十分惊异。

两年后，顺治帝因患天花病重，临终前遗命玄烨即位，这与顺治帝看中了玄烨的非凡志向有很大关系。当然，更主要的是玄烨深受孝庄太后的宠爱，加上他已经出过了天花，有免疫力。结合多种因素，玄烨就以清王朝的第四位也是最杰出的一位帝王身份登上了历史舞台。

顺治十八年，也就是1661年，正月初九，玄烨在祖母孝庄太皇太后的亲自主持下即位。八岁的玄烨穿上了孝服，到顺治帝灵前敬读告文，接受诏命，然后换上礼服，到皇太后宫中行礼，亲御太和殿，升上宝座，接受百官的朝贺，正式登基。之后，玄烨颁诏大赦，定顺治帝谥号曰章皇帝，庙号世祖，改第二年为康熙元年。

"康熙"是安定太平的意思，这个年号体现了清朝统治者希望巩固统治的意愿，也反映了各族人民渴望和平富足的心声。事实证明，玄烨的统治无愧于这两个字，他开创了中国封建社会最后一个盛世——“康乾盛世”。

父皇的去世，使康熙和他的祖母、生母痛苦万分，这无疑给他造成了巨大的心灵打击和精神创伤。本来幼年丧父已经很不幸了，谁知父亲刚去世两年，玄烨又“痛丧母亲”。两年之间，父母双亡，这对一个十岁的孩子来说，实在可怜，从此玄烨彻底成了一个孤儿。缺少了父母之爱的玄烨比他人更早地成熟，他对抚养他的乳母也一直怀有很深的感情。康熙晚年回忆说：

> 世祖章皇帝因朕幼年时未经出痘，令保姆护视于紫禁城外，父母膝下，未得一日承欢，此朕六十年来抱憾之处。

从这里可以看出，康熙对没有得到父母的爱还是很伤感的。抚养玄烨最久的乳母，就是著名文学家曹雪芹的先祖曹玺之妻孙氏。孙氏不但如生母一样照顾他，还充当了他的启蒙老师。玄烨对这位乳母也特别尊敬，即位后，特地封曹玺为江宁织造，封孙氏为一品诰命夫人。而曹家也是汉军，属于内务府包衣旗人，表面上是奴仆，实际上是心腹。

玄烨有汉族的血统，又从汉人乳母那里接受了最早的启蒙教育，这对他后来重视汉族优秀文化，实行开明统治起到了重要的作用。

康熙皇帝八岁登基，十六岁亲政，在位六十一年。

康熙是中国历史上最著名的帝王之一，他不但是数百位帝王中在位时间最长的，也是其中最有成就者之一。他在位期间，真正巩固了清朝全国的统治，实现了国家的统一，粉碎了各种分裂活动，抵抗外敌入侵，发展社会经济，繁荣科技文化。

建立在政坛上的婚姻

顺治帝临终时遗命索尼、苏克萨哈、遏必隆、鳌拜四位大臣辅政，他们为了表示同心协力辅佐幼主，还在顺治帝的灵位前立下重誓，表示：竭尽忠诚，同生共死，不私亲戚，不计怨仇，不结党羽，不受贿赂，唯以忠心，仰报先皇大恩。可是，时间不长，他们四个人就出现了分歧。

四位辅臣中，索尼是正黄旗人，遏必隆和鳌拜是镶黄旗人，苏克萨哈为正白旗人。由于历史的原因，两黄旗与两白旗之间，一直存在着对立情绪。因此，隶属于两黄旗的索尼、遏必隆和鳌拜，与苏克萨哈貌合神离，关系并不融洽。

索尼历事太祖、太宗、世祖，是前三朝的元老，在四人当中资历最深，居于首位，但他年老体衰，精力不济，在朝廷中发挥的作用已大打折扣，受到很大的限制。

鳌拜年富力强，虽然排在末位，却是一个很有权力欲又十分能干的人。遏必隆与鳌拜同旗，他对鳌拜毕恭毕敬，事事都顺从鳌拜。这样一来，不愿完全附和鳌拜的苏克萨哈就处于被孤立的境地，尽管他已经与鳌拜结为儿女亲家，但二人之间的矛盾却日趋尖锐。

与四位辅臣联盟不断瓦解相伴随，辅政体制的弊端，也逐渐地暴露出来。由于玄烨年幼，孝庄太皇太后虽然是大政方针的最后决断者，但辅臣有权直接处理一切政务，有权在题奏本章上面标写处理意见，甚至代替皇帝写朱批。而对此清朝又没有一定的监督机制进行约束，所以辅臣们的所作所为，特别是鳌拜的专权行径，逐渐构成对皇权的潜在威胁，爱新觉罗家族的江山受到很大的影响。

在这一历史背景下，成婚对少年天子康熙帝来说，其意义就非同寻常了：一方面表明他已经成年，另一方面表明他可以决策国家的大事了，辅政大臣应该开始把权力移交给皇帝了。而且这时的康熙帝已经今非昔比，有了管理国家的能力，再加上孝庄太皇太后的辅佐，就更是如虎添翼。出于这样的考虑，孝庄太皇太后急于让幼孙尽早举行大婚典礼，以便从根本上遏制鳌拜势力的进一步发展。

而皇后的人选，孝庄太皇太后已经心中有数。作为母仪天下的皇后，负责主持后宫，其位置至关重要，谁当上了皇后，就意味着谁取得了除皇帝以外的最高权力和地位。因此，有条件的权臣亲贵们，莫不望眼欲穿，莫不竭尽全力为自家女儿谋取这一荣誉而奔走。

当时康熙帝后位的竞争，主要是在索尼的孙女赫舍里氏与遏必隆之女钮祜禄氏之间进行。四位辅臣中的索尼，希望立自己的孙女为皇后，鳌拜、遏必隆以及苏克萨哈则为另一派，他们坚决主张立遏必隆之女钮祜禄氏为皇后。

对此，在宫廷斗争中成长起来的孝庄太皇太后权衡利弊，毅然决定立赫舍里氏为后，同时将钮祜禄氏也纳入宫中，这一方面可以防止代表镶黄旗的鳌拜集团势力的进一步扩大，另一方面也可以拉拢正黄旗老臣索尼及其家族，分化两黄旗，达到加强皇权的目的。

孝庄太皇太后的决定引起遏必隆与鳌拜的不满，他们在得知消息后，立即入宫，加以阻挠，并在私下里大发牢骚，表示不满，但已无济于事。

康熙四年，也就是1665年，农历九月初八，遵照祖母慈旨，康熙帝与赫舍里氏在紫禁城的坤宁宫内举行了大婚典礼。坤宁宫，是清代皇帝举行大婚典礼的地方，顺治帝福临的大婚典礼，就曾在这里举行。

结婚是人生的一件大事，平民百姓结婚还要举行一个结婚仪式，作为封建皇帝，其大婚的仪式就更要举行，而且要办得隆重，显示出皇家的气派。所以，大婚前夕，礼部做了周密的安排。

对于举行合卺礼的地点，他们奏报孝庄太皇太后说，坤宁宫七间，“北座向南，本年均吉。即隔首间、次间，于五间之中间合卺吉”。孝庄太皇太后阅后下达懿旨：“中间合卺，因与神幔甚近，首间、次间虽然间隔，尚是中宫之正间内北炕，吉。两旁间既非正间，均不可用。”于是，康熙帝同皇后便在祖母精心选定的房间内举行了合卺礼。

康熙帝大婚，标志着他已经长大成人，再也不是一个没有发言权的幼童，而是一位即将亲政、总揽朝纲的年轻皇帝了。不久，他便开始直接处理政务，从而进一步加强了他与满汉大臣之间的联系，密切了他们之间的君臣关系。

设下巧计除掉鳌拜

康熙登基时，不过是一个八岁的孩子，即使他后来亲政的时候也只有十六岁。因此，康熙的成长和争取最高权力的过程是同时进行的。他的第一个强大对手，就是四大辅臣之一，有满洲第一勇士之称的鳌拜。

顺治帝临终前，亲自从直属皇帝的上三旗中选定了四名亲信大臣辅助嗣君，这四人分别是：正黄旗，内大臣索尼；正白旗，苏克萨哈；镶黄旗，遏必隆、鳌拜。这样做，主要是为了防止再出现类似多尔衮专权跋扈、侵凌皇权的现象。

满族宗室贵族还保留着很大的特权，特别是皇帝年幼的时候，国家政务都是由宗室诸王摄理。但是宗室诸王摄政权力过大，容易擅权越位，威胁统治秩序。顺治帝亲身领受过多尔衮的教训，因此临终时留下了自己最为亲信而又非宗室的大臣，既能辅佐幼主，又不会有篡夺之祸。

然而，后来的事实表明，这种做法同样有危险，如果不是孝庄太皇

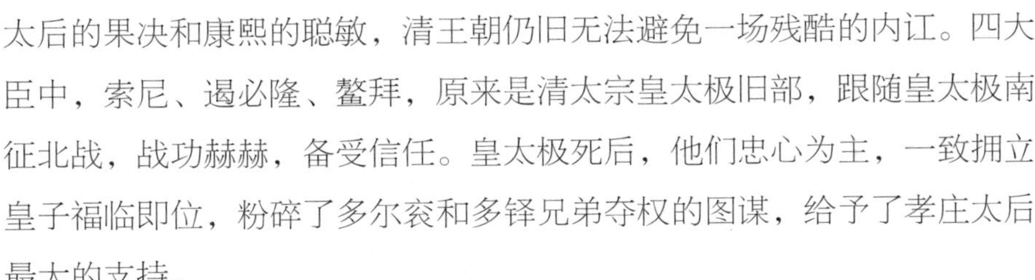

太后的果决和康熙的聪敏，清王朝仍旧无法避免一场残酷的内讧。四大臣中，索尼、遏必隆、鳌拜，原来是清太宗皇太极旧部，跟随皇太极南征北战，战功赫赫，备受信任。皇太极死后，他们忠心为主，一致拥立皇子福临即位，粉碎了多尔衮和多铎兄弟夺权的图谋，给予了孝庄太后最大的支持。

顺治初年，他们因为不肯追随多尔衮而多次遭受打击，直到顺治八年顺治帝亲政才得以复职。他们是经过多年考验的股肱之臣，因此，他们得到顺治帝和孝庄太后的信任而迅速升迁。

索尼被晋升为一等伯，任内大臣，总管内务府；遏必隆袭封一等公，任议政大臣、领侍卫内大臣；鳌拜晋为二等公，任议政大臣、领侍卫内大臣。

而另外一位，则是原属多尔衮心腹的苏克萨哈。但在多尔衮死后，他率先揭发多尔衮的问题，因此得到了顺治帝和孝庄太后的信任，被提升为镶白旗护军统领。正白旗直属皇帝以后，苏克萨哈晋二等公，任领侍卫内大臣。这样一来，苏克萨哈同样是皇帝的心腹。

不过，任命他为辅政大臣，还有权力制衡的考虑。苏克萨哈是正白旗的代表，如果辅政大臣中没有正白旗的人，对于稳定大局是不利的。但由于苏克萨哈的特殊身份，以及多尔衮时代留下的正白旗和两黄旗的积怨，也给后来埋下了祸根。

辅政初期，四大臣还本着协商一致的原则辅佐幼帝，几年都相安无事。越到后来矛盾逐渐显露出来，其祸首就是鳌拜。鳌拜是满洲镶黄旗人，姓瓜尔佳氏。他的叔叔费英东是最早追随努尔哈赤起兵的人之一，被列入开国五大臣。鳌拜自幼弓马娴熟，长大后，跟随皇太极四处征战，立下了赫赫战功。

崇德二年，也就是1637年，鳌拜参加皮岛战役。皮岛守备森严，清军久攻不下，鳌拜请求自己担任先锋，发誓说：“不得此岛，誓不回来见皇上。”于是，他驾船横渡海峡，直冲敌阵，大叫着奋力冲杀，一鼓作气，登上城墙，打败敌兵，攻克了皮岛。皇太极对他更加欣赏，封他三等男爵，赐号“巴图鲁”，就是“勇士”的意思。

在清军争夺东北和入关的多次大战中，鳌拜都立有大功。崇德六年的松锦会战中，他用大清最不擅长的步兵战败了明军的步军营，取得首功。明总督洪承畴率十三万大军来援，鳌拜率先冲锋陷阵，连打了五次胜仗。明军溃败，鳌拜奉命追杀，又获全胜。

崇德八年，也就是1643年，鳌拜随阿巴泰征明，入长城，围北京，攻略至山东兖州、临清而返。

顺治元年，也就是1644年，清兵入关，考核群臣功绩，鳌拜“以忠勤勠力，晋一等子”，随亲王阿济格征湖北，打败李自成起义军，又随豪格攻入四川，大败张献忠部，“斩献忠于阵”。他生性勇猛，作战奋不顾身，被称为“第一巴图鲁”。

皇太极在位时，对鳌拜非常喜欢，引为心腹，而鳌拜对他也忠心耿耿。皇太极死后，在由谁继位的问题上，索尼和鳌拜等正黄旗、镶黄旗将领坚决维护皇太极一系的地位，顶住了多尔衮兄弟的威压，最终推举皇太极第九子福临继位，是为顺治帝。这样一来，他就又拥戴有功，深受顺治帝和孝庄太后的信任。因此，顺治帝病逝，他才会被任命为四辅臣之一。

但是，由于鳌拜好勇斗狠，为人专横，便被排到了四人中最末一位。四大辅臣中，索尼的资格最老，威信最高，因此位于四辅臣之首，但年纪老迈。苏克萨哈才干超群，位列第二。遏必隆是开国五大臣额亦都之后，屡立战功，与鳌拜交好，同为镶黄旗。

鳌拜名列第四，但为人最为强悍，他见苏克萨哈爵秩虽然低，班次竟居第二，仅次于索尼，一旦索尼死了，苏克萨哈有可能依次递补，代替索尼总揽启奏和批红大权。鳌拜对此耿耿于怀，两人遇事争吵不休，积怨成仇。鳌拜便利用黄白旗之间的矛盾，在三旗内部挑起争端，借以打击苏克萨哈。

鳌拜首先翻起了旧账，他重新挑起多年前圈占北京附近田地时，多尔衮利用权势造成的黄白旗之间的矛盾，要求重新圈换土地。这一提议

得到了在多尔衮时代受到压迫的两黄旗大臣的支持，就连索尼和遏必隆也随声附和。鳌拜见有机可乘，便唆使两黄旗的旗人向户部呈文，要求把遵化、迁安等地的正白旗屯庄改拨镶黄旗。

大学士、户部尚书苏纳海认为，圈地时间已经过了二十多年，康熙三年朝廷已经下令禁止圈地，因此便奏请朝廷，驳回了鳌拜等人的换地之议。

苏纳海本身就是正白旗人，他的奏疏引起了鳌拜的愤怒。他发动党羽，采取各种办法诬陷苏纳海和直隶总督朱昌祚、直隶巡抚王登联等反对换地的官员，将三人逮捕治罪。年仅十三岁的康熙没有应允，鳌拜竟然假传圣旨，捏造苏纳海三人“迁延藐旨”“妄行具奏”等罪名，把三人处以绞刑。

这个举动震惊了朝野，弄得百官人心惶惶，人们都看到了鳌拜的专权跋扈，因此纷纷要求皇帝亲政。在百官的推动下，索尼等在康熙六年，也就是1667年，农历三月，奏请皇上亲政。六月，索尼去世。七月初七，康熙亲政。

到了这时，鳌拜本应该见好就收，但他自恃功高，加上索尼已死，无人能控制他，他根本就不把十四岁的皇帝放在眼里，反而有恃无恐，妄图攫取启奏权和批理奏疏权，成为真正的宰相。

苏克萨哈则是个明白人，他见皇帝已经亲政，便不愿与鳌拜同流合污，坚决抵制鳌拜的卑劣行径。鳌拜对他更加痛恨，必欲置之于死地。他见鳌拜的权势很大，自己无法与之抗争，便打算退出权力中心。在康熙亲政的第六天，他就以身有重病为由，上书要求去守先皇帝的陵寝。他希望以自己隐退的举动迫使鳌拜、遏必隆也一并辞职交权。

而鳌拜早就想对苏克萨哈下手，在康熙虽然亲政但还没有掌握大权的时候，他决定借此除掉苏克萨哈。他抓住苏克萨哈在要求去盛京守先帝陵寝上疏中“如线余生得以生全”这句话，大做文章，以皇帝的口吻指责说：“……苏克萨哈奏请守陵，说‘如线余生得以生全’，不知道受了什么人的逼迫，在此何以不得生，守陵何以得生，这让我很不解。

着议政王贝勒大臣会议具奏。”

七月十七日，鳌拜操纵议政王大臣会议，给苏克萨哈编造了“不欲归政”等二十四款大罪，议定之后向皇帝奏报，称苏克萨哈存有异心，大逆不道，应将他与他的长子、内大臣查克旦都五马分尸，其余子孙，无论已到年龄未到年龄，都一律斩首。

康熙坚决不同意鳌拜的意见，但是鳌拜连日强奏，不达目的不肯罢休。最后康熙只把对苏克萨哈从分解肢体的酷刑改为绞刑，其他都按其原议行刑。康熙刚亲政就被鳌拜来了一个下马威，他对这个权臣的跋扈也看得更清楚了。但羽翼未丰，暂时还无法用强，他不得不隐忍待机。

鳌拜则认为康熙软弱可欺，于是更加得意忘形，越来越肆无忌惮，他结党营私、擅权乱政，把自己的儿子和亲信安插在内大臣、大学士、六部尚书等重要位置上。

辅国公班布尔善死心塌地地依附鳌拜，结党营私，利用权力擅改票签，决定拟罪、免罪，处心积虑地配合鳌拜杀害苏克萨哈。由于帮助鳌拜排除异己有功，他被鳌拜提升为领侍卫内大臣、秘书院大学士。

正白旗副都统玛迩赛更是个谄媚小人，深得鳌拜信任，被提拔为工部尚书。户部尚书苏纳海被冤杀后，鳌拜企图把自己的党羽打入户部，控制中央财政，便不顾其他人反对，援引顺治年间曾设两位满洲尚书的旧例，迫使康熙同意将玛迩赛补为户部尚书，又任命其兼任正白旗蒙古都统。

玛迩赛经常和另一位户部尚书王弘祚发生冲突，班布尔善就借户部的一次过失，将王弘祚革职。康熙八年，也就是1669年，正月，玛迩赛病死，鳌拜又逼迫康熙予以封谥，康熙没有同意，鳌拜竟将他擅自谥为“忠敏”。

鳌拜的亲友更是各个手握重权。他的弟弟穆里玛担任满洲都统，康熙二年，也就是1663年，被授为靖西将军，因为镇压起义军李来亨部有功，升为阿思哈尼哈番。他的另一个弟弟巴哈，顺治时任议政大臣、领侍卫内大臣，其子讷尔都娶顺治之女为妻，被封和硕额附。鳌拜的儿子那摩佛担任领侍卫内大臣，后袭封二等公，加太子少师衔。可以说鳌拜满门显贵。

经过长期的勾结，鳌拜排除异己，发展自己的势力，已经结成了以自己为核心，以穆里玛、塞木特纳莫、班布尔善、玛迩赛、阿思哈、噶褚哈为骨干的朋党集团。他们互相勾结，操纵朝政。他们凡事在家与亲信议定后，才奏报施行，甚至经康熙批准的奏稿，也要带回家去另议，商量对策，再作处理，根本是目无朝廷。

一面培植死党，一面不择手段地排斥异己。很多官员因为违背其意愿，被鳌拜处死。朝廷之中人人自危，无人敢说“不”字，鳌拜已经到了权倾朝野的地步。对于不附从的官员，鳌拜无不加害。

费扬古是重要的开国功臣，一直与鳌拜不合，他的儿子倭赫及侍卫西住、折克图、觉罗塞尔弼四人一同在御前值勤，对鳌拜并不敬畏。鳌拜为此怀恨在心，伺机加害。

康熙三年，也就是1664年，农历四月，倭赫等在景山、瀛台值勤，私骑御马，又用御弓射鹿。鳌拜得知后，立刻以此为借口将四人处死。并且还诬蔑费扬古对皇上心怀怨望，就将他连同其子尼堪、萨哈连一同处以绞刑，幼子色黑流放宁古塔，还没收了其全部家产，给了穆里玛。

鳌拜专横跋扈，朝野有目共睹，康熙更是十分反感。但他还是个少年，无威无势，心里恼怒，也无可奈何，只有隐忍下来。鳌拜总认为康熙不过是个乳臭未干的孩子，根本不把他放在眼里。他贪恋权柄，迟迟不愿归政，仍旧恣意妄为，大臣们也是敢怒不敢言。

这样一来，鳌拜就成了康熙执掌朝政的第一块也是最大的一块绊脚石。因为鳌拜不是一个人，而是形成了一个势力庞大的集团，不将其除掉，最高权力就会旁落，甚至有江山易主的危险。除掉他，对于一个刚刚懂事的孩子，可以说一点儿胜券都没有。这个时候轻举妄动，只能带来祸患。

康熙稳重的性格帮助了他。他没有急于争权，而是尽量控制自己，不与鳌拜发生正面冲突，有时为了迷惑敌人，他故意顺从鳌拜，给他造成柔弱无能的印象。这样一来，鳌拜更不把他放在心上，始终认为他不过是个懦弱的孩子而已。

实际上，康熙早已在暗中开始准备了。他知道，要当成真正的皇帝，必须除掉鳌拜，除掉鳌拜，必须一次成功，要稳、准、狠，绝不能有任何闪失。所以，他不动声色，让鳌拜放松警惕。

康熙考虑到鳌拜是顺治的重要大臣，多年以来他一直致力于网罗亲信，宫廷内外多置耳目，公开缉拿他的话，可能会激起事端。因而首先应当寻找有利的时机，选择适当的方式，这样才能增加胜券。

为了迷惑鳌拜，康熙下令封赏辅臣，把遏必隆、鳌拜等所有二等公，授为一等公，鳌拜的二等公爵位，由他的儿子那摩佛承袭。康熙七年，也就是1668年，康熙又加封鳌拜为太师，其子那摩佛加封太子少师。

有一次，鳌拜大闹金銮殿后，谎说自己有病，一直不上朝。康熙明知鳌拜有病是假的，但为了稳住鳌拜，还是决定亲自登门去看望他。

一天，康熙带着几名侍卫来到鳌拜家里。在封建社会，皇上到大臣住处对该大臣来说是非常荣耀的一件事。鳌拜见康熙不但不怪罪自己，还亲自前来看望，心中也有点儿不安。但他又想到，康熙这人年纪虽不大，心机却不少，他的到来，不可不防。

鳌拜一边想着点子，一边在床上欠了欠身说："我重病在身，不能迎接皇上，望皇上恕罪。"

康熙道："你辅政多年，也很费心思，积劳成疾，希望你多多保重。"

君臣二人有不同的心思，没有多少话好说。康熙说了一些安慰的话，准备起身回宫，忽然看见鳌拜一只手伸到枕头下，脸色有了变化。康熙有了警觉，刚要说话，就见一名御前侍卫急忙走到鳌拜床前，猛一下揭开铺席，一把明晃晃的腰刀呈现在康熙面前。

康熙见到这种情况，吃了一惊。鳌拜脸色蜡黄，气氛顿时紧张起来。康熙镇静了一下，笑着说："这有什么大惊小怪的，刀不离身，身不离刀，是咱们满洲人的习惯嘛。”康熙的几句话使气氛缓和了下来。

过了不久，康熙亲自颁布圣旨，封鳌拜为“一等公”。这使鳌拜更加骄傲。他想，孩子毕竟是孩子，总还是怕我。鳌拜哪里知道，康熙正在制订秘密除掉他的计划呢。

回到宫中，康熙就以下棋为名，经常召索额图进宫。索额图是四辅臣之一索尼的儿子，从小与康熙在一起游玩，身体强壮，很有谋略。后来鳌拜专横，侮辱了索尼很多次，因此索额图早就怀恨在心，经常流露出对鳌拜的不满。康熙要除鳌拜，首先想到了他。

这天，索额图又来到皇宫，康熙笑吟吟地迎接他。不一会儿，侍从太监搬来凳子和小案子，案面上摆着一副象棋。他们分上下坐定，跳马飞象，拼杀起来。

棋艺高超的康熙，今天不知怎么了，特别性急，车马炮长驱直入，逼近对方将城。而索额图却十分谨慎，步步为营。康熙几次要提车“将军”，都被索额图的过河卒子解了围，使康熙不得不转攻为守，康熙称赞他说：“好棋！好棋！”

索额图谦逊地说：“奴才棋艺低劣，只好以卒顶车。”

康熙微笑道：“过河卒子能吃车马炮，不可小看。”

“奴才正是这个意思。”

康熙眼睛一亮，点头道：“与我的心意一样。”于是，君臣二人暂时停止了比赛，商量起了对付鳌拜的办法。

第二天，康熙从各王府挑选了几十名年龄和自己差不多的亲王子弟，在一起练习摔跤格斗。鳌拜看见，以为是年轻的皇上贪玩，非常高兴。过了些时候，这班小孩的拳术已练得非常熟练，和康熙的关系也越来越融洽。

一天，康熙把他们召集在一起，问：“鳌拜是武将出身，武艺高强。我和你们都是十多岁的少年，你们是怕我呢，还是怕鳌拜？”

少年们齐声答道：“鳌拜有什么可怕，我们只怕皇上。皇上让我们干什么，我们就干什么。”

康熙见除掉鳌拜的时机成熟，很高兴，心里说：鳌拜马上就要成为阶下囚了。

康熙八年，也就是1669年，农历五月十六日，鳌拜进宫奏事，皇上正在观看少年侍卫练武，只见千来个人正在捉对儿演习，皇帝还在场外指指点点。康熙看见鳌拜来了，故意站起身走进场去，笑着夸奖这个勇敢，奚落那个功夫不到家。等到鳌拜走近他，他摆摆手说："今天玩得痛快！有事先不要说，等我……"

鳌拜连忙说："皇上，外廷有要事奏告。皇上下次再玩吧。"

康熙这才恋恋不舍地和鳌拜进殿去了。后来鳌拜看见皇帝玩的次数多了，以为皇帝年少好玩，也就不放在心上，反而暗暗高兴，觉得自己更有机会独断专行了。

采取行动之前，康熙不露声色地以各种名义将鳌拜亲信派往外地，削弱他的力量，避免发生不测。一切准备就绪，胜券在握，康熙决定行动。这天，康熙借着一件紧急公事，召鳌拜单独进宫。鳌拜一点儿也不防备，骑着马就大摇大摆地进宫来了。

康熙早已站在殿前，一见鳌拜走来，便威武地喝道："把鳌拜拿下！"

只听得一阵脚步声响，两边拥出一大群少年侍卫，一齐扑向鳌拜，有的抱腰，有的扯腿，有的拧胳膊，霎时间扭打成一团。

鳌拜原是个武将，力大无比，又有武艺，但是毕竟年纪大了，手脚已不灵便，同时寡不敌众，不一会儿就被众少年掀翻在地，捆缚起来，关进大牢。

康熙立即下令，命众亲王和大臣调查和议定鳌拜的罪行。众亲王和大臣见十四岁的皇上这么坚决果断，而且不动声色就拔掉了这个天大的祸根，自然不敢怠慢，只用十天工夫便把鳌拜专横乱政的三十条大罪调查清楚，奏请皇上将他处死。

康熙考虑鳌拜过去有功，免了他的死罪，把他革职，长期拘禁。

逮捕鳌拜后，康熙没有忘乎所以。他马上进行了清剿鳌拜党羽的

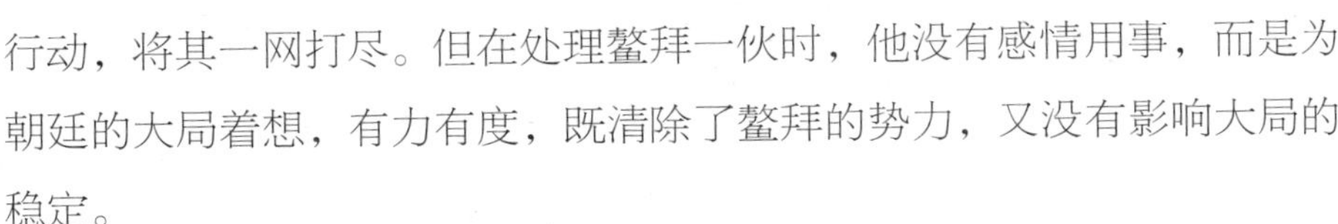

行动，将其一网打尽。但在处理鳌拜一伙时，他没有感情用事，而是为朝廷的大局着想，有力有度，既清除了鳌拜的势力，又没有影响大局的稳定。

辅政大臣遏必隆不但没有起到辅政的作用，反而处处顺服鳌拜，这次也被拿问。经过审讯，也以“不行纠核”“藐视皇上”获罪，共二十一条罪行。议政王大臣会议提出应拟革职立绞，妻子为奴。康熙予以宽大处理，只革去了他太师及公爵的封号。

鳌拜党羽众多，如果斩尽杀绝，势必给清王朝的统治带来极大的动荡。康熙将首恶与胁从者分别对待，对于班布尔善、阿思哈、噶褚哈、泰壁图等核心成员，非杀不可的，都下令处死；对于那些谄附而无大恶的多数党羽，如苏尔马、巴哈等人，都予以从轻处置，从宽免死。这样一来，既惩戒了奸党，也分化、瓦解了鳌拜集团的势力，完满地保证了大局的稳定。

年仅十六岁的康熙凭着他过人的聪敏、沉着、果敢和智慧，在最高权力顶峰的博弈中，施展了非凡的政治谋略，不但干净漂亮地清除了鳌拜这个不可一世的权臣，彻底清除了反对势力，而且稳定了大局，真是难能可贵。

削夺八旗诸王权力

康熙亲政之初，借鉴了历史上的经验教训，在统治初期，加强了自己掌握权力的力度，严格控制官僚系统。当时，康熙面临的主要是满洲贵族势力的阻碍。毕竟清朝是由满族建立的，在最初的几十年间，带有浓厚的贵族色彩，君主权力受到一定程度的制约。

康熙通晓中国历史，他知道，在几千年的历史中，强盛的时期，往往就是君主能操控全局的时期。这些英明的君主，善于集权，也善于用权，集中力量办大事，国家因此而富强。反言之，当权臣当道，官僚体制腐败的时候，君主的实际权力被分散，被他人滥用，结果自然是政治腐败，经济衰退，王朝趋于没落。

在康熙初政时，中央对康熙决策制约最大的，就是八旗诸王以及议政王大臣会议。议政王大臣会议是在努尔哈赤建立后金政权后所创的亲信重臣与宗室贵族共议政体制的基础上发展起来的。努尔哈赤起兵初期，指定五位大臣，理政听讼，处理有关政务，被称为“议政五大臣”，此外还有十位大臣佐理国事。

随着诸子逐渐长大，也陆续成为专主一旗或专主若干牛录的贝勒、台吉，这些王子贝勒开始和五大臣共议国政。后金政权建立，形成了四大贝勒议政的制度，五大臣也渐被八大臣所代替。

天命七年，也就是1622年，努尔哈赤明确下令八位皇子为和硕贝勒，共议国政，第二年，又设八位大臣为副，筹划军事方案，审议军事得失，就形成了议政王大臣会议的制度。

这八大贝勒和八位大臣，在很多事情上有决定权，不仅可以监督皇帝，甚至可以决定废立。但对于其中的个人，又有制衡作用，有效地防止了个人擅权和分裂行为发生。

皇太极即位，开始有计划地削弱议政王大臣会议的权力。他采用明朝制度，陆续设立六部、理藩院、都察院及内三院等机构，取代了议政王大臣会议的一些职权。

多尔衮摄政时，大权独揽，排斥、削夺诸王权势，议政王大臣会议也被架空。顺治亲政后，为了共同对付多尔衮，又恢复了诸王的权势，增加了议政王贝勒大臣的人数，如顺治八年至十二年任命的议政大臣就多达三十多人。其权力也得到很大扩张，甚至敢直接否定皇帝旨意。史书称之为“国议”，记载说：

> 清朝大事，诸王大臣佥议既定，虽至尊无如之何……六部事，俱议政王口定。

这个时候议政王大臣会议权力达到了顶峰。康熙初年，四大臣辅政，权势超过了议政诸王。辅臣甚至能决定诸王升迁和继承，所以诸王贝勒都唯命是从，有人甚至依附了鳌拜。鳌拜专权，在很大程度上就是通过控制议政王大臣会议实现的。康熙六年，也就是1667年，鳌拜就是通过议政王大臣会议处死辅政大臣苏克萨哈的，尽管康熙强烈反对也无可奈何。

康熙深知这里面的厉害，于是在铲除鳌拜集团之后，就开始整顿议政王大臣会议。他通过设立南书房、内阁等机构分散议政王大臣会议的职权，另外就是削减人数，削弱其实力。

康熙八年，也就是1669年，农历八月，康熙就下令：

诸王贝勒之长史、闲散议政大臣，俱著停其议政权。以后凡会议时，诸王贝勒大臣，务须慎密，勿致泄漏。

此后又逐步地裁减议政王贝勒。

康熙十一年，也就是1672年，参加议政的宗室诸王有和硕康亲王杰书、和硕庄亲王博果铎、和硕安亲王岳乐、多罗惠郡王博翁果诺、多罗温郡王孟峨、掌宗人府多罗顺承郡王勒尔锦、宗人府左宗正多罗贝勒察尼、多罗贝勒董额、多罗贝勒尚善等人。

十二月，康熙先后批准了和硕裕亲王福全、和硕庄亲王博果铎、多罗惠郡王博翁果诺、多罗温郡王孟峨辞去议政职务，解除了他们的议政之权。其他的议政王贝勒也纷纷疏辞，但康熙为了保持稳定，没有批准。

第二年发生平西王吴三桂、靖南王耿精忠、平南王尚可喜的“三藩之乱”，八名诸王、贝勒被派出领军，议政的人数减少，于是康熙再次命和硕裕亲王福全、和硕庄亲王博果铎参与议政。

平定叛乱实际上是一次对领军将领的真实考验。很多王、贝勒养尊处优，缺乏指挥才干，陆续受到惩处。康熙认为，其中只有少数人尽心王事，建功立业，大多数表现都不好，于是，命议政王大臣等举太祖、太宗军法，陆续“严行议罪”。

自康熙十六年也就是1677年农历二月，至康熙二十一年也就是1682年农历十二月，八名出征的王、贝勒中，有五名被削爵、罢议政、解宗人府职。这对满洲贵族是一次较大打击。

康熙二十年，也就是1681年，农历八月，康熙又下令罢免了和硕庄亲王博果铎的议政权力。康熙二十四年，也就是1685年，农历五月，因安亲王岳乐隐瞒一外蒙古喇嘛，经宗人府等衙门议奏，革去其议政及掌宗人府事。康熙二十九年，也就是1690年，农历十一月，因在乌兰布通之战的失误，罢大将军、裕亲王福全和恭亲王常宁的议政职权。

这样一来，原有议政宗室王、贝勒中只剩下了康亲王杰书一人。而杰书于康熙三十六年，也就是1679年死后，至康熙朝终，实际上已经没有了议政王。所以以后只有议政大臣会议，而不再提议政王。

从议政王大臣会议到议政大臣会议的转变，也是康熙削夺特权、集中皇权的一个重要转变。不只是人数和身份的变化，其议政方式也发生了根本变化。

议政大臣人数，由康熙根据需要，加以增减，大体限制在六部及理藩院满尚书、都察院满左都御史、领侍卫内大臣及八旗满洲都统的范围之内。议政程序，一般由皇帝决定该议之事，满大学士于议政大臣会议传达谕旨，令其议奏。议复返回后，大学士于皇帝御乾清门听政时，面奏请旨，由皇帝最后裁决。这样，康熙严格控制了会议的内容，使之成为自己掌握下的一个普通议政机构。

与此同时，康熙在其他方面也开始削弱诸王的特权。由于诸王都是八旗的旗主，有一定的实力。康熙既要维护八旗的战斗力，又要强化自己的直接控制，主要目标就放在了皇帝不能直接掌控的下五旗上。主要措施有：

一、严禁诸王府利用特权垄断贸易。

八旗内部有浓厚的主奴关系，很多旗下奴仆经常打着主人的旗号，或受主人指使，招摇撞骗，为非作歹。

对这种情况，康熙采取严厉控制，他下令：凡有此类事件发生，“在原犯事处立斩示众，该管官革职”，宗室公以上、王以下家人，则分别罚银七百两至一万两不等，交宗人府从重议处，其家务官都要革职；如果地方文武官不行查拿，也一律革职。

二、严禁诸王及旗下大臣勒索官员及干预地方事务。

满族内主奴关系往往是终身的，即使朝廷任命旗下的人为高官，其对原来的旗主，仍然是奴仆。为了防止诸王、旗主用这种关系控制地方，扩张权势，康熙下令要“严拿具奏，将主使之人究出，从重治罪”。

康熙十九年，也就是1680年，农历十月，他下令吏、兵、刑三部会同都察院会议制定《旗下人出境干求处分则例》，规定：“旗人私往外省地方，借端挟诈，嘱托行私，犯扰小民等弊者，系平民，枷号三月，鞭一百；系官，革职，鞭一百，不准折赎。失察之佐领罚俸三月，骁骑校罚俸六月。其差遣家仆之人系闲人鞭一百，系官革职。差去之仆，枷号一月，鞭一百。”

三、议处犯罪诸王，削爵。

在平定“三藩之乱”期间，很多亲王、贝勒表现不佳，有的观望逗留，不思进取，有的干预公事，挟制地方官，只顾收取贿赂，还有人沿途大肆骚扰搜刮百姓。

康熙对此大为不满，借机削权。八位领军亲王、贝勒中，宁南靖寇大将军顺承郡王勒尔锦、扬威大将军简亲王喇布、定西大将军贝勒董鄂、安远靖寇大将军贝勒察尼及贝勒尚善五人被削爵，大将军康亲王杰书被罚俸一年，只有安亲王岳乐、信郡王鄂札因为指挥有方立下战功而受到奖赏。

四、重新制定宗室王公袭爵法。

清初为了优宠功臣，王以下、奉恩将军以上之子，年至十五，一概予以封爵。后来康熙发现，随着国家渐趋安定，那些袭爵的人根本没有临阵经验，更谈不上立功，轻轻松松就当上了王或者贝勒，养成了骄纵习气。

康熙认为这种做法不但起不到激励的作用，反而对于培养新的人才不利。他曾对岳乐说：“我看这些人当中绝少成才者……他们之所以能做上高官，不过是继承祖父、父亲的爵位，有一个立过战功的吗？在我们前辈中见过这样的吗？”

在康熙二十七年，也就是1688年，农历二月，康熙命议政王、贝勒大臣等确议改革办法，最后制定了新的袭爵制度：亲王以下、奉恩将军以上之子，年至二十，看他们文才、骑射出色的，列名引见，请旨授封。惟亲王以下、奉恩将军以上有去世的，只批准一子袭爵，不用等到二十岁。

通过这个制度，康熙取消了宗室王公原有袭爵特权，将决定其袭封的权力收归自己手中。

五、扶植兄弟、皇子，分其权势。

相比于其他诸王、大臣，兄弟和皇子同皇帝的关系自然要亲近得多，也可信任得多。为了进一步平抑诸王特权，康熙改变“军功勋旧诸王”统兵征伐的惯例，委任皇亲出征，如康熙二十九年、三十年征噶尔丹，都是以皇兄、皇弟、皇子为帅，借此排斥了开国诸王子孙独揽用兵之权的传统。

到了晚年，康熙更是直接任命皇子管理旗务。康熙五十七年，也就是1718年，农历十月，康熙指责各旗都统、副都统，有的出身微贱，当官后只顾享受，旷废公务，因而指定皇七子淳郡王胤祐办理正蓝旗满洲、蒙古、汉军三旗旗务，皇十子敦郡王胤䄉办理正黄旗满洲、蒙古、汉军三旗旗务，皇十二子贝子胤祹办理正白旗满洲、蒙古、汉军三旗旗务。

康熙此举大大削弱了旗主王、贝勒的权力，加强了皇室对军队的直接控制。枝叶过于茂盛，必然威胁到主干，清初的几次大动荡，都与此有关。对此，康熙看得很清楚，他说：“天下大权，当统于一……今天下大小事务，皆朕一人亲理，无可旁贷。若将要务分任于人，则断不可行，所以无论巨细，朕必躬自断制，早夜焦劳，而心血因之日耗也。”

康熙所要建立的，就是一个君主集权的政治体制，无论是什么力量，只能受权于君主，而不能威胁皇权。这是保证天下安定，避免内部争权夺利的一个大前提。

通过一系列措施，康熙削夺了八旗诸王的权力，实现了天下大权统于一身的君主专制，使得清朝的统治自他之后，皇权得到了真正的巩固。

坚韧勤奋地自学

康熙十年，也就是1671年，内阁满汉大学士，六部满汉尚书，都察院、通政司、大理寺、詹事府等部院官员齐集太和殿，康熙帝首次经筵大典在这里举行。

殿中已设下御前书案和讲官的讲台，当精心遴选的十余名满汉经筵讲官向皇帝行完一跪三叩头礼后，由讲官王熙和熊赐履分别进讲《大学》中的一章和《尚书》中“人心惟危，道心惟微”两句后，然后赐宴群臣，仪式便算结束。自四月十日始日讲开始，从此康熙帝的学习进入了一个新时期。

担任康熙帝经筵及日讲讲官的官员是从内阁大学士、学士、六部尚书、侍郎及翰林院官员中挑选的。这些官员都通晓儒家经典和历代史事，都把造就一代贤君明主当作崇高的目标和荣耀，不仅尽心尽力，讲解明白晓畅，条理清晰，而且十分注重引导康熙帝以古来的著名贤君为榜样，作育君德；并注意结合为政的实际，以古喻今，提高他处理政务

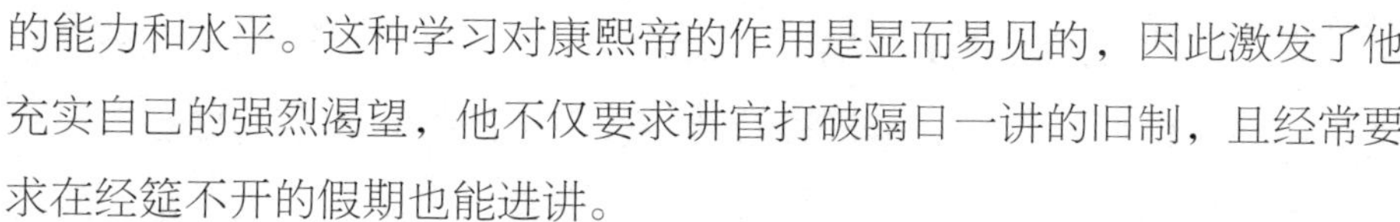

的能力和水平。这种学习对康熙帝的作用是显而易见的，因此激发了他充实自己的强烈渴望，他不仅要求讲官打破隔日一讲的旧制，且经常要求在经筵不开的假期也能进讲。

康熙十二年二月，也就是1673年3月，他对讲官们说：“朕听政之暇，即于宫中披阅典籍，殊觉义理无穷，乐此不疲。向来隔日进讲，朕心犹然未惬。”下令改变传统的办法，从此讲官每天都要上课，使“日讲”真正名副其实。

从那以后，一些惯例一再被打破，不分寒暑，不论忙闲，也不管是否举行经筵开学，凡有时间都要上课。甚至他到外地巡视也要带着讲官，随时进讲。康熙帝倾心向学，刻苦努力的精神不仅令讲官们非常感动，甚至惊叹，认为是古今帝王中无可匹敌。在康熙帝以后执政的数十年中，除了因重大斋戒典礼节庆、巡幸出征等事偶有暂停外，他都在繁忙的政务之余孜孜不倦、持之以恒地进行着自己的学习。

他像一个历尽艰辛，终于寻找到了热望已久的宝藏的开发者，怀着激动的心情不遗余力地在千古智慧的宝库中搜求。这个长年驰骋在马背上，在白山黑水、冰天雪地上一代代锤炼出的民族的后代，已将祖先吃苦耐劳、坚韧勤奋的精神凝入他安邦定国的实践中来。

从那以后，或在乾清宫，或在弘德殿，或在懋勤殿，康熙帝与日讲官员度过了一个个晨昏寒暑。常常是每天天还没有完全亮，康熙帝便召集群臣奏报政务，处理当天的国事。因此或在听政之前，或在听政之后开始当天的日讲。

朝臣与讲官披星戴月，风雨无阻，春夏天看东方日出，秋冬日随夜幕隐退，星稀殿角，露湿庭阶。康熙帝精神振奋，不惮劳苦听政听讲，从无厌倦之态。

康熙十四年四月，也就是1675年5月，他对讲官们说：“日讲原期有益身心，加进学问。今止讲官进讲，朕不复讲，则但循旧例，渐至日久将成故事，不惟于学问之道无益，亦非所以为法于后世也。自后进讲时，讲官讲毕，朕仍复讲，如此互相讨论，方可有裨实学。”

其实在此之前的讲学过程中，康熙帝早已不是仅只被动地听讲，而是经常与讲官反复研讨、辨析，经常阐发自己的学习体会和思想。当时南方吴三桂等“三藩”已发动叛乱，战火燃及半个中国，康熙帝要处理的问题实在太多，便将固定的日讲时间改为“乘间进讲”，并从这时开始他每次都复述讲官所讲解的知识。

到了康熙十六年，也就是1677年，他已具备了相当高的文化水平和理解能力，又把每次进讲改为由他自己先讲，然后由讲官复讲。由被动地接受到讨论式的学习逐渐过渡到自学加辅导，明显地看出康熙帝的进步迅速，而这不过只有短短的六年时间！

此间康熙帝还经常半夜起身，甚至通宵达旦披衣苦读。几年中，已将《大学》《中庸》《论语》《孟子》《尚书》《易经》《诗经》等儒家经典和《资治通鉴》等史书反复研读一遍。

康熙帝读书的自觉性和动力来源他对儒家典籍有益身心、有资治道的深刻认识。他二十岁时，一次与讲官们的对话就已经表现很清楚了。他说：“学问之道，在于实心研索，使视为故事，讲毕即置之度外，是徒务虚名，于身心何益？朕于诸臣进讲后，每再三细绎，即心有所得。尤必考证于人，务求道理明彻乃止。至德政之暇，无间寒暑，惟有读书作字而已。”

他所谓作字，是指书法。康熙帝自小便养成了爱好书法的习惯，非常喜欢董其昌的行书，后又对米芾字产生了兴趣，临摹习仿，写得一手遒劲有力、飘逸舒展的好字。说完上面的话后，康熙帝随手写了一行字，给讲官们传看。

接着说：“人君之学不在此，朕非专攻书法，但暇时游情翰墨耳。”随后他对讲官熊赐履说，“朕观尔等所撰讲章，较张居正《直解》更为切要。”

熊赐履当即回答说：“臣等章句小儒，不过敷陈文义。至于明理会心，见诸日用，则在皇上自得之也。”

康熙帝对此颇为赞同，便进一步阐明自己的见解说：“讲明道理，乃为学切要功夫。修己治人，方有主宰。若未明理，一切事务，于何取则？”且说，“学问之道，毕竟以正心为本。”

熊赐履见康熙帝有如此深刻的领悟，不由得称赞说：“圣谕及此，得千古圣学心传矣。”

康熙帝说：“人心至灵，出入无乡，一刻不亲书册，此心未免旁骛。朕在宫中手不释卷，正为此也。”

随后康熙帝潜心写下了《读书贵有恒论》一文，勉励自己不自欺，切戒始勤而终惰，不能坚持长久。其中有言：“人之为学，非好之笃嗜之深，其势必不能以持久！”准备“无论细旃广厦，讽咏古训，日与讲臣共之。即至銮车帐殿之间，罔废图史，寻味讨论，弗敢畏其艰深而阻焉，弗敢鹜于外物而迁焉，盖初终如一日也”。

康熙帝确实是在用这些认识鞭策着自己，他也是这样做的。他是一个帝王，知道自己享有至高无上的权力，用不着与自己的臣民在文化上一较高低。

他对自己约束和激励并不完全出自兴趣和天性。因为他知道自己是一个统治者，更清楚知道自己是一个被一个文化发达的大汉民族视为野蛮的“异族”的统治者，他的谦虚好学本身就是一种政治行为。

他要用自己行为和实际能力证明自己不仅是一个皇帝，还是一个称职的皇帝，是一个超越前代诸多帝王的皇帝。

假如说几十万的满族与几千万的汉民族在打天下、治天下的冲突中所需要的不仅是战争，同时也是竞争的话，康熙帝的祖先和前辈们已然赢得了战争的胜利。

当他成长为一个举国瞩目的君主后所面临的问题已别无选择，只有治天下这唯一的任务，他要完成的只有获取人心，取得全国人民的认同。尽管他不能想象自己可以与围绕在身边那些饱学诗书、满腹经纶的汉臣的“学问”相比，但却可以通过接受中国数千年的传统，满足他们的愿望，换取他们的信任，赢得他们的敬服。后来的事实表明，康熙帝的成功恰在于此。

康熙帝通过长期对儒家经典的研习和在为政的具体实践中的应用，深深感受到儒家思想对其安邦定国有着非常重要的作用，这种作用已远远超出以其笼络汉族地主阶级士大夫的工具意义。

经过明末以来半个世纪的战乱和激烈的阶级矛盾与民族之间的冲突，人们望治心切，使儒家思想的中庸倾向、阶级调和致治以礼的内涵在缓和矛盾、恢复秩序、制定政策等方面不仅有了理论根据，而且也正符合当时的社会实际。

正是依照儒家经典的精神主旨和社会的实际形势，康熙帝迅速扭转了四辅臣严苛残酷的政风，逐渐转向追求德治，崇尚宽仁，而这也成为他一生治国理政的基本调子。尽管他在晚年将此经验教条化，为政失之宽纵，造成严重的政治腐败，但清王朝能在严重的战乱和尖锐的对立中走出困境，应该说仍只能归功康熙帝的这一明智抉择。

康熙十六年五月一天，儒臣进讲完毕，康熙帝对他们说："卿等每日起早进讲，皆天德、王道，修、齐、治、平之理。朕孜孜向学，无非欲讲明义理，以资治道。朕虽不明，虚心倾听，寻绎玩味，甚有启沃之益。虽为学不在多言，务期躬行实践，非徒为口耳之资。然学问无穷，义理必须阐发。卿等以后进讲，凡有所见，直陈无隐，以副朕孜孜向学之意。"

其实类似的话在他一生中说过无数次。之所以如此，已经明显地反映出他对宋明以来诸儒对儒家思想的解释所持的保留态度。尽管他一再倡导理学，但他似乎已感觉到那种对理、气、心、性的繁冗解释和攻讦驳辩不仅难以分清高下，即使被尊为所谓纯儒的一些人多也只限于侈谈。他反复强调学问要有资治道，"务期躬行实践"。

他在与臣下谈到"理学"时说："日用常行，无非此理。自有理学名目，而彼此辩论，朕见言行不相符者甚多矣。终日讲理学，而所行之事，全与其言悖谬，岂可谓之理学？若口虽不讲，而行事皆与道理吻合，此即真理学也。"

康熙帝最需要的是治国的经验和实际的效果。终其一生，他倡导理学，也出了一些所谓"理学名臣"，可在他眼中，并没有几个人是值得肯定的。他晚年时曾说："理学之书，为立身根本，不可不学，不可不行。朕尝潜心玩味，若以理学自任，必致执滞己见，所累者多。宋、明季世人好讲理学，有流入于刑名者，有流入于佛老者。昔熊赐履自谓得道统之传，其殁未久，即有人从而议其后矣。今又有自谓道统之传者，彼此纷争，与市井之人何异？凡人读书，宜身体力行，空言无益也。”

从这既倡导又厌恶的情绪中，康熙帝表现出他完全是一个实用主义政治家而非理论家，尽管他对理学理论有很精深的研究。在康熙帝所读过的无数典籍中，历代史籍几乎都有所涉猎，并作了很多批注。他非常注重研究历代王朝兴盛衰亡的经验和教训，从帝王品德好尚到君臣关系，从整肃朝政到吏治安民，从发展经济到固舆安边都能引起他的高度重视。

比如，他对汉武帝、唐太宗等君主的治绩多有赞誉，但对汉武帝信神仙方术，唐太宗以疑杀人却不以为然，认为“惑己甚矣”；对汉文帝的善政，宋太祖微服了解吏治民情都深深敬服。

对许多帝王的品格治迹都有很中肯明智的看法，当他读了魏征上唐太宗《十思疏》后，不无感慨地评道：“人莫不慎于创业，怠于守成，故善始者未必善终。惟朝乾夕惕，不敢少自暇逸，乃可臻于上理。”

他对冯道历官几个朝代仍扬扬自得地自称为“长乐老人”嗤之以鼻，说他“四维不张，于兹为甚”。但却对冯道向唐明宗所说的“历险则谨而无失，平路则逸而颠蹶”的话大为赞赏，总结说：“粤稽史册，国家当蒙庥袭庆之后，率以丰亨豫大弛其兢业之心，渐致废坠者往往有之，所以古者圣贤每于持盈保泰之际三致意焉。

冯道以明宗喜有年而设譬以对，犹得古人遗意。虽道之生平不足比数，而其言固可采也。”

这种不因人废言、清醒知警的态度，在康熙帝读史书时是一念常存的。

在他年轻的时候就一直很注重历代兴亡的教训，自汉代以后的宦官、外戚之祸，亲王、权臣、武臣擅政都引起他的警觉，并在制度建设上予以充分的研究。尤其明朝亡国的教训，他可以说是念念不忘，经常与臣下们谈论，总是感慨不已。他深知：人主以一人临御天下，自身的修养深系天下安危。

他以历史的经验告诫自己，为政不能怠惰，不能感情用事，要善于了解情况，听取臣下的意见。尽管一人高高在上，可以为所欲为，但偏激致误、纵欲亡身乃至于亡国，历史都提供了无数的先例。

事实证明，康熙帝从一个深宫诞育的皇子成长为一位非常有作为的君主，得益于读书学习的“作育之功”甚多。也正是他深受数千年中原王朝治国经验的熏陶，在他手中，清廷终于从马上打天下的赳赳武夫姿态改变了形象，开始了以文治天下的辉煌历程。

随着治国经验的增长和对文化典籍领悟能力的提高，康熙帝逐渐感到烦琐仪式的日讲不如自学来得实惠、自由。况且固定的学习程式和讲解，既耽误时间又妨碍处理政务。但他很尊重自己的那些师傅，很羡慕他们的学问，不愿与他们分开。

在康熙二十五年，也就是1686年，他宣布停止日讲之前，便已在九年前设立了南书房。从那时起，甚至可能更早，在乾清门内西侧，面对乾清宫的那几间低矮的小房，已成了皇帝和他的文学侍从也就是词臣们经常研讨学问、谈文论政的永久场所。

他保持十五年的“业余学校”生涯尽管已经毕业，可在他的寝宫中却常常是烛光伴随他的刻苦攻读，有时直亮到天明。读书已成为他皇帝生涯的重要组成部分，直到他的晚年仍坚持不懈。因此，他区别于以往帝王的一个重要成就不仅在于他有突出的文治武功，他还给后人留下一百数十万字的著述。

励精图治，察吏安民；选贤任能，优礼良臣；安边恤刑，武功文治；轻徭薄赋，赈灾蠲免，事无巨细，凡有益治国安邦均挂怀在心。在他心中展开的是一幅国家安泰、物阜民丰的宏图。

在他龙飞凤舞、笔力遒劲的文字中，透射出充分的安然和自信；而在他留下的一千多首诗和数十篇文赋中虽常有忧国忧民的思绪萦绕心头，可胸怀广阔的浪漫主义情操却时时扬溢，慨叹边塞的辽远苍凉、瀚海无垠，寄志于大河奔流、山河壮阔，关情于草木鸣蝉、风雨明月。其诗作中，“既有金戈铁马之声，又有流风回雪之态”。

这个“马背上的民族”后代，虽然仍牢记祖辈不忘骑射的遗训却已是深谙治国之道并且满腹诗书。他虽然不乏祖辈坚忍雄健的马背雄风

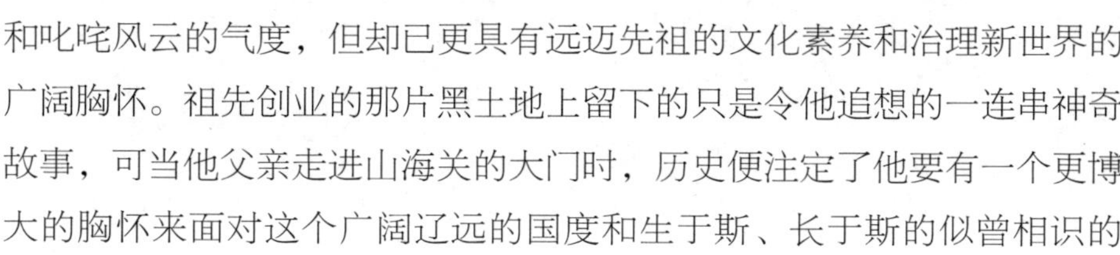

和叱咤风云的气度，但却已更具有远迈先祖的文化素养和治理新世界的广阔胸怀。祖先创业的那片黑土地上留下的只是令他追想的一连串神奇故事，可当他父亲走进山海关的大门时，历史便注定了他要有一个更博大的胸怀来面对这个广阔辽远的国度和生于斯、长于斯的似曾相识的世界。

他睁开双眼，惊异地关注着每一丝新奇，贪婪地吸吮着中国文化中的营养，以至于令深恨“夷族入寇”、很难放弃“华夷之辨”传统观念的汉族士大夫也睁大了惊奇的双眼，感到非同寻常。

康熙帝正是以这种突破祖辈狭隘换以宽容博大、兼容并蓄的全新姿态确立了自己“明君”形象，终于使清王朝在国人心中赢得了“正统”认可。康熙帝还做了三件意味深长的事：宣《圣谕十六条》、中西历法之争和御门听政。雍正帝在雍正九年，也就是1731年，农历十二月二十日，为圣祖仁皇帝实录所作的序文中称：“纲举目张，庶司各修其职。”意即纲举目张，才能治国安邦。所谓纲，就是敬天法祖、勤政爱民八个大字。

敬天法祖是形式，勤政爱民是内容，前者为手段，后者为目的。所谓目，就是为纲服务的具体施政方针和各项政策，既有综合全局的总政策，又有各个不同时期的个别政策，即目中有目。那么，什么是康熙朝勤政爱民的总政策呢？

康熙九年，也就是1670年，农历十月九日，即康熙亲政后第三年，他曾发布《圣谕十六条》，代表他勤政总策略，并一生为之遵行，孜孜不倦。《圣谕十六条》，即究竟如何训练、启发、劝导以及怎样责成内外文武各主管部门官员们督促率先举行等事情，礼部须详查典制，议定后报朝廷。

十六条的中心思想是重视思想文化教育，教育上去，其他问题就迎刃而解了。为此，康熙曾说过：政治所先，在崇文教。储养之源，由于学校。重农桑以足衣食，意即是物质建设。隆学校以端士习，是精神建设。二者相结合，如此，则纲举目张，由天下大乱走向天下大治。康熙做了六十一年的太平天子，与此不无关系。

采取御门听政制度

康熙初年，由顺治遗留下来的“四辅臣体制”大大削弱了皇权，这对康熙履行自己的职责，亲掌朝政非常不利。为了尽快投身于国家事务之中，年仅十四岁的康熙，在亲政之初就采取御门听政的方式，实现总揽朝政的目的。

在中国历史上，真正能够履行帝王权力的皇帝很少。而且历史上经常发生宰相擅权、母后专政、外戚篡夺、宦官横行、大臣结党等威胁统治秩序的情况。

而清朝则很少发生这样的事情，这与皇帝亲自行使国家大权，不轻易假手于人有很大关系。清初，国家的体制还带有很浓厚的贵族制色彩，满洲贵族特别是宗室贵族在一些国家大事上有很大的决策权。经过皇太极、顺治二朝，“四大贝勒体制”和“议政王大臣会议体制”受到了制约，皇权日渐加强。

但是康熙还是感觉到“四辅臣体制”使自己不能自行其是，处处受到约束，于是便采取“御门听政”的制度。所谓御门听政，就是皇帝亲自到一定场所，听取各部门大臣奏报情况，提出建议，与大学士、学士们一起讨论，呈上折本，发布谕旨，对重要国事作出决定等活动。

由于最初康熙御门听政的地点是离他住处最近的乾清门，因此才被称为“御门听政”。每月除了初五、十五、二十五的“常朝”在太和殿外，其余时间都在乾清门。后来根据具体情况和季节变化，也经常在乾清宫东暖阁、懋勤殿、瀛台、勤政殿、畅春园澹宁居、南苑东宫前殿等地举行听政。御门听政时间一般都安排在早晨，因此又称为“早朝”。

康熙勤勉为政，无论盛暑严寒，他都坚持亲临听政，几乎是六十一年如一日，从不中辍。康熙听政不是图形式，走过场，其认真的程度，就连大臣们都想象不到。对于各部送上来的奏章，他一定要亲自御览。

起初，很多官员认为皇帝肯定不会字字细读，书写经常疏忽。但康熙连错字都能发现，并加以改正，翻译得不通顺的，他也亲自加以删改，令大臣们感到汗颜。

军务紧急的时候，每天奏章有三四百件之多，通常情况下，也有四五十件，不论多少，康熙都要亲自批览。因为亲自动手，他才能洞察其中的弊端，随时加以纠正，这对于扭转一些不良风气起到了很大的作用。

通过御门亲政，康熙抵制了鳌拜等权臣专断朝政的图谋，为铲除鳌拜创造了条件。鳌拜为了扩张权力，垄断了朝廷大政的处理，他甚至将奏疏带回家中，任意更改，并且结党营私，阻塞皇帝和臣下沟通的渠道。但康熙通过亲自听政，突破了鳌拜的封锁，和大臣们广泛接触，共商国是，对鳌拜等擅权自专的行为，也能及时发现和制止。

有一次，鳌拜擅自更改已经发抄的红本，被大学士冯溥弹劾，康熙毫不留情地当众批评了他，鳌拜心虽不甘，但在朝堂之上，也不敢公然对抗皇帝，而康熙也通过这些行动，逐渐树立起自己的权威。

可以说，此时御门听政是康熙亲掌国政的演习，也是为铲除鳌拜进行的铺垫。两年以后，康熙不动声色，举手之间就除去了这个经营多年的庞大集团，如果没有御门听政所做的准备，是不可想象的。此后，康熙正式亲自掌理国家大权，他不但没有因为鳌拜的覆亡而掉以轻心，放松听政，反而更加重视。

“三藩之乱”的时候，国事繁多而重大，军情紧急，康熙通过御门听政，充分汲取朝廷大臣的智慧，迅速而果决地处理一系列的事务。重任在肩，他不敢有丝毫放松，每天天还没有亮就起床，天刚蒙蒙亮就开始听政，用他自己的话说，“惟恐有怠政务，孜孜不倦”。

当然，康熙也对各部官员提出了严格的要求，他下诏：“令部院官员分班启奏，偷情安逸，甚属不合。以后满汉大小官员，除有事故外，凡遇启奏事宜，都要一同启奏，我可以鉴其贤否；那些没有启奏事情的各衙门官员，也要每日黎明，齐集午门前，等到别人启奏之后同时散去。都察院堂官及科道官员，没有启奏事宜，也必须每日黎明齐集午门，查满汉部员、官员有怠情规避者，即行题参。”

官员们为了避免耽误早朝，往往在凌晨三四点就得起床，点着灯笼上朝。在皇帝的带动下，官员们也都养成了未明即起的习惯，整个朝廷呈现出一种勤勉高效的氛围。

平定“三藩”之后，紧急政务相对减少，但是康熙仍然坚持御门听政，只是对时间作了调整。在京期间，康熙御门听政坚持不辍，外出巡幸，也坚持处理政务，因此热河避暑山庄和各处行宫，也都成了他召见臣下处理政务的场所。每逢康熙离开京城，各部院便将奏章集中送至内阁，由内阁派人专程转送。

康熙如果住在南苑，就一天汇送一次或隔日汇送一次；如果远行外地，就每三日送一次。每天清晨，各部院尚书、侍郎就要赶到听政的地方，将本部日常事务上奏给康熙。有些问题康熙当时就作出决定，命令有关部门贯彻执行。遇到重要问题，康熙要当面询问详情，征求各方意见，然后仔细调查，最后作决定。

从亲政之日起，除了生病，三大节，重要祭祀之日以及宫中遭遇丧葬等变故，康熙不得不暂停御门听政外，到他去世前五十多年时间里，

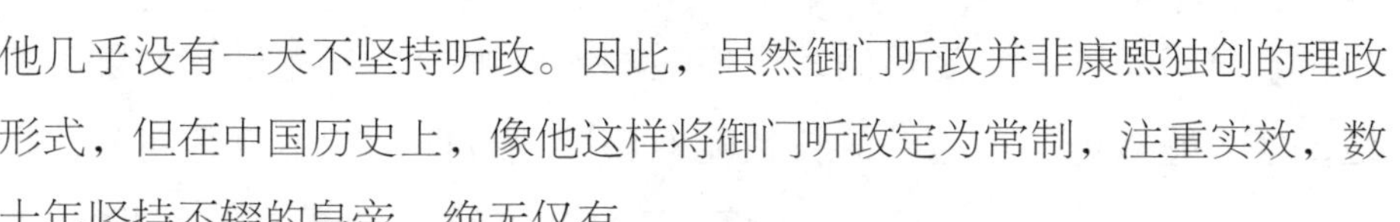

他几乎没有一天不坚持听政。因此，虽然御门听政并非康熙独创的理政形式，但在中国历史上，像他这样将御门听政定为常制，注重实效，数十年坚持不辍的皇帝，绝无仅有。

康熙利用御门听政，解决了大量的实际问题，大大地提高了国家的管理质量和行政效率。康熙四十五年，也就是1706年，农历四月十二日，大学士会同户部奏上有关“钱价太贱，需要平抑”之事，康熙当即作出和粜收买，严厉惩处贩钱抬价者。

同年十月，为拿获贩卖大钱人犯一事，刑部侍郎鲁瑚与九门提督发生争执，在康熙听政时面奏请旨。康熙让二人充分述说理由后，严厉批评刑部悖谬，下令交给都察院处理。许多重要、机密的事，各部还要具本奏上，面奏完毕，由大学士商同处理。

在听政的过程中，康熙尽量发挥大臣们的积极性，让他们畅所欲言，甚至鼓励互相争论。经过争论，有时康熙发觉自己的意见也并不完全正确，就虚心接受，改变自己的决定，采纳臣下的意见。

有一次，九卿会议提出请皇上亲临河上，指授方略的要求，康熙开始断然拒绝，并且声明：“我屡次巡察途经河道，对治河工程非常清楚，有些地方虽然没有去过，但从地图上也早已十分熟悉，随时可以定夺。我几次南巡，发现走小路十分扰民，所以没必要亲自前往。”

但是九卿一再坚持，申明利弊，说皇帝不亲临指示，就不敢动工，工程也不能圆满完成。康熙经过通盘考虑，终于同意亲自前往检视。

这场争论整整进行了一年。九卿有的面奏，有的递折，都直陈己见，大大提高了中枢决策的准确程度，收到了良好的效果。对于自己的正确意见，康熙还是勇于坚持的，这也是加强权威的一种体现。

康熙四十五年，也就是1706年，为治理黄、淮，在分工、筹款、官吏管理等诸方面，康熙与九卿存在很多分歧，并在御门听政时进行了多次争论。

九卿们提出：“河务重大，需要耗费巨额资金，应该设立民间捐资的条例。”

康熙不同意，反复劝谕，说现在国库里银钱十分充足，如果不充足，怎么能减免各省应纳的钱粮呢？康熙还批评九卿不熟悉河务，指出："我去年视察高家堰，见堤坝再不预先修治，一定会出大问题，就命令张鹏翮开工修治。但张鹏翮却坚持说根本不会有事，一直拖着不办。现在修河，应当以高家堰工程为重，如果高家堰溃决，那么黄河也难保。"

康熙仔细耐心地分析利弊，终于说服了九卿，使得自己的意见得以顺利贯彻执行。对许多朝中大事，康熙都亲自过问。大学士请旨的，康熙每一件都要亲自定夺，甚至一些看起来并不重要的事情，他也要关注。

有一次，大学士明珠捧折面奏请示户部奏销前一年湖南钱粮。康熙就问："所奏钱粮数目是不是确切？"

明珠回答说："我核对过，是相符的。"

康熙仍不放心地问："户部钱粮浩繁，很容易蒙混，经常在销算当中出问题，你们要传我的话，要户部务必严加清查，排除弊病隐患。如果不改，一定严加查办！"经过康熙亲自安排落实，解决了许多问题。

康熙二十五年，也就是1686年，农历七月的一天，康熙处理翰林官外转的奏章，询问大学士的意见，明珠奏报说，可以依吏部所议。

康熙听后很是不满，他批评道："这是你们顾及情面，现在的翰林官，有的不善书法，不能写文章，不能读断史书，只知饮酒下棋，这样的人一旦重用，使无才之人反受宠幸，怎么去教育后人？一定要降谪一两个人来警诫他们。"

于是，康熙当即指示大学士、学士带着谕旨到翰林院、吏部去质询。当天晚上，大学士们就回来汇报了吏部与翰林院的疏误之处，加以改正。

通过这些做法，不但解决了不少实际问题，而且也掌握了各地、各部门的薄弱之处，对加强皇权，防止权臣擅政现象的发生起到了一定的作用。御门听政时，康熙不只处理日常事务，而且还借机考察官员，整顿吏治，并通过这种方式增进官员们同自己的感情联系。

康熙首先将官员是否认真按时启奏视为勤勉与否、贤良与否的重要标准。因而对朝奏时偷情安逸的官吏严加训斥，对启奏诸臣，他也时时要求他们要注意民生疾苦。他曾多次告诫身边的官员，作为一方大吏，所奏必须与国计民生相关。

康熙二十二年，也就是1683年，农历二月初六，江西布政使石琳上奏本省要政时，多举琐碎事情，康熙严厉批评说："你身为地方大吏，应举有关民生利弊以及应该革除的大事奏告，怎能用这种琐事来搪塞呢？"

对官员们的升转任命，康熙很注意听取大学士们的意见。每当吏部或九卿推荐官吏，康熙总是让大学士们充分发表意见，以决定取舍。有时一时无法议定，便下令有关部院或九卿再作商议。

有一年，户部侍郎、贵州按察使、浙江按察使、山东布政使等都出现缺员，吏部报上拟升转名单，康熙并未指点，而是下令："着以开列人员问九卿，各举所知。"

对吏部所开山东等九省学政名单，康熙对学士们说："直隶地区，我已点过；江南等地学臣紧要，这本折子里开列的人员我不大认识，请向九卿去问询。"但是，对各部部议及大学十们票签的错误，康熙却丝毫不加迁就。

康熙曾经问大学士马齐："前代君王不接见诸臣，所以诸臣也见不到君王，君臣之间怎样通气呢？"

马齐回答说："明代皇帝向来无接见诸臣之例，即使接见，也不许说话。"

康熙慨叹道："为人君者若不面见诸臣，怎么能处理政务呢？"

为了增进君臣之间的感情交流，康熙对各级官员，处处表示关心。他认为只有君臣经常在一起商讨国是，才能上通下达，共同筹划，避免前明君臣相隔、依赖宦官而至亡国的局面再度重演。

康熙经常通过询问官员的家境来联络感情。出于对他的感戴之情，不少臣下对工作尽职尽责，甚至敢于与他争论。他对这种大臣总是十分赞许。

康熙对大臣们说：“你们都是议政大臣，应该各抒己见，直言不讳，即使有小差错，我难道还会因议政而加罪于你们吗？”因此，康熙在位期间，君臣关系一直非常融洽。各级官员普遍任劳任怨，对康熙也倍加爱戴。

康熙生病期间，暂停御门听政，但是各部院官员仍然全部赶到左门请安，使康熙十分感动，他动情地说：“君臣谊均一体，分势虽悬，而情意不隔。”

通过御门听政，康熙对大臣们的“感情投资”得到了回报，大大增强了官员们的向心力，从而极大地强化了他的权力，使得他的统治得到了空前的巩固。

御门听政作为康熙长期坚持的处理政务的主要方式，对于清朝政局的健康发展，发挥了至关重要的作用。康熙充分利用御门听政，使朝廷上下协调一致，克服困难，战胜了一个又一个对手。

在平定“三藩之乱”的八年中，诸多情况下，都是康熙利用御门听政及时地作出各种决定，并贯彻执行，从而取得了平叛战争的胜利。之后，康熙又抓住有利时机，在御门听政时授任姚启圣为福建总督、施琅为福建水师提督，终于顺利收复台湾，完成祖国统一的大业。

开设读书处南书房

康熙帝曾于内廷设立南书房。此制源于清初。清初从太祖努尔哈赤创业时起，以至诸王、贝勒，皆有书房，内设秀才若干，协助自己读书，兼管文墨。皇太极即位后，将书房改称文馆，命儒臣入直，成为国家正式机构。

所谓文馆仍是书房，只是汉文译法不同，将“书”改译成“文”，将“房”改译成“馆”，文馆比书房听起来更文雅一点。为什么国家正式机构仍称书房呢？原来书房系后金汗的私属机构，仍称其旧名，即意味保留了该机构的私属性质，以防止诸王专权。

当时八旗诸王、贝勒兼管六部，唯有文馆和都察院不许兼管。天聪十年，也就是1636年，四月，皇太极改国号为清，改元崇德，同时改文馆为内三院，即内翰林国史院、内翰林秘书院、内翰林弘文院，仍是属于皇帝的内廷机构。

皇太极时期的书房、文馆、内三院，都是抵制诸王、加强皇权的有力武器。清入关后，顺治帝为加强自己的权力，亦欲重建内廷书房。顺治十七年六月，顺治帝命于景运门内建造直房，选翰林院官员分三班值宿，以备“不时召见顾问”。此即内廷书房之雏型。

康熙初年，内三院逐渐成为辅政大臣结党营私、侵犯皇权的工具。因此，康熙剪除鳌拜之后，马上废除内三院，重建内阁和翰林院，并选择翰林入直内廷，设立南书房。

南书房位于乾清宫斜对面，偏西向北，实即乾清门之右阶下。乾清宫之西庑向东者为懋勤殿，殿南为批本处，“又南西出者为月华门，门之南为奏事房。转南向北者为南书房”。据说这里是康熙日日读书处所。

也许康熙即帝位之前，顺治帝曾命他在此课读，但即帝位之后则以设备较好的懋勤殿为书房，而将原书房改成“内廷词臣直庐”。或因其位于皇帝新书房——懋勤殿之南，所以又有人称南书房。

南书房设立时间，一般都说在康熙十六年，实际比这要早，大约在康熙十年前后。最早入直者为沈荃和励杜讷二人。沈荃是江南华亭人，顺治九年，也就是1652年，高中进士，授编修，后转外吏，历任大梁道副使、直隶通蓟道等职，康熙九年，也就是1670年，又坐事遭贬，降为浙江宁波同知，可谓坎坷多难。谁知否极泰来，时来运转。

原来沈荃自幼酷爱书法，与明代大书法家董其昌同乡，素学其字体，颇有几分相似。正巧这时康熙帝正在寻求善书之人，欲学名家书法，得知沈荃之名，便不等他上任，特旨召对，“命作各体书”。一看果然不错，“诏以原品内用。十年，授侍讲，直南书房”。

后来，康熙对诸子讲述自己的学习经历，说：“及至十七八……更耽好笔墨，有翰林沈荃素学明时董其昌字体，曾教我书法。”康熙帝十七八岁，即康熙九年、十年，与沈荃内用、入直时间完全相符。

励杜讷，直隶静海诸生，亦以善书受知。他于康熙二年应选参与缮写《世祖实录》。

康熙帝访求善书之人，杜讷亦被推荐内用。康熙十一年书成叙劳，授福建福宁州州同，“命留直南书房，食六品俸”。他于康熙二十九年迁侍讲，改任外廷官光禄寺少卿。康熙四十二年，擢刑部侍郎，去世。

康熙四十四年初，当时康熙帝五次南巡，驻跸静海县，降谕褒奖励杜讷说：“原任刑部右侍郎励杜讷，向在南书房，效力二十余年，为人敬慎，积有勤劳”，虽然品级不及予谥之例，特赐谥号文恪。他于康熙二十九年之前，在南书房“效力二十余年”，说明早在康熙十年前，他已经参与南书房的活动。

与以上二人几乎同时入直南书房的，还有经筵日讲起居注官、翰林院掌院学士熊赐履。高士奇后来在一份奏疏中列举“前入直诸臣”，其中即提到熊赐履之名。康熙帝对他极为信任，频繁召对，所谈内容极为广泛，凡国计民生、用人行政、弭盗治河、诸子百家，无不论及。

虽未见起草制诰的记载，但咨询、顾问的作用非常明显。

可见，南书房从其设立的初期阶段，实际上已经发挥国家中枢机构的作用。然而，康熙十三年，沈荃外擢国子监祭酒。康熙十四年，熊赐履升为内阁学士，并超授武英殿大学士兼刑部尚书；康熙十五年，他因事夺官，侨居江宁。至此，南书房只剩励杜讷一人，亟待补充。

早在康熙十二年春，他曾想增加南书房入直人员，并赐第内廷。他在御经筵时对学士们说：“朕欲得文学侍从之臣，朝夕置左右，惟经史讲诵是职，给内庐居之，不令外事。”但是，不知何故，此事当时没能实现，可能未选准人才，故拖延下来。

康熙十六年，平叛战争已度过最艰难的时期，进入决战胜负的关键时刻，此时康熙学问日益长进，所以急需补充水平更高、才品兼优的儒臣入直南书房，并赐第内廷，以备随时咨询、应对。

康熙帝乃于十二月二十日御门听政时，对大学士勒德洪、明珠说：“朕不时观书写字，近侍内并无博学善书者，以致讲论不能应对。今欲于翰林内选择博学善书者二员，常侍左右，讲究文义。但伊等各供其职，若令仍住城外，则不时宣召，难以即至。着于城内拨给房屋，停其升转，在内侍从几年之后，酌量优用。再如高士奇等善书者，亦着选择一二人，同伊等在内侍从。尔衙门满汉大臣会议具奏。”

内阁大学士李霨、杜立德、冯溥等遵旨会同翰林院掌院学士，选送张英等翰林五员具奏。康熙经过将近一个月酝酿，至十月十八日，选定侍讲学士张英在内供奉，食正四品俸。书写之事，只令高士奇在内供奉，加内阁中书衔，食正六品俸。并传谕二人："在内供奉，当谨慎勤劳，后必优用，勿得干预外事。"

这时入直南书房的有张英、高士奇、励杜讷三人，均于皇城之内赐第。张英、高士奇赐居西安门内，励杜讷赐第厚载门。汉官赐第皇城之内自此始。此后赐第皇城者还有康熙二十年入直南书房的朱彝尊，赐宅在景山北黄瓦门东南。

自从张英、高士奇入直起，南书房发展到一个新阶段。入直南书房的内廷翰林，不仅辅导皇帝读书写字、提升学业、时备顾问，还代拟谕旨、编辑典籍，使得南书房在交流民族文化、缓和民族矛盾方面也发挥了极为重大作用。

张英，字敦复，江南桐城人，康熙六年进士，选庶吉士。康熙十二年七月，以翰林院编修充日讲起居注官，在皇帝身边工作；入直南书房后，成了皇帝的亲密顾问。他每天"辰而入，终戌而退"，即从早七时到晚九时都在南书房工作。史载："退或复宣召，辍食趋宫门，慎密恪勤，上益器之。幸南苑及巡行四方，必以英从。一时制诰，多出其手。"皇帝称赞他"供奉内廷，日侍左右，恪恭匪懈，勤慎可嘉"。

高士奇，字澹人，浙江钱塘人。最初因为家贫，徒步来京，乡试落第，觅馆为生，卖文自给，并书写春联、扇面，遍赠朝贵悍仆。后被大学士吏部尚书明珠发现，荐于内廷，授詹事府录事。皇帝一见甚为满意，特旨选入南书房，从事"书写密谕及编辑讲章、诗文"等事，甚至也参与起草诏书，自称："有时召余至内殿草制，或月上乃归。"

至于励杜讷是否参与草制，未见明确记载。但礼亲王代善的后代昭梿认为几乎所有词臣都参与这一工作。他写道："本朝自仁庙建立南书房于乾清门右阶下，拣择词臣才品兼优者充之，康熙中谕旨，皆其拟进。"这里当然也会包括励杜讷。

然而南书房并不撰拟一般性质诏旨，而只起草“特颁”之诏旨。它与内阁、议政处关系是：“章疏票拟，主之内阁。军国机要，主之议政处。若特颁诏旨，由南书房翰林视草”，完全类似现代的机要秘书处。

继张英、高士奇之后，康熙帝于十七年闰三月二十八日又“召翰林院掌院学士陈廷敬、侍读学士叶方蔼、侍读王士祯入侍内廷”。此后至康熙二十七年之前，陆续入直的还有张玉书、孙在丰、朱彝尊、徐乾学、王鸿绪、陈元龙、戴梓等人。

其中关于著名诗人王士祯入直南书房，还有一段小插曲。王士祯原为户部郎中，由于张英等人的推荐，从部曹改为词臣。张英盛赞士祯诗名，康熙亦大略知道情况，因召入懋勤殿，出题面试，令其赋诗。士祯诗思本迟滞，加以部曹小臣，乍者见天颜，战栗不已，竟不能成一字。

张英万分焦急忙代作诗草，撮为墨丸，私置案侧，使士祯得以完卷。康熙帝见此光景，装作不知，边看卷，边笑问张英：“人言王某诗为丰神妙悟，何以整洁殊似卿笔？”

张英掩饰说：“王某诗人之笔，定当胜臣多许。”皇帝亦未加深究，改王士祯为翰林侍讲，迁侍读，并入直南书房，“因之得置高位”。有清一代从部曹改词臣者共六人，唯有王士祯得以入直南书房，由此可见康熙对儒臣的信任和优容。

康熙二十年平定“三藩”叛乱之后，南书房的主要工作转入以修书为主。如浙江秀水布衣朱彝尊，博学鸿词科中试，授检讨，于康熙二十年充任日讲起居注官，入直南书房，其主要任务仍是讲读和修书，不经常直接参与政事，故其诗云：“讲直华光殿，居移履道坊。……承恩还自哂，报国只文章。”

江南昆山人徐乾学，于康熙二十四年入直南书房之后，擢内阁学士，充《大清会典》《一统治》副总裁，教习庶吉士，与学士张英日侍左右，“凡著作之任，皆以属之”。至康熙三十三年，也就是1694年，农历五月，实行翰澹诸臣普遍轮流入直南书房之制。

康熙帝谕令礼部尚书兼翰林院掌院学士张英说：“翰林系文学亲近

之臣，向因日讲，时时进见，可以察其言语举止。近日进见稀少，讲官侍班不过顷刻，岂能深悉？著将翰林院、詹事府、国子监官员，每日轮四员入直南书房，朕不时咨询，可以知其人之能否，以备擢用。”

凡入直者，不论官职高低，亦不管原来是否为翰林院官员，均授以翰林职衔，称南书房翰林。如内阁中书高士奇、食原品州同俸励杜讷，入直数年之后，至康熙十九年五月，分别授为侍讲和编修。王士祯则于入直之前改侍讲、迁侍读。浙江钱人戴梓以军功入见，也是试“春日早朝”诗，授侍讲之后，“与高士奇同直南书房”。

此后入直者“特赐进士”之例甚多，如史载“高邮贾国维，以工书侍内廷食俸，圣祖常以内翰林呼之，举顺天乡试，以冒籍被劾，蒙恩赐复会试，落第，又特赐进士，一体殿试，遂以第三人及第”；无锡杜云川，以诸生迎圣祖驾于惠山，献词，蒙召见御舟，后被召至京入直南书房，命纂修《历代诗余》《词谱》，参加康熙五十年乡试及次年会试，“钦赐进士”。白衣入直者唯桐城方苞一人。

方苞以《南山集》案牵连入狱，因其文才素著，康熙帝于五十二年宥其罪，出狱隶汉军，试过文才之后，“命以白衣入直南书房”，但不久又“移蒙养斋，编校乐律”。

清朝中央机构一般都是满汉复职制，唯有南书房基本都是汉人。康熙后期始有个别满人入直，如三十三年佟国纲次子法海中进士，改庶吉士，“命在南书房行走”。不仅人数微乎其微，且不占重要地位。

康熙与入直诸臣吟诗作画，钓鱼赏花，剖析经义，讨论时政，无异同堂师友，感情极为融洽。他还向沈荃学习书法，沈亦悉心指教，“每侍圣祖书，下笔即指其弊，兼析其由”。康熙不仅不恼，反“深喜其忠益”。

直到沈荃离开南书房几年以后，康熙仍然经常将其召入内殿，优礼有加，并将临摹字体赐之，以求指正。其后沈荃子宗敬，以编修入直，康熙命作大小行楷，犹忆及往事，使内侍传谕李光地说：“朕初学书，宗敬之父荃实侍，屡指陈得实，至今每作书，未尝不思荃之勤也。”

康熙帝喜欢高士奇才智敏捷，“好学能文”，吟诗、书画，无所不

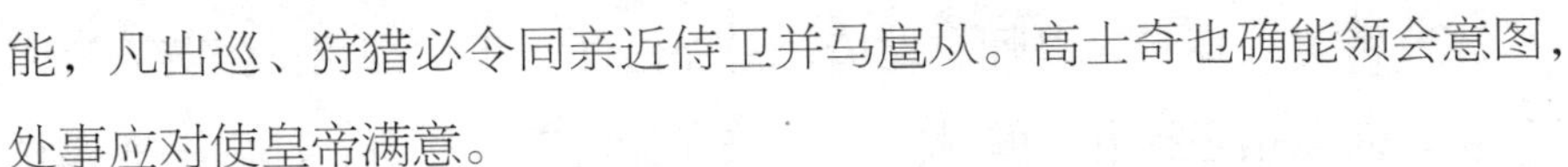

能，凡出巡、狩猎必令同亲近侍卫并马扈从。高士奇也确能领会意图，处事应对使皇帝满意。

有一天皇帝狩猎时，因马蹶险些坠地，心中有些不高兴。高士奇听到后，便故意把自己弄得满身污泥，“趋于侍侧”。康熙很奇怪，问他何以弄得这般模样。士奇谎答：“臣适落马坠积潴中，衣未及浣也。”

康熙听后大笑说，你们南人竟至如此懦弱，“适朕马屡蹶，竟未坠骑也”。与之相比，自己仍不失为勇武之君，不快之感，顿然消失。

康熙帝于二十三年九月第一次南巡，一路由高士奇扈从陪伴，登攀泰山，观阅河工，考察风土人情，游览名胜古迹。二十四日，乘沙船至京口，次早登金山，游龙祥寺，登高远眺，纵目千里，“题江天一览四字，并赋二诗”。

据说康熙游至龙祥寺，寺僧求赐额，正考虑未定，士奇送上一纸，上书“江天一览”四字，康熙一见，正合心意，即蘸墨书写，由于是触景生情之作，笔锋犹为刚劲有力。晚上登舟扬帆，顺风飞进，一昼夜行三百六十里达苏州。

康熙游狮子林，见设计奇妙，非寻常蹊径，连称“真有趣”。后赐额也是采纳士奇建议，去“有”字，书“真趣”。皇帝每天由士奇扈从游览，晚上亦由士奇陪同读书，简直达到时刻不可分离的程度。

据康熙亲笔所书《南巡笔记》记载：“夜坐舟中与侍臣高士奇探论古今兴废之迹，或读《尚书》《左传》及先秦两汉文数篇，或谈《周易》，或赋一诗，每至漏下三十刻不倦，日以为常。”

第二次南巡是康熙二十八年正月，时士奇已因张行贿案牵连被解任。康熙仍令扈从，并直达士奇原籍杭州，亲临其家西溪山庄，御书“竹窗”榜额赐之。游灵隐寺，寺僧跪求赐额。康熙提笔写字，因误将“靈”的雨字头写得过大，其下实在难以对仗。

正踌躇间，高士奇于手掌上写“雲林”二字，在假装磨墨时，边磨边侧着手给皇帝瞄。康熙帝心领神会，赶紧在雨字头下面弯了两下，写下了“雲林禅寺”四字。灵隐寺就这样变成“雲林寺”了。

康熙帝对入直者，以师友之情，备加信任，不次擢用。张英入直不满三年，即被指名提升为翰林院学士兼礼部侍郎，后晋礼部尚书兼翰林院掌院学士，仍管詹事府事；康熙三十八年，即致仕前两年，又拜文华殿大学士兼礼部尚书、经筵讲官，仍“总督南书房”。康熙称赞他“始终敬慎，有古大臣风”。

康熙四十年张英致仕后，康熙南巡仍一再召见，询问地方吏治。自张英之后，桐城张氏日益显赫，“以科第世其家，四世皆为讲官”，子孙五人入直南书房。其子廷玉历事康熙、雍正、乾隆三朝，官至保和殿大学士兼吏部尚书、军机大臣，总理事务，进三等伯，死后配享太庙。

励杜讷以诸生受知，入直后加封博学宏词科，授编修，迁侍讲，转外吏后历任光禄寺少卿、宗人府府丞、左副都御史、刑部侍郎等职。自他发迹，“子孙继起，四世皆入翰林”，三世入直南书房。其他入直者，亦有不少人成为达官显贵。如陈廷敬、张玉书官至尚书、大学士，王士祯、徐乾学官至刑部尚书，王鸿绪官至左都御史，叶方蔼官至刑部侍郎，孙在丰官至工部侍郎等等。

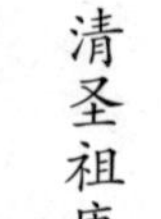

入直诸臣如有过失，康熙亦尽量加以保全。特别是大学士熊赐履，他于康熙十五年因票拟错误欲诿咎另一大学士杜立德，“改写草签，复私取嚼毁，失大臣体，革职”，侨居江宁。康熙帝念及他的才能及其对自己事业的杰出贡献，第一次南巡至江宁，曾亲切召见，御书“经义斋”匾额以赐。康熙二十七年六月，复起礼部尚书，仍直经筵，后调吏部。

康熙三十四年，其弟熊赐瓒以奏对欺饰下狱，御史借机疏劾吏部选官以意高下，尚书熊赐履窃道学虚名，负恩溺职，请予严惩。都察院议欲降三级调用。康熙不仅不问，并赦其弟赐瓒，更于康熙三十八年授熊赐履东阁大学士兼吏部尚书，充《圣训》《实录》《方略》《明史》等大型丛书总裁官。

康熙四十二年，熊赐履以年老乞休，温旨许解机务，仍食俸，留京备顾问，“以示优眷”。康熙四十八年，去世，命礼部遣官视丧，赐

银千两，赠太子太保，谥曰“文端”。康熙五十一年，犹忆及熊赐履讲幄、辅弼之功，命吏部擢用其子，下令说：“原任大学士熊赐履，夙学老成，历任多年。朕初立讲官，熊赐履早夜惟勤，未尝不以内圣外王之道，正心修身之本，直言讲论，务得至理而后已。且品行清正，学问优长，身殁以后，朕屡加赐恤，至今犹轸于怀。原任大学士张英、张玉书，朕因眷念旧劳，擢用其子，熊赐履之子自应一例推恩，著调取来京，酌量录用，以示不忘耆旧之意。”后因其子年幼，“命俟年壮录用”。

康熙二十七年，也就是1688年，法司逮问湖广巡抚张汧，审问其贪污行贿事，供词涉及工部尚书陈廷敬、刑部尚书徐乾学、左都御史王鸿绪、少詹事高士奇。康熙帝闻报降谕，戒勿株连，仅依法处置张汧等审实人犯，其他“置弗问”。四人感到无颜出入禁廷，分别疏请致仕。

康熙见他（陈廷敬）留任有困难，便“准以原官解任”，但仍领修书事，“其修书总裁等项，著照旧管理”。并且，不到两年，又于康熙二十九年二月重新起用陈廷敬为左都御史，七月，迁工部尚书，此后，历任户部尚书、吏部尚书、文渊阁大学士等职。至康熙四十九年十一月以耳病休致之后，到第二年，复召入直办事，康熙五十一年四月，卒于京师。康熙命皇三子率侍卫大臣奠酒，并御制挽诗，加祭一次，谥曰“文贞”。

高士奇等解职之后，也都保留修书副总裁、总裁等头衔，照常出入禁廷。然而御史等仍攻击不止。次年九月，左都御史郭琇再次专疏劾奏高士奇、王鸿绪等“植党营私”“奸贪坏法”等罪状，“仰请皇上立赐罢谴，明正典刑”；御史许三礼连疏劾奏徐乾学与高士奇子女姻亲相为表里，通过科举而“招摇纳贿”诸弊，并引“五方宝物归东海，万国金珠贡澹人”之谣以证。

康熙对高士奇等人贪墨之事早有所闻，尝对近侍说：“诸臣为秀才，皆徒步布素。一朝得位，便高轩驷马，八驺拥护，皆何所来赀可细究乎！”因极力保全，不欲细究，故接到劾疏之后，仅令高士奇、王鸿绪等人“休致回籍”。

康熙对徐乾学更为优容，尽管许三礼列举一系列贪赃枉法事实，人赃俱在，仍不处理，仅以给假省墓名义回籍。徐乾学等回籍之后，地方官员仍复吹求不已。江苏巡抚郑端，根据加派获罪嘉定知县闻在上招供，尝以银分馈徐乾学子徐树敏及王鸿绪，便上疏劾乾学纵子行诈，鸿绪竟染赃银，有玷大臣名节，“乞敕部严议”。

康熙览奏，降谕制止说：“朕崇尚德教，蠲涤烦苛。凡大小臣工，咸思恩礼下逮，曲全始终；即因事放归，仍令各安田里。近见诸臣彼此倾轧，伐异党同，私怨相寻，牵连报复；虽业已解职投闲，仍复吹求不已，株连逮于子弟，颠覆及于身家。朕总揽万机，已三十年，此等情态，知之甚悉。媢嫉倾轧之害，历代皆有，而明季为甚。公家之事，置若罔闻，而分树党援，飞诬排陷，迄无虚日。朕于此等背公误国之人，深切痛恨。自今以往，内外大小诸臣，宜各端心术，尽蠲私忿，共矢公忠。倘仍执迷不悟，复踵前非，朕将穷极根株，悉坐以朋党之罪。”

这时，鸿绪等已被逮捕，等待审讯，因诏书下达而获释。康熙三十三年，康熙帝谕大学士等，举长于文章文学超卓者，王熙、张玉书等荐徐乾学、王鸿绪、高士奇，命来京师修书。乾学已卒，遗书以所纂《一统志》进，诏复故官。

鸿绪至京，授工部尚书，充经筵讲官。康熙四十七年，因保举皇子胤禩为太子，均遭切责，以原品休致，但仍“原衔食俸”，在家修《明史》列传部分，共二百零八卷。康熙五十四年，复召来京师修书，充《省方盛典》总裁官。雍正元年，也就是1723年，卒于京。

高士奇回到北京，仍留在南书房。康熙三十六年，允其归家养母，特授詹事府詹事。后擢为礼部侍郎，以母老未就。康熙四十二年，康熙南巡，士奇迎驾淮安，陪同至杭州，及回銮，复从至京师，屡入对，赐予优渥。遣归，卒于家。士奇等人因入直书房，与皇帝建立深厚友谊，虽得罪，仍受到保护和任用。

康熙曾向侍臣讲，厚待士奇等人是由于他们对他治学有很大的帮助，说道：“朕初读书，内监授以四子本经，作时文；得士奇，始知学问门径。初见士奇得古人诗文，一览即知其时代，心以为异，未几，朕亦能之。士奇无战阵功，而朕待之厚，以其裨朕学问者大也。”

平“三藩”定台湾

金銮殿正中的明黄雕龙宝座上坐着头戴金顶皇冠，身着天子朝服的康熙皇帝。虽然这时康熙只有二十岁，长得不算魁伟，但目光炯炯，眉宇间透着一股英气，给人一种英俊干练的感觉。

康熙锐利的目光向众大臣一扫，从容地说：“不久前已命令平南王撤藩，还未撤，现在又接到平西王和靖南王的上书，也要求一块儿撤，不知大臣们对此有什么看法？”

“平南王的藩镇撤得，平西王和靖南王的藩镇却撤不得。”大臣索额图说道。他由于在捉拿鳌拜的过程中立了功，现在已经是大学士了。

“为何撤不得？”康熙问道。

先发制人发布撤藩令

在智擒鳌拜后，康熙收回了朝中大权，但他依然面临着严峻的形势，那就是“三藩”。所谓“三藩”，就是清初朝廷分封的三个异姓王：吴三桂、尚可喜、耿继茂。吴三桂、尚可喜及耿继茂的父亲耿仲明都是降清的明朝将领。

顺治年间，清朝利用原明朝的降将吴三桂、耿继茂之子耿精忠、尚可喜等人消灭了李自成、张献忠的农民起义军和南明王朝之后，封吴三桂为平西王，镇守云贵；耿仲明及子耿继茂死后，由孙子耿精忠袭爵为靖南王，镇守福建；封尚可喜为平南王，镇守广东：当时并称为“三藩”。

朝廷这样做表面上是奖励功臣，实际上是防范功臣。吴三桂等人明白，之所以把他们封在遥远的边疆，是因为清王朝对手握重兵的汉人决不会真正信任。如果让吴三桂仍回锦州，一旦吴三桂造反，很快就会打进北京，远在云南就好办一些。这种考虑是很有远见的。

康熙清除鳌拜的势力后，十分重视国家的统一和权力的集中，又将“三藩”、河务及漕运三件大事，书写成条幅悬于宫中柱上。其中将处理“三藩”，看成是治国安邦的头等大事。

康熙即位之初，朝廷内部在讨论是否撤藩的问题上，存在着不同意见。有的人畏惧“三藩”的力量，怕把他们惹急了反而有麻烦；还有的人认为“三藩”对建国有功，不宜撤除。

康熙通过学习历史认为，“三藩”不能与宋初的开国功臣相比，而是属于唐末的藩镇之流，势在必除。因此，康熙从巩固君权的角度驳斥持不同意见的大臣：“天下大权，唯一人操之，不可旁落。……三藩撤亦反，不撤亦反，不若先发制之。”

“三藩”并建后，在南方形成了各据一方的态势。到康熙初年，“三藩”势力迅速膨胀，各拥重兵。尚、耿二藩，各拥有八旗兵十五佐领，约四千五百人，绿营兵约六千人；吴三桂原来在山海关外，拥有精兵四万，投降清朝以后东征西讨，四万精兵损失大半，但他又收降了李自成、张献忠的义军残部，这些都是身经百战、勇敢善战的部队，此外在云贵又不断招兵买马，扩充实力，此时兵力已达十余万人。“三藩”的军队多，粮饷开支巨大，出现了“天下财赋，半耗于‘三藩’”的局面。“三藩”以边疆未靖为借口，向清廷要挟军需，额饷必不可减。

首先是户部向朝廷提出报告，说“三藩”的开销，国库已经负担不起了，建议把“三藩”的满洲兵统统调回北京，并裁去两万绿营兵。这等于釜底抽薪，吴三桂当然不会同意，他不断地挑起战争，屠杀苗、彝等少数民族，以此来抵制裁军。

吴三桂自率兵入缅甸，抓回了南明永历帝朱由榔而被封为亲王后，更是势众权重。他控制的云贵地区成了独立王国；他任命的官吏、将领，吏部和兵部不得干涉；他使用的军饷，户部不得查核；他需要的人员可以从全国各地调，还可以委派部下亲信到别的省里去任职，称之为“西选”，造成“西选之官满天下”的局面。

吴三桂在昆明将朱由榔的桂王府改为藩王府，将明朝黔国公沐天波的七百顷庄田全部占为己有，改名为藩庄。他在云南十余年，常与西藏达赖喇嘛通使，每年通过西藏买进蒙古马上万匹。每天操练士兵马队，制造兵器，水陆要冲，都安排了心腹之人把守。

在京城，吴三桂还通过当了皇帝女婿的儿子吴应熊掌握了解朝廷的动静；在云南，他还强行圈占明代卫所军田，将耕种这些田地的农民都变为他的佃户，强行纳租纳税。

吴三桂部下为虎作伥，抢劫杀人，无恶不作。又强迫平民做壮丁，不从者则被诬陷为逃犯。此外，还以放牧、狩猎等各种借口，强征土地，霸占老百姓的产业。

尚可喜、耿继茂二藩，开始同驻广州一城，所以广州受害特别严重，他们创设了“总店”，征收苛捐杂税，每年所得的银两，不下数百万。尚可喜还垄断海上对外贸易，乘朝廷厉行海禁之时，指派部下大搞走私，其获利难以估算，均入私囊。

耿精忠移驻福建后，效仿在广州的做法，苛派夫役，勒索银米。

“三藩”肆虐，不仅引起民众的强烈不满，而且与朝廷其他文武大臣之间的矛盾，也十分尖锐。但凡与藩王发生矛盾的，就要遭到迫害。

巡按四川的御史郝浴，因揭发吴三桂拥兵观望、骄横跋扈，却反被吴三桂诬为“欺妄冒功”，而流放戍边了十八年。

御史杨素蕴劾奏吴三桂擅自补授官员，是“轻名器而亵国体”，主张“防微杜渐”“一切威福大权，俱宜禀自朝廷”。这下激怒了吴三桂，他抓住了“防微杜渐”这句话大做文章，歪曲是“意含隐射，语伏危机”，上疏质问。因当时吴三桂正在率兵追击南明永历帝朱由榔，朝廷不敢得罪他，只好处罚杨素蕴，罪名为“含糊巧饰”，降职使用。

清廷因为要依靠“三藩”平定和守卫南方的边疆地区，因此对他们百般迁就。结果消灭了南明，稳定了南方的局势，同时也酿成了“三藩”隐患。

随着形势的发展，清廷与“三藩”的矛盾日益尖锐。所以康熙清除鳌拜势力后，日夜悬念的就是撤藩问题。他说：“生老病死是自然规律，我从来也不顾虑，只是天下大权，必须归于一统。”因此他密令各部院，加紧进行整顿财政，筹措经费；加强训练，提高京师八旗兵的战斗力等，做好应付撤藩的准备工作，等待时机。

到了康熙十二年，也就是1673年春，平南王尚可喜因为看到自己的儿子尚之信太过嚣张，明哲保身，所以向康熙上疏请求回到辽东养老。同时，请求让其子尚之信袭封王爵，继续统兵镇守广东。

康熙接到了平南王尚可喜的奏折，非常高兴，认为这是千载难逢的良机！于三月十二日下令，一方面肯定尚可喜“欲归辽东，情词恳切，能知大体”；另一方面又以“广东已经平定”为理由，以及不使尚可喜父子、官兵兄弟亲族分离，撤退全部王下官兵家口归辽东，其所属左右两营绿营官兵，仍留广州，归广东提督管辖。

撤藩命令由钦差大臣于五月三日送到广州。尚可喜对朝廷比较恭顺，接到命令后，即陆续上报起程日期及家口、马匹的具体数目等。

吴三桂与耿精忠得知尚可喜主动疏奏撤藩，受到很大的震动。为试探朝廷的态度，便分别于七月三日和七月九日向朝廷呈送了要求撤藩的报告。

当时，吴三桂的谋士刘玄初说：“朝廷从很早以前就想撤藩，苦于没有借口，王爷这份奏书递上去，岂不是给了朝廷撤藩的借口？那撤藩是铁定了，请王爷三思。”

而吴三桂却自作聪明地说：“朝廷决不敢撤藩，我这样做，只是为了使皇上放心罢了。”

康熙接到疏报后，立即降旨称赞二王“请撤安插，恭谨可嘉”，并以云南、福建已经彻底安定，同意将二藩撤离，令议政王大臣合议。

金銮殿正中的明黄雕龙宝座上坐着头戴金顶皇冠，身着天子朝服的康熙皇帝。虽然这时康熙只有二十岁，长得不算魁伟，但目光炯炯，眉宇间透着一股英气，给人一种英俊干练的感觉。

康熙锐利的目光向众大臣一扫，从容地说：“不久前已命令平南王撤藩，还未撤，现在又接到平西王和靖南王的上书，也要求一块儿撤，不知大臣们对此有什么看法？”

“平南王的藩镇撤得，平西王和靖南王的藩镇却撤不得。”大臣索额图说道。他由于在捉拿鳌拜的过程中立了功，现在已经是大学士了。

“为何撤不得？”康熙问道。

“皇上您想，平西王吴三桂自镇守云南以来，虽说有些事儿做得过分了点，但地方上总算安定。现在如果撤藩，将他遣移，就不得不另外派兵把守。三位藩王加在一块有几十万兵马，如果一撤藩，士兵往返，劳师动众，必然骚扰地方，空费钱财。再说，他们的上书并非出自真心，如果真要撤藩，难免引起不测。汉景帝削诸侯王的封地，导致‘七国之乱’，这不能不引起我们的注意……”

兵部尚书明珠对索额图的说法不以为然，他打断索额图的话说道：“吴三桂镇守云南，圈占民田，抢掠人口，私开金矿盐井，攫取暴利，搞得民不聊生，怨声载道，哪里谈得上什么安定？他恃功自傲，专横跋扈，培植个人亲信，用人吏部不能过问，甚至还向全国选派官吏，就是总督、巡抚这样高的朝廷命官，还要听他节制。朝廷也不能过问他花费的钱财，他愿用多少就用多少。他用这些钱广招兵马，扩充势力。他虽说名义上还隶属朝廷，但实在与分裂割据没什么区别！另外两藩也好不了多少，他们互相串通，根本就没把朝廷放在心上。所有这些，各位大臣都是有目共睹的。所以，皇上应该当机立断，借他们要求撤藩的机会，将他们带领的军队全部调往山海关以外，以免生出祸患！”

听了明珠的一席话，大臣们纷纷议论。一时间，众大臣分为两派：有的同意明珠的意见，要求撤藩；有的附和索额图，不同意撤藩。争来争去，大部分大臣由于惧怕吴三桂的威势，怕引来麻烦，慢慢地都倒向了索额图一边。

康熙一直耐心地听着，他见再争论下去也不会有什么结果，就挥了挥手说：“兵部尚书等人的意见很有道理。‘三藩’各据一方，现已造成尾大不掉的局面，不可不撤。朕亲政后，见‘三藩’势力越来越大，时刻忧虑。既然三位藩王主动请求撤藩，这再好不过，我们正可顺水推舟……”

康熙说到这里，看了一眼索额图，又接着说：“大学士怕撤藩引起不测，这也不是没有道理，朕也曾考虑过。历史上的汉景帝听从大臣晁错的建议，削减诸侯的土地，引起了七个诸侯的叛乱。其实，汉景帝和晁错都没有什么不对的地方，相反，应该说是很英明的。因为当时的诸侯存心造反，削地反，不削地也会反。可惜汉景帝一时糊涂杀了晁错！要论前车之鉴，唐玄宗姑息迁就边将安禄山，导致‘安史之乱’、藩镇割据，那才是真正的教训。现在的局面，和汉景帝时非常相像，撤藩也反，不撤藩也会反。与其让他日后羽毛丰满时反，还不如让他现在就反。”

大臣们静静地听着康熙的话，感到很有道理，不住地点头称是。于是，康熙下诏撤藩，并分别派大臣前往各藩镇传达诏命。

平西王吴三桂根本没把上书请求撤藩当作一回事，仍旧每天在藩王府对酒当歌，寻欢作乐。吴三桂自恃功高，料想朝廷不会把他怎样，即使撤掉其他两藩，也不会撤到他头上。他之所以上书请求撤藩，不过是做样子，试探一下朝廷对他的态度。

这天，吴三桂正在藩王府欣赏由四十个歌伎表演的歌舞，忽然听到礼部侍郎折尔肯、翰林院学士傅达礼前来宣诏。

吴三桂懒洋洋地回到府中，设香案跪接圣旨。等折尔肯把撤藩的诏书宣完，吴三桂不禁倒吸了一口冷气，就像当头挨了一闷棍，只觉得脑袋嗡嗡直响，竟忘了还要谢恩。

吴三桂派人安置好两位宣诏的大臣后，就急忙请手下的几位得力大将吴应麒、吴国贵、马宝、夏国相、胡国柱等人来藩王府商量对策。

吴三桂刚把康熙的诏书念完，都统吴应麒就叫道：“王爷，您看这诏书上说的都是些啥玩意儿？这分明是讥讽王爷……”

“我请个屁？！”还没等吴应麒说完，吴三桂皱了皱眉，愤愤地骂道，“我请求撤藩，不过是装装样子，没想到给他个毛驴他就当马骑。”

“这藩万万撤不得！如果一撤藩，离开我们多年经营的地盘，无兵无权，那还不是任人摆布？”吴三桂的女婿、都统夏国相说道。

“说得有理！”中营总兵马宝接着说，“现在天下已经平定，皇上哪里还用得着我们？所谓撤藩，不过是调虎离山之计。常言说得好：‘虎落平阳遭犬欺。’我们一旦离开根基之地，只有等死。就是不死，也没我们的好果子吃。与其束手被擒，还不如趁此反了吧！反去北京，也让胆大妄为的皇上尝尝咱王爷的厉害！”

“反了吧！反了吧，王爷！”几位大将一起吼道。

“反，反，你们当我不想反！狗急了还跳墙呢，何况我吴三桂征南闯北、打败过李自成、绞杀过南明永历帝……”吴三桂说得激动，脸膛涨得发紫，像煮得半熟的猪肝一样。他半躺在雕花镶背的太师椅上喘着粗气，稍微平静了一下，说道：“皇上虽说年轻，但也不是三岁小儿……”

“怕他怎的？打仗在于将帅，也不在于一个皇上！”都统胡国柱说。

都统吴国贵接着道：“现在朝廷上下，老将死的死了，亡的亡了，剩下的不是乳臭未干，就是懦弱无能，没有一个是王爷的对手。王爷手下精兵数万，粮草充足，弹药齐备，只要王爷把反旗这么一树，平南、靖南二藩自然响应不说，就是其他边将旧部也会群起响应。”

吴国贵的几句话给在场的每个人都打足了气，他们都来了精神，吵吵嚷嚷地说：“现在不反，还要等到什么时候？！”

在部将的鼓动下，吴三桂认为自己势力足够强大，决定起兵谋反。

吴三桂叛乱的消息传到北京。太和殿内，大臣们吵吵嚷嚷，失去了往日的镇静和谦恭。

索额图两眼看着康熙道：“皇上，恕臣直言，当初就该听奴才的话，不该急急躁躁地撤藩……”

“反都反了，还说什么撤不撤？！”不知哪位大臣冒了一句。

索额图没去管他，继续说道：“事到如今，也只有一个法儿……”

“只有派兵平叛！”明珠接过话说。

索额图“哼”了一声：“照你的话办，总没好事。”

康熙平静地问：“那么，照你的意思，又该如何？”

索额图说：“只有诛首倡撤藩之人，取消撤藩令，安抚吴三桂，方可无事。”

明珠等人听索额图请求康熙诛杀自己，吓了一跳，心中叫苦不迭，他们不由自主地一齐跪下道：“臣等死罪，请皇上发落！”

康熙和蔼地说道：“起来，都起来。这从何说起？各位虽是首倡撤藩之人，但撤藩一直是朕的主张，今日岂能因为吴三桂反叛，就归罪于你们。如果说撤藩有过错的话，那也在于朕一人。”

明珠等人叩头谢恩而起。索额图急忙趋前一步说：“皇上……”

康熙摆手道：“当年七国反叛汉廷，汉景帝杀了晁错，但反叛并没有因此而停止，反而铸成了大错。朕就是再糊涂，也不会做出这等误国误民的糊涂事来！”

索额图嗫嚅着退到一边。这时，另一个大臣说道：“我皇圣明！逆贼吴三桂不念我朝之恩，上背天时，下违人情，公然反叛，皇上理应派兵讨伐！”

康熙点点头，用深邃的目光扫视了一下群臣，最后把目光落在索额图身上，缓缓地问道：“大学士还有什么话要说吗？”

索额图很了解康熙的脾气，他见皇上主意已定，就低头说：“奴才谨遵圣命！”

康熙毅然地说：“为维护我大清帝国的一统帝业，藩不可不撤，而今，逆贼反了，也不可不伐。讨伐逆贼，朕意已决！”康熙说完，把一只拳头重重地砸在御案上。

群臣齐声赞道：“我皇圣明！”随后，康熙下达了武装平叛的命令。康熙作出这个决定，虽然显得操之过急，如果先撤二藩，使吴三桂失去援手，同时在战略要地部署军队，战争的形势可能改观，不至于旷日持久，生灵涂炭；但从另一方面也表现出他决心不可动摇，处事果断。

吴三桂表面上对朝廷使臣很尊重，表示于十一月二十四日启程迁移，背地里加紧进行谋叛的准备，派遣心腹将领扼守关隘，控制人员出入。

十一月二十一日，吴三桂集合部下官兵，当众杀害了拒绝从叛的云南巡抚朱国治等，扣留了朝廷使臣折尔肯、傅达礼，自称天下都招讨兵马大元帅，蓄发换服，旗帜皆用白色，以明年为“周王元年”，并发檄文于全国，声称为明室复仇才起兵反清。

虽然吴三桂拥有雄厚的军事实力，但当时天下大局已定，康熙的施政又很得当，人们刚刚从战争中走出来，过了几年安稳日子，吴三桂挑起战乱注定不得人心。

因此，就连刚开始时拥护吴三桂的一些前明遗老在看清了他的真面目后也纷纷离去，机关算尽的吴三桂从一开始就注定了日后灭亡的命运。

打败吴三桂的叛乱

康熙清除了鳌拜集团，开始乾纲独断，自主地治理国家。为时不久，便爆发了以吴三桂为首的大规模武装叛乱，刚刚安定下来的中国，再次陷入内战的深渊。这一事变，远比同鳌拜集团斗争要严重得多，它对于刚迈入青年时期的康熙无疑是一次命运攸关的考验。

康熙十二年，也就是1673年，康熙下令“三藩”全部撤还山海关外，但没想到吴三桂却在十一月二十一日正式起兵反清。起兵前后，吴三桂先后致书尚可喜、耿精忠和在台湾的郑成功之子延平王郑经，以及贵州、四川、湖广、陕西等地官吏中的老相识，尤其是明朝降清的官员，与他们约定一起发兵，“三藩之乱”由此开始。为了师出有名，吴三桂佯称拥立明朝的“朱三太子”，兴明讨清，到处散发《吴三桂奉天讨满檄文》：

原镇守山海关总兵官，今奉旨总统天下水陆大师兴明讨虏大将军吴，檄告天下文武官吏军民等知悉：

本镇深叨明朝世爵，统镇山海关。一时李逆倡乱，聚贼百万，横行天下。旋寇京师，痛哉毅皇烈后之崩摧，惨矣！东宫定藩之颠踣，文武瓦解，六宫恣乱，宗庙瞬息丘墟，生灵流离涂炭，臣民侧目，莫可谁何。普天之下，竟无仗义兴师勤王讨贼，伤哉！国运夫曷可言？

本镇独居关外，矢尽兵穷，泪干有血，心痛无声，不得已歃血订盟，许虏藩封，暂借夷兵十万，身为前驱，斩将入关，李贼逃遁，痛心君父，重仇冤不共戴，誓必亲擒贼帅，斩首太庙，以谢先帝之灵。幸而贼遁冰消，渠魁授首，正欲择立嗣君，更承宗社封藩，割地以谢夷人，不意狡虏遂再逆天背盟，乘我内虚，雄踞燕都，窃我先朝神器，变我中国冠裳，方知拒虎进狼之非，莫挽抱薪救火之误。本镇刺心呕血，追悔莫及，将欲反戈北逐，扫荡腥气，适值周、田二皇帝，密令太监王奉抱先皇三太子，年甫三岁，刺股为记，寄命托孤，宗社是赖。故饮泣隐忍，未敢轻举，以故避居穷壤，养晦待时，选将练兵，密图恢复，枕戈听漏，束马瞻星，磨砺竞惕者，盖三十年矣！

兹彼夷君无道，奸邪高涨，道义之儒，悉处下僚；斗筲之辈，咸居显职。君昏臣暗，吏酷官贪，水惨山悲，妇号子泣。以至彗星流陨，天怨于上；山崩土震，地怨于下；卖官鬻爵，仕怨于朝；苛政横征，民怨于乡；关税重征，商怨于涂；徭役频兴，工怨于肆。

本镇仰观俯察，正当伐暴救民，顺天应人之日也。爰率文武臣工，共襄义举，卜取甲寅年正月元旦寅刻，推奉三太子，郊天祭地，恭登大宝，建元周启，檄示布闻，告庙兴师，刻期进发。移会总统兵马上将耿（精忠），招讨大将军总统使世子郑（经），调集水陆官兵三百六十万员，直捣燕山。长驱潞水，出铜驼于荆棘，奠玉灼于金汤，义旗一举，响应万方，大

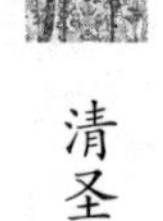

快臣民之心，共雪天人之愤。振我神武，剪彼羶氛，宏启中兴之略，踊跃风雷，建划万全之策，啸歌雨露。倘能洞悉时宜，望风归顺，则草木不损，鸡犬无惊；敢有背顺从逆，恋目前之私恩，忘中原之故主，据险扼隘，抗我王师，即督铁骑，亲征蹈巢覆穴，老稚不留，男女皆诛；若有生儒，精谙兵法，奋拔岩谷，不妨献策军前，以佐股肱，自当量材优擢，无靳高爵厚封，其各省官员，果有洁己爱民、清廉素著者，仍单仕；所催征粮谷，封贮仓库，印信册籍，赍解军前。

其有未尽事，宜另颁条约，各宜凛遵告诫，毋致血染刀头，本镇幸甚，天下幸甚！

这篇檄文虽然是为了蛊惑人心，利用民族情绪妄想让汉族人民为吴三桂的“大周朝”卖命而炮制出来的东西，但文章用词精练、气势磅礴、情真意切，所以还是有一定的迷惑力。

在吴三桂的煽动下，先后共有总督、巡抚、提督、总兵等地方大员二十六人参加叛乱，其中明朝降清武将有二十人。

此外，吴三桂还煽惑征集云、贵土司苗彝各族兵丁数万。一时间，长江以南数省，叛乱烽起。吴三桂叛军主力东侵黔、湘，很快集结了十四万兵力；侧翼北攻川、陕，兵力亦不下数万。

十二月二十一日，当吴三桂叛乱的消息传到朝廷时，康熙召开御前会议商讨对策。明珠主张派兵平叛，而当初反对撤藩的索额图则主张将撤藩的明珠等人杀了换取吴三桂等人的谅解，以阻止叛乱。

康熙面对种种议论，十分冷静。他否定了索额图的意见：“在我还小的时候，就认为‘三藩’势力慢慢强大，不可不撤，岂能因为吴三桂反叛就把责任推到别人身上呢？汉景帝错杀晁错并未制止吴楚七国之乱，这是历史教训，应该记取。可令福建、广东两地暂停撤藩，削去吴三桂爵位，速行剿灭。”

康熙分兵遣将，指挥若定，总的方略是：以荆州、岳州为根本，沿长江布防，阻止叛军北进，再由陕西、四川进军阻击叛军西北之路。

大学士王熙建议道：“请将吴三桂的儿子吴应熊和孙子吴世霖处死，以寒老贼之胆，以绝群奸之望，以激励军心。”康熙同意，遂下令赐死吴三桂的儿孙。

康熙在处理地方官员和将领反叛问题上，也极有谋略和气度，他下令处死吴三桂儿孙，却不株连其他在京的吴三桂旧部，只要他们不做内应，朝廷照旧信任他们。他命新任云南提督胡拜、贵州提督赵赖以皇帝的名义发布广告，告诫军民人等，不要听从吴三桂的威胁利诱，对误入歧途者，只要能幡然悔悟，弃暗投明，朝廷一概既往不咎，欢迎归来。

康熙在平“三藩之乱”中，把吴三桂作为主要敌人，把湖南作为主要战场。他在康熙十四年，也就是1675年，就指示大将军岳乐：江西收复要地稍有头绪，就进兵湖南。

那一年，吴三桂企图乘陕西王辅臣叛乱，留兵七万守长沙、萍乡等地，以挡住江西岳乐部队；又分兵七万守住岳州、澧州等地各个水口，以阻止江北清军南渡；又遣一部分兵力逼湖北襄阳，和陕西的王辅臣叛军勾结，联合作战；吴三桂自己亲赴荆州上游的松滋，居中调度指挥。

康熙十五年，也就是1676年，农历二月，康熙针对吴三桂的兵力部署和作战意图，将勒尔锦、尚善、岳乐等三名大将军所统的数万兵力投入湖南战场。

吴三桂急忙从各地调集了十八名将领、十余万人，全力守长江，自己率岳州、澧州部分兵力援助。康熙早料到吴三桂会采取这一行动，马上命贝勒尚善为安远靖寇大将军，与荆州的勒尔锦将军一起，渡江进攻岳州和澧州。

但尚善和勒尔锦于三月份相继渡江后，进展非常缓慢。勒尔锦在太平街失利后，又退回荆州去了，使康熙的这次迂回包围计划未能实现。

康熙对诸王、贝勒拥兵自重，畏缩不前，贻误战机的现象十分忧虑。为了改变这种局面，康熙大胆地破格任命前锋统领穆占为征南将军，给他调了和岳乐等大将军相近的兵力，还将他召到北京，当面交代了战略意图。

康熙十六年，也就是1677年，农历二月，穆占率兵抵达长沙外围，经过一个多月的准备，即开始攻城。由于大将军岳乐不予配合，长沙没有攻下来，而且造成了重大伤亡。而这时，吴三桂为了摆脱清军的三面包围，率众往衡州，另遣兵三万往湖南南部的宜章，企图进兵广东。

康熙一面派兵坚守广东韶州，一面令穆占等进攻衡州，堵住吴三桂进广东部队的后路。至康熙十七年，也就是1678年初，彻底粉碎了吴三桂向广东发展的图谋。

吴三桂在康熙调兵遣将、步步紧逼的打击下，军事上完全丧失了主动，处处陷于被动挨打的境地，便于康熙十七年，也就是1678年，农历三月初匆匆称帝，立年号为昭武，这时吴三桂已经六十七岁了。他改衡州为定天府，封了百官和诸将，封妻子张氏为皇后，孙子吴世璠为太孙，确定实行新的历法。

八月，吴三桂集中兵力猛攻永兴，双方激战二十昼夜，大炮轰鸣，声震长江，战斗甚为惨烈。清军都统依里布、护军统领哈克山等战殁，前锋统领硕岱率兵入城死守，浴血奋战，战况十分危急。康熙闻报为之寝食不安。然而就在此时，吴三桂听说他的女婿胡国柱密谋降清，心力交瘁，突然一命归西了。

吴三桂死后，他的孙子吴世璠从云南赶到衡州继位，改年号为洪化。但他不敢留在衡州，便向贵州贵阳撤退。此时的叛军已经是军心涣散、斗志全无。

康熙审时度势，抓住了这一大好时机，命大军水陆夹击，迅速收复了岳州、长沙、衡州等地。至此，康熙取得了平定“三藩”的决定性胜利。

平复耿精忠的叛乱

所谓“三藩之乱”，实际上只有吴三桂一藩是铁心反叛。尚之信和耿精忠，与其说是反叛，不如说是见吴三桂势大，也想浑水摸鱼，捞取自己的利益而已。对于他们，康熙更多是以招抚为主，把主要精力放在对付吴三桂一方上，分清主从，区别对待。

耿精忠是耿继茂的长子，为笼络耿藩，清朝初期，顺治帝将自己的侄女，也就是肃亲王豪格的女儿下嫁给耿精忠。耿继茂死后，这位“和硕额附”承袭了王爵。

康熙十三年，也就是1674年，靖南王耿精忠响应吴三桂，和部下曾养性、江元勋、马九玉、白显忠等密谋反叛，囚禁总督范承谟，率部众剪掉发辫，改易汉服，自称“总统兵马大将军”，分兵攻占延平、邵武、福宁、建宁、汀州等地，占据了福建全省，并派人联络吴三桂和台湾的郑经。

至此，江南及沿海一线，只剩广东、江西和浙江三省还在康熙掌握中。这时，康熙能做的便是尽最大的努力安抚镇守广东的尚可喜和拼死保住江西，使云贵、广西与福建叛军无法联手。

他一面下诏削夺耿精忠的王爵，声罪致讨。一面任命康亲王杰书为奉命大将军、贝子傅刺塔为宁海将军，由浙江攻打福建；命贝勒尚善为安远靖寇大将军，协助勒尔锦由荆州入湖南攻击岳州；命安亲王岳乐为定远平寇大将军出江西；以简亲王喇布为扬威大将军，统师镇江南；以贝勒洞鄂为定西大将军，由陕西攻四川；命尚可喜和总督金光祖由广东击广西。并迅速整顿驿递，使至西安、浙江的情报和命令四五日便可抵达，直接指挥着各地的防务。

同时，康熙降旨招抚，派工部郎中周襄绪以及原来耿精忠属下的一等护卫陈嘉猷前往福建宣诏，谕旨中说：在我看来，耿精忠肯定是一时无知，误信了奸人的蛊惑，与吴三桂不同，所以将吴三桂子孙正法，耿精忠在京的几个兄弟照旧宽容，所属官兵并未加罪。……耿精忠从祖父、父亲以来，受恩三世四十余年，他和吴三桂这种蓄谋已久的叛乱首犯不一样……如果耿精忠真能追念累朝恩德及他父亲让他忠于朝廷的遗言，洗心革面，彻底悔悟，诚心归顺朝廷，将侵犯内地的海贼郑经速速剿灭，那我就当他戴罪立功，就像没发生过叛乱的事一样。

后来，耿精忠拒绝了康熙的招降，囚禁了周襄绪，并且派兵攻打浙江、江西。

于是，康熙命令康亲王杰书和固山贝子傅刺塔由浙江进击，连败耿军。借胜利之机，康熙再次颁诏，派耿精忠的弟弟耿聚忠前去招降。

在诏书中，康熙历数耿精忠祖孙三世的功劳，陈说利害，苦口婆心劝其归降，他说："你如果立刻悔罪率众归诚，我马上恢复你的王爵，仍旧镇守，所属人员职位与原来不变，兵民人等依旧和从前一样。如果能剿除海寇，替我办事，仍按立大功进行爵赏。你不让前使臣周襄绪等回来向我复命，或许有别的原因，我心里并不怪罪。我以诚心待天下，决不会食言。"

但耿精忠仍然毫无悔意，连他的弟弟都没有见，依旧调兵遣将，派江元勋等据守关隘，督促马九玉等进攻衢州。在这种情况下，康熙命令清军加大进攻力度，叮嘱杰书不可因为招抚而耽误进剿，并且提出了“海寇郑经宜用招抚的办法，耿精忠宜用剿灭或用离间之计”的战略方针，将耿精忠作为打击重点。

在康熙遥控指挥下，清军英勇作战，取得了一个又一个胜利。浙江总督李之芳率部在金华和衢州击溃了耿精忠的部将曾养性和马九玉。正在此时，据守台湾的郑经也趁火打劫，从耿精忠身后进攻，试图吞并福建。

耿精忠世居福建，和台湾郑家集团长期战争不断。耿精忠发动叛乱，希望联合郑经一同反清，但郑经对耿精忠貌合神离，不但不愿出兵，反而借机登陆扩张。

康熙十三年，也就是1674年，农历六月，泉州提督王进功之子王锡藩杀死了耿精忠的总兵赖玉等人，献城投降郑经。耿精忠派人向郑经索要泉州，郑经嘲笑说：“天下乃我大明太祖朱家的天下，和你主子有什么关系？况漳州、泉州那是我大明父母之邦，又是你家主子请本藩渡海，齐心合力，共扶明室，所以我才不惜跋涉，提师前来，怎么墨迹还未干，你就说话不算数了呢？”反而倒打一耙，让耿精忠无计可施。

这样一来，耿精忠联合郑经的图谋就破产了。两个月后，郑经派冯锡范在福建海澄等地张贴檄文，称赞吴三桂，却指责耿精忠“从不遵及大明正统”“妄自尊大，待以附庸”，因此“惟郑王为盟主，复我大明三百年之基业，澄清东南之半壁”。实际上已经发出了宣战书。

不久，郑经就占据了漳州、泉州、潮州等重要地方，兵马强盛。耿精忠屡战屡败，不得不派人求和。双方虽然暂时和好，但聪明的康熙知道，他们势不两立，因此定下了抚郑剿耿的方略。

康熙十五年，也就是1676年，农历三月，尚之信反清，吴三桂约郑经和耿精忠进兵江南，不料郑经企图借机吞并整个福建，攻占了重镇汀州，又攻克兴化府，兵锋直指福州。耿精忠的部下纷纷依附郑经。

耿精忠这才认识到郑经的险恶用心，但为时已晚。这样一来，耿

精忠进攻江西和浙江的阴谋都破产了，自己根据地却被郑经夺去了大半。此时，耿精忠面对郑经的进攻，加上连年征战，民怨沸腾，军饷匮乏，军士纷纷逃亡，败相已现，他不得不撤回攻打江西的耿继善，回守福建。

康熙认识到耿精忠撤回建昌叛军，必是受郑经逼迫，下令康亲王杰书，率军直取福建，他下诏说："我兵宜乘机前进，其令大将军杰书，将军贝子傅刺塔、赖塔，总督李之芳等，速剿闽寇，酌量招抚，勿坐失事机。"于是，清军一路长驱直入，进逼福建。耿精忠受腹背夹击，越来越难过了。这时，部下将领白显忠等率军投降，更是雪上加霜。

康熙见时机成熟，再次令杰书前往谕降。康亲王杰书致书耿精忠说："现在我的大兵就驻扎在仙霞岭，长驱直入，已经拿下蒲城，蒲城乃福建省的财赋要地，咽喉既失，粮运不通，建宁、延平也是早晚的事，必将被我们攻下，与其到那时被抓到处死，不如现在及早投降，皇上仍然保留你的王爵，更重要的是，还可以保全百万生灵。况且郑经与你有不共戴天之仇，不顾旧情抢夺你的属地，你应该助大兵进剿他立功赎罪，为什么执迷不悟，竟然和这群叛贼混在一块呢？"

耿精忠得书，犹豫未决，回复道："我自己已经愿意投降，只是恐怕部下们不同意，到时又会导致叛乱。希望你奏明皇上，让皇上给我一个明诏，许我赦罪立功，以平定众心，那我就率部下投降。"

杰书见耿精忠仍旧拖延，不给他喘息之机，命大军迅速进攻延平，守将耿继美投降。耿精忠见大势已去，决意归降。然而，被耿精忠囚禁的福建总督范承谟还在，他已经被囚禁了两年多，备受折磨，仍坚贞不屈，每天写一首七言绝句，表明自己对朝廷的忠心和对耿精忠的愤懑。

耿精忠想投降，又担心范承谟揭露他的罪状，于是他决定杀人灭口，派人逼迫范承谟自杀，并将范承谟的幕僚、亲属等五十多人全部杀害。然后，耿精忠才派儿子耿显祚献印请降。

十月初四，杰书大军进入福州，耿精忠率领属下官员出城迎降。至此，"三藩"之一被平定了。康熙遵守诺言，仍然保留了耿精忠的王爵，命他率领部下协助征剿，戴罪立功。

到康熙十六年，也就是1677年，清军就将郑经所部逐回厦门，各地的叛军纷纷投诚，福建、浙江、江西相继平定。

康熙在平复吴三桂、耿精忠叛乱的同时，一刻也没放松对付尚可喜的行动。本来，镇守广东的尚可喜一直忠于清朝，对抗吴三桂的叛军，得到康熙的信任。

但他年老体弱，长子尚之信代为理事，吴军攻势很猛，手下不少部将投降了吴三桂。尚之信不听父亲的劝告，也借机作乱，接受了吴三桂招讨大将军的任命，囚禁了父亲，夺得兵权。

康熙听到消息之后，没有惊慌失措，他认为叛军内部矛盾重重，很快就会发生内讧。只要解决了福建问题，广东的问题自然迎刃而解。

尚之信起兵后，以为会得到吴三桂的大力支持，不料吴三桂却不断向其索要饷银，又派亲信董重民取代金光祖为两广总督，冯苏取代佟养钜为广东巡抚，马雄驻肇庆，企图乘机夺占他的广东地盘。

同时，郑经也受吴三桂挑唆，攻占了惠州和沿海一带。尚之信不但没有得到好处，连老巢也几乎不保。更要命的是，清军这时已经占领了福建，和耿精忠所部一起，攻打过来。就这样，尚之信陷入了四面楚歌的困境之中。

耿精忠降清仍受重用提醒了尚之信，于是他也决定投降。康熙十五年，也就是1676年，农历十二月，尚之信派人到简亲王喇布军前乞降。

喇布上奏康熙，康熙降特旨说："将尔以往之罪，并尔属下官兵，概行赦免。"并说，"倘能相机剿贼，立功自效，仍加恩优叙。"

第二年五月，尚之信率省城将士归顺，其余部下也相继投降。康熙让尚之信袭封平南亲王，部将也各复原职。

康熙对大学士们说："叛乱之罪在吴三桂，与被胁从之人无关，只要能悔罪投诚，应一概宽免。"因此就连吴三桂任命的总督董重民等也予以免死释放，以此来争取更多的叛军归顺。

康熙鉴于这些人反复无常，没有放松对他们的警惕。在保留他们的

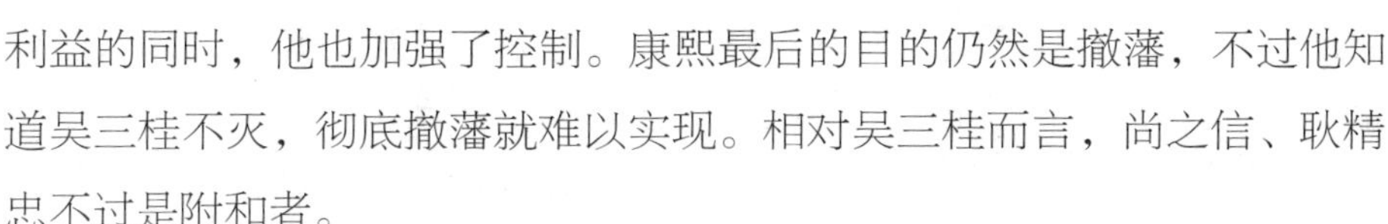

利益的同时，他也加强了控制。康熙最后的目的仍然是撤藩，不过他知道吴三桂不灭，彻底撤藩就难以实现。相对吴三桂而言，尚之信、耿精忠不过是附和者。

康熙分清首从，分化瓦解，对他们区别对待。因此才保留了尚之信和耿精忠的王爵。康熙对耿精忠最不放心。

康熙十六年，也就是1877年，农历四月，他命耿精忠把自己的儿子耿显祚送入京城做侍卫，其实就是充当人质。同时，他命令康亲王杰书率军驻扎福建，防备郑经，另外也是为了监视耿精忠。不久，耿精忠杀害范承谟等人的罪行被揭露。

原来，看守范承谟的狱卒感念他的忠贞，偷偷到荒野上捡了他的一些遗骨，暗地里收藏起来，来到京城，报告了事情的经过。康熙知道后非常伤心，命令用隆重的礼仪为范承谟举行祭葬，追赠他为太子太保、兵部尚书，康熙还亲自为范承谟在狱中所作的《画壁集》题写了序言。

康熙十六年，也就是1677年，农历十一月，耿精忠属下的参领徐鸿弼、佐领刘延庆、护卫吕应锡等人也联名揭发他，列举了他“归顺后尚蓄逆谋”五项罪行：违背康亲王令，不全部举出叛党；私下和郑经通音信；和刘进忠耳语，说自己本不愿投降；密令心腹藏火药铅弹，说是为日后所用；遣散士兵归农，让他们携带武器，不留给大军。

但康熙看了之后，将这个奏疏留下未发，而是在等待时机。按理，耿精忠的一系列做法足以处之死罪，但康熙深知，如果这个时候处理他，势必会影响到全局，因此，他假作不知，以安众心。

康熙十七年，也就是1678年，吴三桂病死，吴军逃回云贵，郑经也退守厦门。这时，康熙担心耿精忠留在福建会发生意外，打算让耿来京，又担心他心中怀疑，所以就密令康亲王让耿精忠奏请陛见。

康亲王上书请求将耿精忠治罪，但康熙认为时机还没有到。他在给康亲王的密谕中说：“我认为，凡行一事必前后计虑，如果真于国家有利始可举行，若轻率妄动，必然导致失误。今广西、湖南、汉中、兴安等处俱已底定，逆贼余党大小头目希望归顺朝廷的不止百千，若将耿精忠即行正法，不但已经投诚之人以为后日亦必如此声明其罪，即未经投诚之人看了之后也会寒心，这些都要考虑到，关系实在重大。前几天我下手谕欲令耿精忠来京，原因是我想撤回在福建的一半满兵，并不是立刻就处决他，所以让他先到京城来。”

康熙考虑得非常仔细周到。他所担心的不是耿精忠，而是如果过早处理他，会造成不利影响，对于迅速结束战争不利。

康熙十九年，也就是1680年，农历四月，耿精忠上疏请求进见，康熙当即允准。

八月，耿精忠到京，他的弟弟耿昭忠、耿聚忠就举报他的不法行为。议政王大臣请求将他交给法司审理。法司判决将其革去王爵，与其子耿显祚及部属曾养性一并凌迟处死。

康熙批准了拘审，但一直没有最后处理。直到康熙二十一年，也就是1682年，“三藩之乱”彻底平定，才下令将耿精忠革去王爵，立即凌迟处死，其子耿显祚被处斩。其手下大将如曾养性、白显忠等凌迟处死，其他一些主要的叛将也都做了处理。与此同时，撤除靖南王藩的工作也顺利完成。

尚之信的命运比耿精忠似乎好一些。由于康熙对他父亲尚可喜很信任，也给他留了后路，希望他能够真心为朝廷效力。但尚之信虽然归降，仍然心怀叵测。康熙多次命他进军湖广、广西，他都按兵不动，坐观成败，直到吴三桂死了之后，他才听从朝廷调遣。

另外，尚之信十分残暴，肆意虐待下属，酒后动辄发怒，拿刀杀人。他的部将孙楷归顺清廷后，朝廷赦免其罪，尚之信却杀了他。护卫张永祥替尚之信送奏章到京，被提为总兵，尚之信却故意从中阻挠，还鞭打他以示侮辱。护卫张士选言语触怒尚之信，尚之信竟斩断了他的双脚。其残暴行为令人发指，激起了将士们的愤怒。

康熙十九年，也就是1680年，农历三月，张永祥、张士选赴京告发尚之信预谋造反。康熙当即命刑部侍郎宜昌阿等人以巡视海疆为名赴广东调查，都督王国栋、副都统尚之璋都揭发了尚之信的不法行为。

于是，康熙命令王国栋将尚之信逮捕，押解京师，当庭对质。

尚之信知道后，非常愤怒，就指使其弟尚之节与长史李天植将王国栋诱杀。七月，康熙知道了事情真相，大为震怒，以尚之信“不忠不孝，罪大恶极，法应立斩，姑念曾授亲王，从宽赐死”，对尚之节、李天植则就地正法。

尚之信一死，平南王藩封相应撤去。其所属人员编为十五佐领，分入正黄、镶黄、正白三旗，驻防广东。三总兵标下官兵，裁去一总兵之官兵，剩下两总兵留镇广州。平南王府库金银，全部充作国用，以济军需。就这样，康熙用数年时间，平定了“三藩之乱”，也实现了撤藩的初衷。

康熙当时才二十岁，做事却非常老到。从他处理耿精忠和尚之信的过程来看，不露声色，游刃有余，实在是令人佩服。难怪法国传教士白晋佩服地说道：“康熙是在法国以外，连做梦也未曾见过的伟大人物，是自古以来统治天下的帝王中最圣明的君主。”

化解叛乱导致的危机

当吴三桂发动叛变的消息传到京城，很快就引起了全国的强烈震动。一些早就怀有异心的人认为，康熙不过是个少不更事的毛孩子，怎么会是久经沙场的吴三桂的对手，觉得有机可乘，蠢蠢欲动。由于防守京城的禁旅八旗先后奉调南下平叛，京城其实已经空虚，杨起隆就利用这一时机，在天子脚下首先发动叛乱，史称“朱三太子案”。

崇祯有七个儿子：二、五、六、七这四个儿子都过早去世；长子朱慈烺被立为皇太子；三子朱慈炯为周皇后所生，封为定王；四子朱慈炤生母为田贵妃，受封永王。

李自成进北京，抓获朱慈烺、朱慈炯之后，将朱慈烺封为宋王，朱慈炯封为宅安公，朱慈炤则下落不明。李自成退出北京后，朱慈烺和朱慈炯兄弟也不知存亡，去向。

可是不久之后，竟然有人自称是故太子朱慈烺，投奔南京福王朱由崧，因真伪莫辨，被朱由崧囚禁。剩下最尊贵的就是朱慈炯了，汉人正好利用他的名号反清。清朝初年，各地人民反清起事，多以朱三太子为号召。

杨起隆也不例外，当他得知吴三桂叛乱时，就利用一些人对明朝的怀念，诈称“朱三太子”，秘密起事。经多方联系，他组织了京城百姓和贵族家奴一千余人，相约以额前裹白布、身扎红带为标记，定于康熙十三年，也就是1674年的元旦之日，以放火为号，在内城一起举事。准备趁各官员入朝时，各自杀死自己的主人，将来建立政权时，被杀官员的官职就由该官的家奴担任，因此得到了一些家奴的拥护。一场肘腋之变正蓄势待发。

就在他们即将举事的时候，消息泄露了。康熙十二年，也就是1673年，农历十二月二十一日，郎廷枢的家奴黄裁缝在夜里喝醉了酒，胡言乱语，郎廷枢觉得奇怪，就趁他醉意正浓时诱导他说出更多的话。

原来黄裁缝也参与了杨起隆的阴谋。郎廷枢得知后大惊失色，当即擒住黄裁缝等三人到旗主处，举报了这件事。与此同时正黄旗人周公直也发现了动静。他报告说，他的家奴陈益正聚集三十多人在家中密谋举事。康熙得到汇报后，大吃一惊，但他没有慌乱，而是果断地命令正黄旗都统图海、祖永烈迅速率领官兵前去擒拿，结果当场拿获了案犯三十多人。

接着，康熙又下令关闭城门，严行搜查，捕获首要人犯数百人。首犯杨起隆闻风而逃，但不久之后就被拿获，并且被判处了死刑。这时的康熙镇定自若，举手之间平定了一场大乱。在审理案件的时候，康熙十分重视，他认识到叛乱分子敢在京城发难，一旦得逞，后果便会不堪设想。

刑部审完了案犯，提出一份判决报告书，拟将李株、黄裁缝等二百余人按“谋反律”凌迟处死，其亲属自祖父以至子孙，还有叔伯兄弟及其儿子，凡男子年满十六岁者，都予以处斩；十五岁以下之男子和案犯的母亲女儿妻子姐妹，以及财产都籍没入官。

案件交到康熙手中审核之时，他本着从宽处理的原则，改定只将李株、黄裁缝等九人凌迟处死，蔡文以下一百九十四人改为斩首。案犯亲属，康熙不忍株连过多，一律免罪释放，其家产也免入官，受牵连之人亦不予追究。康熙采用宽严结合的处理方法，使一场足以震惊全国的大案无声无息地得到处理，没有引起大恐慌，使京城很快安定下来。

一波未平，一波又起，紧接而来的更大危机继续考验着康熙的定力。康熙十三年，也就是1674年，农历四月初，河北总兵蔡禄准备叛乱响应吴三桂。蔡禄和襄阳总兵官杨来嘉原都是郑成功的部将，郑成功去世后，他们率部降清，被从优提拔，授以总兵官。

当获知吴三桂在云南起兵后，蔡禄也萌生了反叛之意，开始和起兵反清的杨来嘉书信往来，购买骡马，制造兵器，命令士卒以捕鱼为名，进行军事演习，密谋发动叛乱。正巧侍卫关保到河北出差，无意间探听到这个消息，当即火速报告给了康熙。

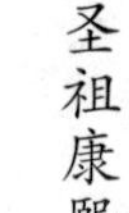

河北属于京畿重地，一旦发生叛乱，首先就会严重威胁到京城的安危。而且，和杨起隆等乌合之众不同，蔡禄率领的是久经沙场的强兵悍将，对于京城是致命的威胁，形势万分危急。这时，康熙不慌不忙，他始终保持冷静的头脑。经过认真思考后，他立即派内大臣阿密达领护军速赴蔡禄驻防地怀庆。在蔡禄还没有将士卒鼓动起来之际，阿密达就已率部迅速包围了他的衙署。

蔡禄的部下企图负隅顽抗。阿密达指挥若定，率部冲进衙署，将蔡禄父子同谋一并擒获，四月二十四日，押解北京处决。这样，一场叛乱又被扑灭在萌芽之中。在不足五个月的时间里，京畿重地先后发生的两次叛乱，引起了康熙的高度警觉。

康熙感觉到，吴三桂叛乱已在各阶层产生了广泛的影响，但此时吴三桂的长子吴应熊尚在京城，虽然已被拘禁，但终究是一大隐患，万一再度变生肘腋，结果实难预计。朝中一些大臣纷纷请求将吴应熊处死，以绝后患。

康熙十三年，也就是1674年，农历三月九日，兵部尚书王熙上疏康熙，请求处死吴应熊，奏疏称：

逆贼吴三桂负恩反叛，肆虐滇黔，毒流蜀楚，散布伪札，煽惑人心。今大兵已抵荆南，刻期进剿，元凶授首在指日间。独其逆子吴应熊，素凭势位，党羽众多，擅利散财，蓄养亡命，依附之辈，实繁有徒。今既被羁守，凡彼匪类，蔓引瓜连，但得一日偷生，岂肯甘心受死！即如种种流言，讹传不止，奸谋百出，未易固防。大寇在外，大恶在内，不早为果断，贻害非轻。为今之计，惟速将应熊正法，传旨湖南、四川诸处。老贼闻之，必且魂迷意乱，气阻神昏；群贼闻之，内失所援，自然解体。即兵士、百姓闻之，公义所激，勇气倍增。至应熊亲随人等，系累之中，益成死党，闻发刑部者不下五六百人。人众则难防，时久则易玩。速敕法司，讯别情罪，重者立决，次者分给各旗，消除内变之根源，扫荡逆贼之隐祸，洵今日第一要着也。

议政王大臣会议经过讨论，一致支持王熙的建议。但康熙还是有些于心不忍，因为吴应熊是自己的亲姑父，从亲情方面说，他不愿意处死吴应熊。他又从国家大局考虑，他不能冒这样大的风险，因此必须处死吴应熊以防患于未然。

经过激烈的思想斗争，最后，康熙以大局为重，批准了王熙的奏疏，同意处死吴应熊。为此，他特地颁下了一份谕旨，其中说道：

吴三桂以枭獍之资，怀狙诈之计，阴图不轨，自启衅端，藉请搬移，辄行叛逆，煽乱奸宄，荼毒生灵，极恶穷凶，神人共愤！已经遣发大兵进剿，刻期荡平，诸王大臣会议，反逆子孙，理应诛戮，以彰国法，再三奏请。朕尚冀其悔祸自新，束身待罪，未忍加诛。近览吴三桂奏章，词语乖戾，妄行乞请，诸王大臣咸以吴三桂怙恶不悛，其子孙即宜弃市，义难宽缓。

> 朕思乱臣贼子，孽由自作，刑章具在，众论佥同，朕亦不得而曲贷之也。本当照廷议，将吴应熊、吴世霖并其余子俱凌迟处死，但以应熊久在近侍，朕心不忍，故将应熊及其子世霖处绞，其余幼子俱免死入官。应坐人犯，分别正法。所有干连人等，情罪稍可矜原者，敕所司概行省释，以昭法外之仁。

两次叛乱的平定和吴应熊的处死，消除了京城的隐患，稳定了人心。

当吴三桂得知儿子变成刀下之鬼的时候，他正在饮酒。一听到这个消息，顿时脸色大变，双手发抖，酒杯从手中掉了下来，摔到地上被打得粉碎，丧子使得这个叛臣也尝到了切身之痛，他老泪纵横，长叹一声，说："今日真是骑虎难下了啊！"当即魂迷意乱，气阻神昏。

失望、痛心、愤恨一齐涌向吴三桂心头，他原想康熙还会顾及其子与清廷的关系而不致伤害，"初得湖南还望生得其子"。可如今子孙都被杀死，他才领教到康熙的厉害，心中懊悔不迭，但已成骑虎之势，只好硬着头皮拼下去了。

又一场危机过去了，但历史给康熙出的难题却没有结束。当时，清军在和吴三桂的战斗中，几乎是节节败退。不久，陕西提督王辅臣叛乱，耿精忠叛乱，四川提督郑蛟麟叛乱。叛乱席卷全国，南方大部分领土都落入叛军之手。

恰恰就在这个时候，康熙十四年，也就是1675年，农历三月，蒙古察哈尔部布尔尼也趁机兴兵叛乱。布尔尼是蒙古林丹汗的孙子。清太宗时将林丹汗征服，林丹汗死后，清廷封其子阿布奈为和硕亲王，并将清朝公主嫁给他为妻。

康熙八年，也就是1669年，农历九月，因阿布奈没有对朝廷实行外藩朝贺之礼，康熙免除了他的亲王爵位，带入京师，爵位由他的儿子布尔尼承袭。布尔尼是清朝公主所生，但对清廷的做法深怀不满，一直图谋报复。

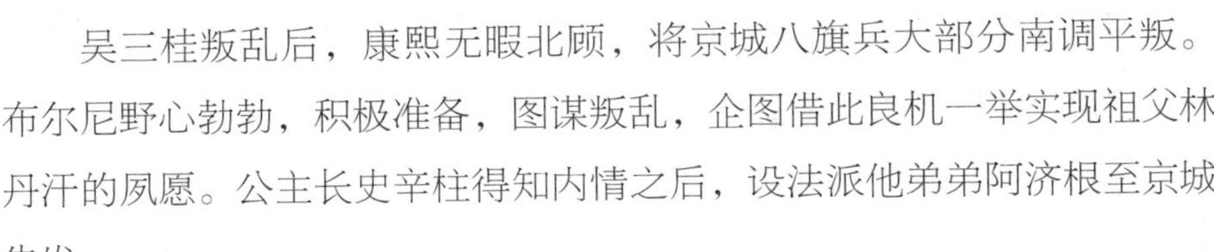

吴三桂叛乱后，康熙无暇北顾，将京城八旗兵大部分南调平叛。布尔尼野心勃勃，积极准备，图谋叛乱，企图借此良机一举实现祖父林丹汗的夙愿。公主长史辛柱得知内情之后，设法派他弟弟阿济根至京城告发。

康熙觉得叛乱还未显露，而且京城兵力空虚，不能武力镇压，就希望尽力安抚。于是，他派侍卫塞棱等去召见布尔尼兄弟以及巴林、翁牛特部王公等进京朝见。布尔尼内心生疑，不但不进京朝见，反而扣留塞棱，同时煽动蒙古各部造反。三月二十五日，布尔尼与奈曼王扎木山一同发动叛乱，率军直逼张家口。

察哈尔叛乱，对京城的安全构成严重威胁。得知这一消息，康熙十分忧虑，此时京城驻防的军队几乎全部南下，他手中已无兵可派。

这时，又是老祖母孝庄太皇太后指点了他。孝庄给他推荐："图海才略出众，可当其责。"

图海是顺治帝破格提拔的人才，曾因犯错被革职。康熙初年被授为正黄旗满洲都统，不久任大学士。孝庄经历了皇太极、顺治、康熙三代，几十年的时间，使她对所有大臣都了如指掌，在此关键时刻便将有才干的能臣推荐给了康熙。

康熙马上任命信郡王鄂扎为抚远大将军，图海为副将军，率师征讨布尔尼。京师无兵，图海就把八旗家奴组织起来。由于图海领兵有方，这支从来没有打过仗的家奴部队，显示了很强的战斗力。

图海率部日夜兼程，赶往前线。为了激励这些人的斗志，他允许众家奴沿途抢掠，所获金帛归个人所有。又号召说：前此所掠，都是士庶之家，财宝不丰厚。察哈尔部是元朝大汗的直系后代，有数百年的基业，珠玉宝货不可胜数，你们如能获取到，可富贵终身。

正所谓"重赏之下，必有勇夫"，队伍不几天就到达察哈尔。全军将士斗志高昂，甚至被形容为"无不以一当百"。四月二十二日，图海与布尔尼在达禄决战。

布尔尼在山谷间布置伏兵，列阵以待。鄂扎与图海率家奴兵分头进击，冒着布尔尼的炮火，奋勇向前，冲乱了布尔尼的阵脚。布尔尼的部属下都统晋津阵前倒戈，反攻布尔尼，布尔尼大败而逃。

与此同时，科尔沁和硕额驸沙津亦率兵来援，不久，沙津率兵将布尔尼及其弟罗卜藏全都追杀，献首朝廷。不到一个月，就将这次叛乱彻底平定。察哈尔之乱的平定，使康熙稳定了自己的大后方，得以后顾无忧，全力平定“三藩之乱”，进而实现国家的统一大业。

面对着京城附近接连发生的这几次叛乱，年少的康熙临大乱而不惊，指挥若定，将大难消弭于无形之中，使京畿形势很快稳定下来，从而也就稳定了人心。这充分反映了康熙过人的胆识和能力，显示了他高超的统治能力。

宠臣铸就成功撤藩

吴丹，姓纳喇氏，满洲正黄旗人，是海西女真叶赫部主金台石的曾孙。康熙初年，吴丹于宫中任一等侍卫，曾奉命与大学士郭廷祚前往淮安，巡视黄河决溃之事。从《清圣祖实录》多处记载来看，吴丹深为康熙所宠信，许多事情都亲命吴丹办理。

吴丹受皇帝亲嘱，身怀重托离京南下。吴丹等人到达昆明后，吴三桂亲自陈兵演武场，予以隆重迎接。在授赏仪式上，吴三桂率左右梅勒章京、固山额真、牛录章京等将官依次接受所赐，并遥对京师向圣祖皇帝谢恩。

仪式结束之后，吴三桂陪同吴丹检阅将士队列，又命官兵较射箭法，但他隐匿精壮善射士卒，只以老兵上场比射。吴丹看在眼里，在返回宫中后，将云南情况如实向康熙作了汇报。

康熙十年，也就是1671年前后，拥兵自重的“三藩”已经形成更大气势，而清廷方面也加紧了撤藩准备事宜。首先，为削弱吴三桂在云贵的军政势力，由吏、兵二部铨选、皇亲钦命一批文武官员到云贵各地任职，使吴三桂不能再插手军政要员调迁任免之事。

其次，康熙亲自提擢和升调一批吴三桂藩下的可用将领，命其在云贵当地或外地出任高官，或派吴丹等前去传达自己亲旨，或调进京师亲授机宜。这种做法除了可以削减吴三桂个人力量，也可起到笼络吴三桂旧部并摸清其底细的目的。

康熙十二年，也就是1673年，农历二月，为更好地安抚“吴藩”和了解其内幕情况，他再次派出吴丹等人前往云南，所行使命仍是赏赐吴三桂，其真正目的也不言自明。

是月初四，一等侍卫吴丹、二等侍卫塞扈立奉康熙之命出宫赴昆明，给平西王吴三桂带去御用貂帽、团龙貂裘、青蟒狐腋袍各一袭，束带一围。与此同时，又有一等侍卫古德、二等侍卫米哈纳奉旨前去广东，赐赏平南王尚可喜御用貂帽、团龙天马裘、蓝蟒狐腋袍各一袭，束带一围（见《清圣祖实录》）。其赏赐尚可喜的目的，更多是为了表彰这位始终效忠朝廷的开国勋臣，起到牵制吴三桂的重要作用。

在吴丹等人前往云南、广东之后不久，三月份，平南王尚可喜欲“归老辽东”，忽然上疏皇帝，希望朝廷撤除本藩，自己率家人官兵归回东北原籍定居。康熙在米思翰、明珠、莫洛等廷臣的支持下，经过认真商议，立即决定撤藩。

尚可喜上疏请求撤藩并得到朝廷批准的消息很快传到吴三桂、耿精忠那里，吴、耿二藩迫于形势只好作出姿态，在当年七月初也先后上疏朝廷请予裁撤。吴三桂原以为年轻的玄烨不敢违背顺治帝立藩屏疆的祖制，而自己又功高盖世，谁也奈何不得，所上奏疏只是形式而已。

不过，康熙认为“三藩”终为国家之患，一日不除则一日不宁，因而借此机会决意撤“三藩”。当时，朝中一些大臣担心急撤“三藩”，必造成吴三桂等引兵反叛，故反对立即撤“三藩”。但康熙坚决地说：“三桂等蓄谋久，不早除之，将养痈成患。今日撤亦反，不撤亦反，不若先发。”康熙本人对吴三桂有如此深刻的认识，自然与他数次派吴丹等人深入云南探视其内部情况有直接关系，可以说吴丹等人作为皇帝的耳目，在皇帝撤藩决策中起了非常重要的作用。

康熙力排众议，降旨同意“并撤三藩”之后，十一月，吴三桂在昆明正式反叛。战争之初，吴兵进展迅速，又得到各地汉族官兵的响应，故很快占据了云贵以及川湘各省。之后，有福建耿精忠、广东尚之信、广西孙延龄和陕西王辅臣等清朝封疆重臣从逆反叛，造成叛军统据长江以南、陕甘部分地区的危急局面。

康熙调兵遣将，坚决平叛，削吴三桂爵号，派兵征伐。经八年战争，耗用了大量的人力物力，终于取得了平叛战争的彻底胜利。在平定“三藩之乱”的战争中，吴丹等宫中侍卫发挥了巨大的作用。

康熙十三年，也就是1674年，大将军顺承郡王勒尔锦率兵征讨吴三桂，吴丹奉命出使军中，面授机宜。四月，宫中侍卫关保奉差至河北怀庆，当地的安塘笔帖式向他密报河南、河北镇总兵官蔡禄与襄阳总兵官杨来嘉策划起兵应叛之事。关保得知此事后即飞驰回京，直接向皇帝奏报。

康熙深知怀庆临近畿腹，若发生变乱则天下难保，即速遣内大臣阿密达率护军赶往怀庆，经战斗攻下城中衙署，擒获蔡禄父子及其他同谋者，将这起叛乱消弭于无形之中。

又如在守护和攻取湖南岳州战役中，康熙因该城处“水陆冲要之地”，故在吴军未至之先，即派都统觉罗朱满、一等侍卫毕桑阿率部队赶往增援，只是因清军未及固守，该城为吴军攻克。九月，为夺回岳州城，康熙又派侍卫吴丹、塞扈立前往荆州，向领兵攻城的将帅发布指令，命其必须尽快全力拿下岳州。

康熙十三年底，陕西提督王辅臣兵变反叛。吴丹被授予署副都统一职，随鄂泰驻太原。不久，又命吴丹署建威将军，移师潼关。康熙十五年，也就是1676年初，抚远大将军图海出征王辅臣，吴丹率所部从征，经过激战，六月，将其围困在平凉城内。

王辅臣旧时多受清廷恩赏，其反叛态度一直不坚决，此次受困绝境，图海等又反复劝降招抚，终使其开城请降。图海即命吴丹率数骑入城中安抚城中官兵民等，秋毫无犯，从而使西北战事平息下来。

康熙十七年，也就是1678年，吴丹被授为护军统领，协助图海进兵汉中等地，多有战功。图海入京觐见，吴丹即以建威将军暂统大军。再后，吴丹在攻四川保宁、泸州等地战役中屡建战功，甚至擒获了吴三桂亲信将帅吴之茂。后来因为永宁、仁怀复失，吴丹被劾不急赴援，乃被解除将军印，还守汉中。

平叛战争结束后，吴丹因事被议罪夺职，不久又被授三等侍卫兼佐领。康熙二十九年，也就是1690年，吴丹随抚远大将军裕亲王福全远征噶尔丹叛军，大败其于乌兰布通。此后，吴丹与参领色尔济等往侦噶尔丹逃窜踪迹，归途中为喀尔喀叛兵所害。康熙闻讯，深悯曾在自己身边效力的吴丹，亲赐其散秩大臣。

侍卫吴丹，在平定“三藩”的战争中起到了重要作用，特别是他几次奉旨出使“吴藩”，忠勇机智，胆识过人，使康熙了解到了吴三桂拥兵自重、割据西南的真实情况，因而下决心撤藩。

争取王辅臣尽心效力

平定“三藩之乱”，有一场惊心动魄的较量是非常关键的，那就是对陕西提督王辅臣的争取。那么，王辅臣究竟是什么人呢？王辅臣，河南人，本来姓李，后被王进朝收为义子，遂改姓王。后来，农民军势大，王辅臣随明朝大同总兵姜瓖归附了李自成，被任命为副将。

王辅臣是一员出色的猛将，作战英勇，万夫难挡，人送外号“马鹞子”。顺治六年，也就是1649年，阿济格率领清军围攻大同，王辅臣经常突入敌营，掠人而归，敌不敢当。大同陷落，王辅臣也跟着姜瓖降清，隶属于汉军正白旗，后来被调入京师。

顺治帝对王辅臣非常赏识，授予他御前一等侍卫之职。顺治十年，也就是1653年，顺治帝命令洪承畴出征西南，并叫王辅臣随军出征，当洪承畴的贴身侍卫。当时去洪承畴军中的有两个御前侍卫，一个是张大元，一个是王辅臣，张大元自恃是大内派出的，所以不把洪承畴放在眼里，而王辅臣对洪承畴是毕恭毕敬，忠心耿耿，随侍左右，寸步不离。

行军时遇有险阻，他必下马，亲手为洪承畴牵马。遇到山涧，他一定背负洪承畴过去。他的忠心让洪承畴极为感动，战争结束后就保举王辅臣做了总兵官。

云南平定之后，王辅臣留镇云南，隶属于吴三桂。当时，平西王吴三桂极力笼络著名武将，王辅臣当然也在他的视野之中，吴三桂请示了顺治帝后，授予王辅臣援剿右镇总兵官，隶属于自己的部下。

而王辅臣对吴三桂，也同样尽心尽力，竭尽忠诚。其实，吴三桂这个时候已经有了割据的野心，为了扩大自己的实力，他当然不会放过王辅臣这样能征善战的大将，因此竭尽笼络之能事，他对待王辅臣，比对待自己的子侄还要亲密。

因此，在吴三桂的推举下，康熙三年，也就是1664年，王辅臣被加衔左都督。康熙一直关注着吴三桂，他亲政的第二年，也就是康熙九年，他就开始谋划削弱吴三桂的力量，同时也打起了王辅臣的主意。正好，这一年陕西提督缺空，康熙认为王辅臣智勇双全，是难得的人才，于是将他从吴三桂那里调出，升任陕西提督。

别看王辅臣只是一个提督，却对战局的走向起着至关重要的作用。如果说康熙和"三藩"成为天平的两端，王辅臣这个砝码加到哪一方，哪一方就有可能获得最终胜利，其重要性可想而知。在争取王辅臣这件事上，吴三桂和康熙都使出了浑身解数，各有优劣，但最终还是康熙剿抚兼施，胜了一筹，从而也获得了最终的全胜。

任命王辅臣为陕西提督的旨意下达之后，吴三桂才知道，他深感惋惜，如失左右手。王辅臣临行前，吴三桂拉着他的手，涕泣不止，说道："你到了平凉，不要忘了老夫。你家里穷，人口多，万里迢迢，怎么受得了！"随后，他便赠王辅臣白银二万两作为路费。王辅臣心中也对吴三桂感激不已。

陕西是战略要地，可以说是京城的西部门户，必有得力之人方能守卫。康熙将这么重要的职位交给王辅臣，就是对他最大的笼络。王辅臣去平凉上任前，进京谒见了康熙。康熙语重心长地对他说："朕真想把卿留于朝中，朝夕得见。但平凉边庭重地，又非卿去不可。”

康熙让钦天监给王辅臣选择动身吉日，又特地让他过完元宵节，且亲自与他一道看灯。临行前，康熙再次召见王辅臣，把一把豹尾枪赠给王辅臣，康熙说：“这把枪是先帝世祖章皇帝留下来的，一共是两把，朕每次出猎都一定把它们悬挂于马前，现在你远去平凉代表朝廷镇守边镇，为了宣扬你的威名和表示朕对你的信任，把这把枪送给你，朕是先帝的儿子，你是先帝的臣子，其他的物品不足以表示珍贵，唯有这把枪可以让你经常想到先帝对你的托付和朕对你的期望。”

这些可以说是很多大臣一辈子都难以享受到的，相比之下，吴三桂的恩德又在其下了。王辅臣被感动得痛哭流涕，他拜伏于地，发誓道：“圣恩深重，臣就是肝脑涂地，也不能报答万一，怎么敢不竭尽全力，报效皇上呢！”

可以说，在争取王辅臣的第一战中，康熙就占据了优势。三年之后，吴三桂发动叛乱，他首先想到了担任陕西提督的王辅臣和甘肃提督张勇等旧部，以为靠他以前的恩惠，只需一纸号令，二人就会闻风响应，这样一来，他的胜券就大得多了。

对吴三桂的这一手，康熙早已料到。康熙十二年，也就是1673年，农历十二月，他就给王辅臣、张勇和陕西总督哈占颁布特急诏谕：“逆贼吴三桂，如果秘密地用书信来迷惑你们和百姓，当晓谕官兵百姓，令其向朝廷报告。”

果然不久之后，吴三桂就派王辅臣原来的亲信汪士荣，带着给王辅臣、张勇的信函和任命札二道来到了平凉。这时的王辅臣正面临着情感和利益的双重煎熬。他想到吴三桂的旧恩和当下的声势，又想到康熙对他的宠信，一时左右为难。

最终，还是和康熙的情义占了上风，他立即命令拿下汪士荣，连同吴三桂给他及张勇的信、任命札，派他的儿子王继贞一同解往京城。康熙获知后大喜，当即将汪士荣处死，并授给王辅臣三等精奇尼哈番世职，任命王继贞为大理寺少卿。

为了加强对西北地区的控制，康熙派刑部尚书莫洛率兵前往陕西，让王辅臣坚守平凉，与莫洛同攻四川。王辅臣对莫洛经略陕西，凌驾于其上，有些不满。他从平凉前往西安，向莫洛陈述征战方略，但莫洛不以为意，还显示出轻蔑之意，王辅臣怀恨在心。

康熙十三年，也就是1674年，农历八月，王辅臣一再要求莫洛给他添马兵，但莫洛却先将王辅臣所属固原官兵的好马尽行调走，大大影响了王辅臣所部将士的心情。莫洛的歧视和压制，终于引发内讧，在莫洛进军不利，屯兵修整时，王辅臣杀死了莫洛，举起叛旗，响应吴三桂。

定西大将军董额得知王辅臣叛乱，急忙飞报康熙。康熙得到王辅臣反叛的消息，也着实吃了一惊，他想：王辅臣反叛非同小可，西北的重要将领多是汉族人，一直都和吴三桂有联系，有可能一反俱反；同时，王辅臣一反叛，等于给吴三桂开辟了一条通道，可以由侧面进攻北京，蒙古部落也可能由此受到煽动，这样一来，局面就会变得不可收拾。

康熙心中非常焦急。想来想去，终于想出了一个法儿，决定恩威并用，招抚王辅臣。正好王辅臣的儿子王继贞还在京中，康熙急忙传下圣旨，让王继贞入见。王继贞还不知道他父亲叛应吴三桂，猜不透皇上召他有什么事。

“你父亲叛乱，你知道吗？”

王继贞一听此话，“啊”的一声跪在了地上，说：“不知道，不知道，奴才确实不知道……”

康熙和颜悦色地说：“起来吧。这里有一份奏书，你看看就知道了。”

王继贞接过奏书一看，浑身抖个不停，扑通一下又跪在了地上，连连叩头：“该死！该死！……”

“你也不必害怕，”康熙说，“你父亲虽然在明朝末年结伙为盗，但从顺治年间降于我朝后，屡立战功。逆贼吴三桂叛乱后，又派你进京，表达他的忠诚。这次他举兵叛乱，虽说罪不可赦，但也不能全怪你父亲，他受到了别人的引诱。你可速去陕西，把朕的意思告知你父亲，如果破贼立功，朕可既往不咎。”

王继贞慌忙谢恩。康熙又说：“口说无凭，这里有朕的诏书，可一并带给他。”

王继贞接过诏书，心中十分感动，叩头谢恩道：“皇恩浩荡，我家父子就是肝脑涂地，也难报万一！奴才这次前去，一定不负圣望。”

王继贞下去后，康熙轻舒了一口气。同时又派苏拜携招抚谕旨前往陕西，会同总督哈占商酌，招抚王辅臣。康熙深知攻敌必先攻心的道理。不久，他又给王辅臣发去一封亲笔信，深情地陈述了他与王辅臣交往的一桩桩往事，丝毫没有责备他忘恩负义，反而处处显示着体谅与宽容。在这篇敕谕中，康熙说道：

近据总督哈占奏称，进剿四川，军中噪变，尔所属部伍溃乱，朕闻之，殊为骇异。朕思尔自大同隶于英王，后归入正白旗，世祖章皇帝知尔赋性忠义，才勇兼优，拔于侪伍之中，置之侍卫之列。继命尔随经略洪承畴进取滇黔，尔果能殚心抒忠，茂建功绩，遂进秩总戎，宠任优渥，迨及朕躬，以尔勋旧重臣，岩疆攸赖，特擢秦省提督，来京陛见，面加讯问，益悉尔之忠贞天禀，猷略出群，朕心深为嘉悦，特赐密谕，言犹在耳，想尔犹能记忆也。

去冬吴逆叛变，所在人心，怀疑观望，实繁有徒。尔独首倡忠义，举发逆札，擒捕逆差，遣子王继贞驰奏。朕召见尔子，面询情形，愈知尔之忠诚纯笃，果不负朕。知疾风劲草，于今见之。后尔请入觐，面陈方略，朕以尔忠悃夙著，深所倚信，且边疆要地，正资弹压，是以未令来京。经略莫洛奏请率尔入蜀，朕以尔与莫洛，和衷共济，毫无嫌疑，故令尔同往建功。兹兵变之后，面询尔子，始知莫洛于尔，心怀私隙，颇有猜嫌，致有今日之事，则朕之知人未明，俾尔变遭意外，忠荩莫伸，咎在朕躬，于尔何罪。朕之于尔，谊则君臣，情同父子，任寄心膂，恩重河山。以朕之惓惓于尔，知尔之必不负朕也。至尔所属官兵，被调进川，征戍困若，行役艰辛，朕亦悉知。今变起仓卒，情非得已，朕惟加矜恤，并勿致谴。顷已降谕，令陕西督抚，招徕安插，并遣尔子，往宣朕意，恐尔尚怀犹豫，兹特再颁专敕，尔果不忘累朝恩眷，不负平日忠忱，幡然悔悟，敛戢所属官兵，各归队伍，即令率领，仍还平凉原任，已往之事，概从宽宥。或经略莫洛，别有变故，亦系兵卒一时愤激所致，并不追论，朕推心置腹，决不食言，勿心存疑畏，有负朕笃念旧勋之意。

康熙为了使王辅臣回心转意，将其反叛原因归咎于自己，表示如果王辅臣反正，仍复提督原任，既往不咎。

在招抚的同时，康熙也严加防备。他下令征调鄂尔多斯蒙古兵三千多人，归化城土默特兵七百人，前往西安驻守。此外还派驻守京城的部分八旗兵，迅速起程，前往西安协守。调副都统穆舒浑、鄂善和希福率兵驰赴兴安，以加强西北战略要地防守，防止不测。

由此可以看出，康熙并非是一个只知发善心的老好人，更是一个运筹帷幄的伟大统帅。他在用恩招抚的同时，也做好了战争的准备。

王辅臣接到康熙的诏书后，内心颇不平静，想到康熙对自己恩重如山，不能自已，于是率领人马向北跪下，痛哭流涕。后来王辅臣担心自己杀死了莫洛，康熙迟早要和自己算账，得到吴三桂饷银二十万两后，遂继续发兵。

康熙急命张勇、王进宝等率兵进剿，将王辅臣压缩在平凉、固原，久攻不下。此后，清军节节胜利，康熙仍然想招降王辅臣。

康熙十四年，也就是1675年，农历七月，他又给王辅臣发去一道招降敕谕说："平逆将军又取延安，兰州、巩昌依次底定。大兵云集，平凉灭在旦夕。大兵交战之时，百姓多遭杀戮，由于你一个人的原因，而让百姓遭受苦难，我实在于心不忍。现在我仍然盼你能改过自新，如果你真能悔改，还可以将功赎罪，以观后效。”并将其罪行概加赦免。

王辅臣回奏康熙，表明很想回心转意，但又担心朝廷将来变卦，心存疑惧，不敢贸然归降，盼望康熙能给一个明确的承诺。

康熙十五年，也就是1676年，农历二月，康熙命令图海进攻平凉，图海原来和王辅臣就认识，对他十分了解，知道王骁勇善战，作战有方，一旦强攻，必然是两败俱伤，因此他坚决执行康熙用恩招抚的策略，攻心为上，劝诱其降。

一些大将主张强攻，图海没有同意，他说：“仁义之师，先招怀后攻伐。吾奉皇上的旨意讨伐王辅臣，当然打败他不在话下，只是顾念城中数十万生灵，都是我们大清朝的百姓，遭贼劫持至此，战乱之下，必然会有很多人遭到杀害。如果能劝他投降，以体现圣主好生之德，不更美乎？”他采取围而不攻、围而不战的策略，逐渐掌握了主动。

平凉城北有一山冈，名为虎山墩，是平凉饷道咽喉，也是全城的制高点。要破平凉，必先攻占这里。图海率部轮番进攻，经过激烈战斗，终于拿下了虎山墩，断绝了平凉城的饷道。清兵在墩上安上大炮，轰击城内，让叛军惶惶不可终日。

在这个时候，进行招抚就能占据主动，而且成功也是水到渠成的事了。六月六日，图海命幕僚周昌冒死进城抚慰。在康熙真心的感召下，第二天，王辅臣终于宣布投降。图海立即上奏。

康熙览奏大喜，他夸奖图海说：“宣布恩威，剿抚并用，筹划周详，布置神速。”马上颁布诏令，赦免了王辅臣等人的罪行，宽言抚慰，命王辅臣恢复原职，加太子太保衔，封靖寇将军，令其立功赎罪，和图海一同留镇陕西，助剿吴三桂。

不久，王继贞升任太仆寺卿。投诚的参将黄九畴升任布政使，总兵陆道清为左都督兼太子太保，其他官员都各加一级从优升赏。叛军不但没有受到惩罚，反而得到重用，无不感激，奋勇杀敌，以图报效。

康熙对王辅臣的宽大处理具有榜样的力量，许多原来投靠吴三桂的将领也动了心思。当清军战场上渐渐得势之后，吴三桂部下纷纷投诚。

康熙十七年，也就是1678年，闰三月，吴三桂的水师将领林兴珠在湘潭率众投降。林兴珠是福建人，熟悉水性，率军驻守洞庭湖。他精通水军，善于用兵，清军屡攻不下。但他和岳州吴军守将吴应麒不合，吴应麒在吴三桂面前进谗，吴三桂于是将他调往湘潭，不予重用。

林兴珠一怒之下，愤而降清。吴三桂大怒，杀其二子。林兴珠发誓报仇雪恨，献计夺取岳州。康熙采纳了他的建议，封为侯爵，命他在安亲王岳乐帐下效力。林兴珠的投降，为清军攻占岳州创造了良好的条件。

康熙十七年，也就是1678年，农历十二月，吴三桂的水军大将杜辉请降。康熙十八年，也就是1679年，正月，又有吴三桂手下总兵王度冲等率舟师归降。岳州是平“三藩之乱”的主战场，双方主力在此激战了四年多。占领岳州，湖南门户大开，吴军的最后灭亡也就随之而来了。

由此可见，收服王辅臣对于全局有着至关重要的影响。收服王辅臣，是平定吴三桂这个大棋局中所下的一个胜负手。康熙剿抚兼施，不仅解除了对京师的巨大威胁，而且翦除了吴三桂在西北的羽翼，使吴三桂失去了一个有力的臂膀，顿时扭转了整个西北战局。

康熙于十六年后，将剿抚兼施的策略陆续在湖南、四川、云南、贵州等省全面推行。明确规定，凡参加叛乱的文武官员兵民等，只要能悔罪归正，他们的罪行可以一概不究；如有献城或捕获首领来归的，要给予特别优赏。

由于王辅臣重新归附，其他叛军都迎刃而解，这盘棋也被康熙一下子走活了。这规定一实行，迅速见效，投诚的官兵络绎不绝。

剿灭“三藩”余党威胁

“三藩”造反后，气焰非常嚣张，战祸滋蔓了半个中国。但战争进行了几年后，战场形势发生转变，叛军陆续被清军击破，耿精忠、尚之信等相继降清。

康熙十七年，也就是1678年，农历三月初一，六十七岁且势穷力竭的吴三桂在衡州称帝，国号大周，改元昭武，改衡州为定天府，大封百官诸将。但这一政治行动丝毫不能改善叛军的处境，这年秋天，吴三桂病死。吴三桂死后，其孙吴世璠继位，改元洪化，并退居贵阳。

康熙十八年，也就是1679年，正月，岳州被清军攻下，康熙得到这一胜利消息后，灵感迸发，他在诗中称赞这次胜利是“群臣尽力，将士用命”。岳州一被清军攻破，湖南其他地方的叛军纷纷弃城逃遁。至此，湖南大局已定。清军不断的胜利和吴三桂的病死，使得叛军已经是日暮穷途。但为了尽快结束战争，康熙依然采取恩威并施的策略，劝诱叛军投降。

康熙十八年，也就是1679年，四月，康熙敕谕云贵文武官员：“当时倡叛，罪止吴三桂一人，所属人员均系胁从，今当争先来归，到各路大将军、将军等军前投诚，都赦免以前的罪过，论功叙录，加恩安插。”他还亲自分别给胡国柱、马宝、郭壮图、夏国相、吴应期等叛将写了招抚的谕旨，争取他们投诚，减少征剿的压力。

这种剿抚并用的平叛策略，收到很大的效果，先后收服了王辅臣、耿精忠、尚之信等人。现在群龙无首，各怀心思，康熙又施招抚，大大瓦解了叛军的斗志。

康熙十九年，也就是1680年，农历九月，清军展开了剿灭云贵叛军的战斗。十二日，蔡毓荣率先出征，章泰率领大军随后，一路收复了镇远、清平、平越，逼近贵阳。

十月二十一日，清军进抵贵阳城下。吴世璠时正困守贵阳，其大将夏国相、高启隆、马宝、胡国柱则在四川，吴世璠与其叔父吴应期、将领刘国炳自觉难以抗拒，就趁夜逃回昆明。郭昌同文武官员二百零二人以及原任清提督李本琛都相继归降清军。清军轻而易举地收复了贵阳。十一月，贵州全省基本平定。章泰、蔡毓荣在贵阳休整了一个多月，康熙二十年，也就是1681年，正月，又挥师杀向云南。

康熙十九年，也就是1680年，农历九月，赵良栋指挥的大军正待进发时，叛将郭壮图选派胡国柱、马宝、王会、高启隆、夏国相等突袭四川，接连攻陷泸州、永宁等地。已经降清的叛将谭洪、彭时亨等趁机再叛。赵良栋受阻，与叛军角逐，无法南下。

康熙二十年，也就是1681年，农历二月十五日，章泰大军赶到交水城，与赖塔所率广西大军会合。两军联合，水陆并进，十九日，进抵昆明郊区。二十一日，叛将郭壮图派胡国柄等人统兵万余人出城三十里迎战。叛军抵挡不住清军的猛攻，败回昆明。清军乘胜追击，阵斩胡国柄等九员将官，进抵昆明城下，掘壕围战。

吴世璠抗拒不降，并招四川的马宝、高启隆等回来救援。康熙命令赵良栋应将马宝、高启隆等就地歼灭。同时，再次向他们发出了招抚

令。在清军的凌厉攻势下，高启隆、马宝从四川撤军，四川形势马上改观，赵良栋指挥大军从后面追击，四川的叛军基本被肃清。

赵良栋又统率清兵杀入云南。叛军将领高启隆、杨开运、刘魁、赵玉抵挡不住清军的两面夹击，只好向清军投降。五月，马宝部在云南乌木山被清军将领希福击败，马宝侥幸逃脱，走投无路之际，想起了康熙的招抚令说："只要悔罪归诚，可以将从前的一切罪行都赦免，并且以后立了功仍然论功行赏。"

于是在七月五日，马宝和将军巴养元、赵国祚等人到姚安府希福军中缴印投降。清军围城半年多，吴世璠盼望马宝等人的救援早已化为泡影，但他们仍不愿投降。清军亦未攻下。

九月，赵良栋率军抵达昆明，从水道上加紧了对昆明的封锁。

十月，昆明城内粮尽，赵良栋挥师攻城，章泰积极配合，仍未攻下，于是，清军向城内射了很多份招降书，以瓦解叛军的斗志。

十月二十二日，叛将余从龙、吴成鳌出城投降，并将城中虚实尽告清军。

二十八日，吴国柱、吴世吉等准备发动兵变，以逮捕吴世璠、郭壮图献给清军。吴世璠事先获知风声，遂在大殿上自刎而死，时年十六岁，郭壮图与其子郭宗汾也都自杀。

二十九日，方光琛打开昆明城门向清军投降。

三十日，清军开入昆明城内，将叛军的老巢捣毁。

当年方二十八岁的康熙半夜里接到捷报，挥笔作了《滇平》诗一首，以"回思几载焦劳急，此日方同万国欢"的诗句，表达他的喜悦心情。

至此，持续八年的平定"三藩之乱"的战争结束，康熙彻底取得了胜利。

作为叛乱的罪魁祸首吴三桂，康熙是恨之入骨，虽然他已死去好几年，但是康熙还是在二十一年，也就是1682年，正月，下令将他剖棺戮尸，付之一炬，将其骨灰分发各地，以此告诫那些不忠不孝的臣子。

将吴世璠的首级交刑部悬挂城门示众，吴三桂的女婿夏国相同时被凌迟处死。

怂恿吴三桂起兵并为其谋划的方光琛和他的儿子方学潜、侄子方学范被擒获后，康熙下令将他们军前正法。康熙同时下令，马宝虽然投降，但他罪大恶极，而且是在走投无路的时候才投降的，不能饶恕，将马宝押赴到京，凌迟处死。

“三藩之乱”平定之后，康熙宣示天下：宣布将云南、贵州、福建、浙江、广东等地的“三藩”家产没为军饷；令藩兵全部撤回京师，于福州、广州、荆州等地，各设八旗兵驻防，派遣将军、副都统驻镇，取消世袭兵权及土地之权，大大加强了国家的统一。

平定吴三桂叛乱，废除“三藩”，使整个大陆重新获得了统一。康熙又乘“平吴”之余烈，抓住时机，开始着手解决长期悬而未决的台湾问题。

分化瓦解郑氏力量

自从康熙亲政，一直计划收复台湾，将其列为三大政事之一。这一方面是出于消除反清力量的威胁，另一方面也是国家统一的需要。但同除鳌拜、平“三藩”相比，收复台湾无疑更具有挑战性。因为对于不善水战的清军来说，越过几百里的海峡攻打郑氏长期据守的台湾，是非常困难的。

台湾是中国的第一大岛，在福建省东南的东海和南海之间，东西宽15～144公里，南北延伸约394公里，全岛面积约3.6万平方公里。

台湾自古以来与内地有着密切联系。早在两万多年前的旧石器时代晚期，即同内地有文化联系。三国吴黄龙二年，也就是公元230年，卫温、诸葛直曾率万人东渡台湾。南宋时，将台湾划归福建泉州晋江县管辖。元朝在澎湖设巡检司统管澎湖和台湾。

一千多年来，大陆沿海人民相继渡海到台湾定居，特别是福建、广东两地的人最多。仅明末，郑成功之父、福建游击郑芝龙一次就组织数万多人到台湾垦荒。

天启四年，也就是1624年，荷兰殖民军指挥官宋克率舰13艘，侵占了台湾西部，在一鲲身山上筑台湾城，又在本岛西南部建起赤嵌城。天启六年，也就是1626年，西班牙殖民军侵占了台湾北部的基隆、淡水等地。明崇祯十五年，也就是1642年，荷兰殖民军打败了西班牙军，又夺占了台湾的北部。自此，台湾本岛就为荷兰殖民者侵占。

崇祯十五年，也就是1642年，台湾全岛被荷兰殖民者侵占。顺治十八年，也就是1661年，民族英雄郑成功率领大军，出征台湾，驱逐了荷兰殖民者，台湾才回到祖国的怀抱。

郑成功收复台湾之时，清朝基本上奠定了在中国的统治地位。虽然如此，全国各地仍然喷发着抗清的战火，既有南明朝廷的抗清斗争，又有农民军余部的抵抗活动，作为明朝遗民的郑成功也一直在东南沿海一带与清军周旋，战事不断，给清朝以沉重的打击。

台湾收复后他就把这座宝岛作为反清复明的基地，继续他的反清复明的壮举，然而天不佑命，康熙元年，也就是1662年，郑成功去世。其弟郑世袭与其子郑经为争夺王位而火并。清廷趁机招抚驻守厦门的郑经，郑经交出了明朝敕命及玉印等。

次年五月，郑经杀死郑世袭，台湾内乱平息。郑经向清廷请求仿照琉球的藩国形式，占据台湾，永不登陆，不剃发，不改汉族衣冠，否则，虽死不降。

就康熙初期而言，清朝与郑氏势力之间一直处于胶着状态，虽然不时地发生一些小规模的军事冲突，但双方谁也无力吃掉对方。这是因为：从郑氏势力来看他的力量相对单薄，不足以对清朝构成大的威胁；从清朝当局来看，他虽然比郑氏势力强大，但一时间还无力集中兵力解决台湾问题，况且又无得力的水师可用，茫茫大海成了清军面前的一个天然障碍。

不过台湾问题是必须要解决的，既然一时之间武力解决不了，那就采取别的途径看看能否解决。于是和谈成了康熙初年对台的主要政策。

康熙八年，也就是1669年，康熙帝派刑部尚书明珠到泉州，负责主持与郑氏的谈判工作，条件是允许郑氏世守台湾，称臣纳贡。

但郑经却坚持“照朝鲜事例，不削发”。也就是以朝鲜为样板，将台湾作为一个国家，名义上是清朝的“附属国”，称臣纳贡，不削发。这虽然已经违背了他父亲郑成功原先确定的拥明抗清的本意，但并没有得到清朝的首肯。康熙帝认为郑氏是中国之人，中国之人就不应该引朝鲜之例。结果谈判破裂，清廷招抚行动失败。

于是，朝廷就把目标转移到中下层将领和士兵上，通过招抚，分化瓦解郑氏的力量。郑成功去世后，台湾的郑氏集团内部接连发生争权夺利的内部斗争。

首先是郑氏家族中郑经及其伯父郑泰的矛盾。郑泰辈分高，长期为郑氏管理钱粮事务，又率部留守金厦，势力更盛，招致心胸狭窄的郑经的疑忌。郑泰偏偏又在郑氏政权的继承问题上一度拥护郑世袭，并曾致书郑世袭集团骨干黄昭。

郑经入台后发现了郑泰勾通黄昭的信，顿起杀心。康熙三年，也就是1664年，农历六月七日，郑经设计诱郑泰至自己帐中饮酒，将其缢杀，并派兵抄家。

郑泰的弟弟郑鸣骏以及儿子郑缵绪被逼无奈，率水陆各镇官员四百余人，兵马一万余众，船三百余艘来到泉州港，投降了清朝。当时康熙还没有亲政，朝廷认为这是收复台湾的大好机会。经过一番准备，海澄公黄梧、福建总督李率泰、提督马得功分别从海澄、同安、泉州三路攻打郑氏盘踞的金厦。

十月十九日，马得功所部与郑军在金门乌沙港大战，被精通水战的郑军打败，马得功投海自尽。黄梧和李率泰两路人马都打败了郑军，迫使守护高崎的郑将陈升投降。郑经退守铜山，清军收复金厦。随后，李率泰派人四处招降，扰乱了郑军军心，很多人纷纷归降。但郑经仍旧拒绝投降。

经过这一战，朝廷认为争取郑氏将领的希望是很大的，于是从兵部、户部各派两名官员长期驻在福建、广东、浙江、江苏四省，诱降郑军中下级军官，还提出了极其优厚的条件：不问真伪，凡海上武官率众投降者按原衔补官，单身投降者降四级叙用，有立功者降二级叙用。为了安插降官，允许武职改授文官。

在这种强大的诱惑之下，郑军人心浮动，各思投身之路。康熙三年，也就是1664年，春，郑经将领林顺为旧友施琅所招而投诚，共计带来文武官3985人，士兵40962名，归农官弁兵民64330名，眷属人役63000余人，大小船只900余只。

郑经见诸将纷纷叛降，自知铜山必难坚守，又恐变起肘腋，遂退居台湾，令周全斌、黄廷二人断后。周、黄二人不愿意远离故土，也归附了清朝政府。

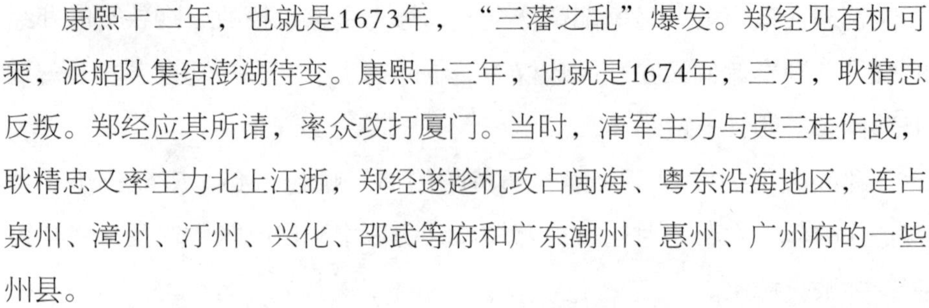

康熙十二年，也就是1673年，“三藩之乱”爆发。郑经见有机可乘，派船队集结澎湖待变。康熙十三年，也就是1674年，三月，耿精忠反叛。郑经应其所请，率众攻打厦门。当时，清军主力与吴三桂作战，耿精忠又率主力北上江浙，郑经遂趁机攻占闽海、粤东沿海地区，连占泉州、漳州、汀州、兴化、邵武等府和广东潮州、惠州、广州府的一些州县。

郑经并非真心和“三藩”合作，而是借助这次机会，恢复原来占据的闽粤之地。而这两个地方原来在耿精忠和尚之信的控制之下，他们的矛盾也就越来越激化。

针对这样的情况，康熙采取了更稳健的做法。他没有全面出击，而是把精力放在对付“三藩”上。他命军队重点打击耿精忠，对郑经则采取暂时不理的策略。

康熙十五年，也就是1676年，十月，康亲王杰书亲率大军从浙江攻入福建。耿精忠南有郑经牵制，无力抵抗，被迫降清，并担任向导，转而攻打郑经。康熙借助郑经之手逼降了耿精忠，然后才转头攻打郑经。

经过两个月的大战，郑经连败于乌龙江、邵武等地，丢失了广东全省，不得不收缩战线，退守汀州。第二年春天，清军连陷兴化、泉州、漳州，郑军全线崩溃，郑经退守厦门、金门及附近岛屿。

当时对吴三桂的作战正在激烈进行，朝廷无力立即攻打台湾。康熙仍然坚持劝降策略，他指示康亲王杰书派人前往厦门招抚郑经，希望趁郑经新败之机，和谈会有所收获。但郑经仍坚持照朝鲜例，不剃发，不上岸。

八月，康亲王杰书再派人去厦门见郑经，提出可以按照朝鲜的例子办理，每年纳贡，通商贸易。但郑经更进一步，转而要求沿海诸岛也必须由郑军把守，粮饷由福建供给。因而谈判功败垂成，再起战端。

但康熙仍然没有放弃招抚，他下令："郑经虽无降意，其附逆人民有革心向化者，大将军康亲王仍随宜招抚。"

康熙十七年，也就是1678年，农历二月，郑经突然派手下大将刘国轩猛攻漳州，屡败清军，乘胜攻克同安、海澄，之后分兵北上，留一部继续攻打漳州。

康熙认为福建总督郎廷相指挥不力，经过康亲王杰书的举荐，任命署福建布政使姚启圣继任福建总督。姚启圣接任后不久，就密陈方略，提出破敌妙计。康熙看到他的奏疏，高兴地说："闽督今得人，贼且平矣！"

姚启圣严格贯彻康熙的平台战略。他一面扭转战局，收复失地，围攻退守海澄的刘国轩；另一面派人到厦门招抚郑经。军事上，他大力整顿充实绿营兵，革除各种军役，招募壮丁入伍以足兵额，加强军力，做好和谈不成武力攻台的准备。政治上，他首先稳定福建民心，解除民困。

同时，姚启圣改变了郎廷相怀疑闽人与郑氏官兵勾通的做法，广贴告示，不许挟嫌陷害。此举使得民心大定，为对台用兵打下了良好的基础。姚启圣按照康熙的安排，特别注重策反、招降工作。其方法多种多样，效果也十分显著。

首先，姚启圣下令保护沿海各地与郑军有乡邻戚党关系之人，严禁挟隙陷害，消除郑氏官兵疑惑之心及后顾之忧。

其次，姚启圣采纳郑氏投诚人员黄性震的建议，在漳州设“修来馆”，不论官爵、资财、玩好，凡声明来自郑氏者，都一律好好安置。并规定文官照原衔报部补官，武官一律保留现职。士兵及平民头发长者，赏银五十两，头发短者赏银二十两，愿入伍者立即收入军营，并领取军饷，愿回乡者送回原籍安插。对屡次逃走而复来者一样对待，不加追问。

命令一经发出，郑军纷纷来降，络绎不绝。康熙十八年，也就是1679年初，郑军投诚者更是纷至沓来，五镇大将廖瑞、黄靖、赖祖、金福、廖兴及副总兵何逊等都各自带领所属官兵来归，共文武官员374员，士兵12124名。

不久，陈士恺、郑奇烈、纪朝佐、杨廷彩、黄柏、吴定芳等人也相继率部投诚。后又有水师五镇蔡中调、征夷将军江机、杨一豹等人率所部十余万人降清。

招降的同时，姚启圣还用反间计扰乱郑氏后方。他派人携带重金潜入郑军，广散谣言，扬言郑军某将将投降，或派人带信及礼物送予郑氏将领，又故意将此事传播，以引起郑军内部自相猜疑。对郑经派来的间谍，不仅不究，反诱以厚利，为我所用。这些措施取得了良好的效果。

康熙对姚启圣的招抚政策给予了大力支持。海澄公黄芳泰原驻漳州，后移汀州，在二州颇有势力。因黄芳度及其家眷被郑军杀害，郑军官兵因此不敢来漳州归顺。为此，姚启圣上疏康熙，请求迁海澄公黄芳泰出汀州。康熙立即下旨，命黄芳泰携家回到京师。

同时，康熙对于姚启圣所做的其他各项工作也都大力支持，授姚启圣兵部尚书衔。这样，不长时间，姚启圣便充实了清军实力，稳定了民心，大大削弱了对手力量，使得清军逐渐摆脱被动局面，转入反攻。

在这种情况下，康熙命姚启圣连续致书郑经，加以招抚。姚启圣遵照康熙的旨意，在信中对郑经动之以情，晓之以理，言辞颇为恳切。经过一再争取，郑经也有了和谈之意。

康熙十八年，也就是1679年，康亲王杰书派苏埕再赴厦门，请郑

经罢兵议和，并允诺“依朝鲜事例，代为题请，永为世好，作屏藩重臣”。郑经也很高兴，和谈之事，已经接近成功。但因为冯锡范等阻挠，功亏一篑。

清廷内部对台湾郑氏一直存在着招抚和攻剿两种主张，福建水师提督施琅一贯主张以武力攻剿台湾。施琅是福建晋江人，原来是明朝的游击将军，后为郑芝龙手下左先锋，因为诛杀逃将得罪了郑成功，被迫降清，任清朝福建水师提督。

施琅曾上了一道《尽陈所见疏》给康熙，详述武力统一台湾的方略。他提出“因剿寓抚”的策略，即安抚与攻剿并用，但侧重点在于攻剿，以攻剿促安抚。剿抚都需根据具体情况，敌顺则抚，敌逆则剿，既然朝廷三番五次招抚无效，就应以武力征剿，以强大军事压力迫使郑经就抚。

可惜当时正值鳌拜辅政，对施琅的奏章非但不理，反而解除了他的兵权，留在京师，授内大臣职，实际上是闲散供养。朝廷继续对台湾进行招抚而没有结果的现实，让康熙逐渐认识到，收复台湾不能放弃武力。于是他决定建立一支强大的水师，做好充分准备。

康熙十八年，也就是1679年，正月，他下令重建福建水师，调镇江将军王之鼎为水师提督。四月，康熙改调在洞庭湖大败吴三桂水军的万正色为提督，从江南、浙江挑选百艘战船拨入福建水师，建立起足以抗衡郑氏水军的一支海上力量。

水师建立，很快就发挥了作用。第二年二月，清军水陆两路进攻，势如破竹。郑经慌忙逃回台湾，厦门守将陈昌、海澄守将苏湛等纷纷献城而降，朱天贵也率文武官员六百余人，水师精锐两万余人，战舰三百艘归降。金厦及沿海诸岛屿都回到清朝的手中。

经过八年之久的金厦拉锯战，郑经的势力在政治和军事的双重打击下，已经大大削弱，他仅率千余人逃回台湾。而清军在战斗中重建了水师，锻炼了海战能力，统一的条件日臻成熟。

统一台湾并设立知府

康熙一直认为："主权领土是涉及国家大利害的问题，在这个问题上，必须寸土必争，不容有丝毫让步。"因此，康熙在是否留守台湾的问题上，他目光长远，坚决抵制了放弃的意见，在台湾设立府县，建立长期驻军制度。这对于台湾的发展、祖国的统一、领土的完整都产生了深远的影响。

康熙二十年，也就是1681年，郑经病死，郑氏集团再次发生内乱。冯锡范、刘国轩发动政变，杀死了郑克臧，拥立年仅十二岁的郑克塽。主幼臣疑，人心不稳，冯锡范等企图杀人立威，更导致人心惶惶，军中上下都打算叛变投降大清。经过这番折腾，郑氏集团已经处于风雨飘摇中了。

这时候，姚启圣立即上疏朝廷，建议趁机攻取台湾。康熙召开大学士会议，商议攻剿台湾方略。李光地举荐施琅重新担任福建水师提督，认为他熟悉海上情形，并富有谋略，郑氏对其颇为畏惧。姚启圣更是一再上疏保举施琅担任此职。施琅十三年前所上《尽陈所见疏》，现在也得到了康熙的重视。

经过深思熟虑，康熙毅然起用熟悉台湾情况、善于海战的施琅替换万正色为福建水师提督。在施琅离京之前，康熙特在内廷召见，激励他说："台湾一天不解决，民生一天得不到安宁。现在上天给了我们这个好机会，台湾出现了内乱，所以我决定收复它。让你挂帅出征，不知道你有什么意见？"

收复台湾，一直是施琅的愿望。以前，他就曾上书康熙说要收复台湾，但因为要除鳌拜、平定"三藩"，康熙当时没有同意。现在施琅听康熙说要收复台湾，又让他挂帅出征，当然同意。

但施琅并没有马上答应下来，而是谨慎地说："收复台湾，是大家都希望的事情，皇上的决断非常英明，我也想尽一份力。但我是汉人，又是投降过来的将领，以这样的地位和资格，恐怕辜负了您的托付。再说，自我朝成立以来，每次出征，都是由满族的王公贵族挂帅。"

康熙见施琅有为难之处，就诚恳地说："你不要担心，我让你挂帅，是经过长时间考虑的。我朝大臣虽然很多，但说到阵法、水战的经验，没有一个比得上你。当年，你向我陈述攻取台湾的计划，我就知道你很有把握。你在我身边做内大臣十三年，我很了解你，希望你不要推辞。听说你闲暇的时候，经常阅读史书，留心各朝各代的兴旺与衰落和有名大臣的言行……"

"是的，我觉得要想成为一个有用的人，应该有文武才干。"施琅答道。

康熙点头道："这就是了，你平时就很努力。你刚才说的地位和资格，这算不了什么，我向来用人只重视才干，并不计较是汉人或投降的人。'三藩'叛乱时，王辅臣投降又叛变，叛变后又投降，我都没计较。对汉族的将领赵良栋、张勇等人，我也是有功劳就奖赏；对勒尔锦等满族王爷，我也是犯了罪就惩罚。"

施琅感动地说："既然皇上如此信任我，我就是战死在疆场上，也没有什么遗憾的。收复台湾，从国家的方面说，是一项伟大的事业；从我私人的角度说，我父亲和弟弟都被郑成功杀害，我怎能不尽力？不过，也请皇上相信，我这次出征，不会计较个人私仇，会以国家为重的。”

“我等着你的好消息。”康熙微笑着说。

施琅终于被起用。他请求给予专征之权，总督和巡抚只负责后勤给养，不必干预军务，可是朝廷不允。施琅知道自己仍受到朝廷的怀疑，万一有人打小报告，自己还是不容易自我洗刷，他请求皇上派遣身边的侍卫吴启爵，随自己一起去。他任内大臣十三年，深知侍卫与皇帝关系密切，受皇帝信任，可以保护自己。

但是兵部不同意这么办，认为如果皇帝的侍卫也发号施令，与当年派太监做监军有什么区别？如此必然贻误军机大事。康熙明白施琅的用意，就说：“吴启爵只是一个侍卫，留在京城有什么用处？如果去福建，也可以通消息，就照施琅所请办吧。”并特别设宴为他赴任饯行，以示信任。

康熙二十年，也就是1681年，农历十月，施琅奉康熙之命到达福建后，就与总督姚启圣等一起抓紧时间整顿军备，制造战船，训练水军。同时，派遣总兵董义、曾成，率战船赴澎湖侦察敌情，探测航路。到康熙二十一年，也就是1682年，夏，准备工作基本就绪。

就在即将要进兵的时候，施琅和姚启圣对于如何攻取台湾产生了分歧。主要表现在两方面：

一是取台湾和取澎湖的先后。姚启圣认为应先取台湾，只要台湾一取，澎湖就不攻自破。姚启圣主张，他与施琅各率一支船队，同时进取台、澎。

而施琅则主张先取澎湖，认为只要攻下了澎湖，便扼住了咽喉。他说：“郑军以刘国轩最为骁勇，如果打败刘国轩，台湾可不战而下。”施琅反对两路出击，因为即使集中兵力也难以轻易取胜，何况分散兵力，两路出击。而且，两路进兵，万一有一路打了败仗，就会影响另一路，使整个战役受挫。

二是关于利用风向上。姚启圣主张利用北风。施琅则认为北风刚强，骤发骤息，规律难掌握。南风风轻浪平，将士不会发生晕船，而且居于上风上流，容易取胜。

两种意见，各不相让，影响了进兵计划。施琅在和姚启圣争执不下的情况下，给康熙送去了密奏，请求给予专征之权。他表示："如果皇上信任我的愚忠，那就让我独立完成讨贼的任务。"

同时要求总督和巡抚为他保障粮饷供给，并请允许他率水师时常在海上操练，不限时日，一旦风利可行，即发兵攻取，攻其无备，出其不意，则可"一鼓荡平台湾"。并表示"如若失败，请治臣之罪"。

康熙感到自己对海战不熟悉，对施琅的意见，没有把握认定，便交给议政王大臣议复。他在听取汇报时，征求武英殿大学士明珠的意见。明珠认为，若以一人领兵进剿，可得行其志，两人同往则未免彼此掣肘，诸多不便，所以不必命姚启圣同往，令施琅一人进军，似乎可行。

明珠是首辅大臣，于是众臣们都表示赞成。康熙认为大臣们的意见很好，就改变了原来合兵进取的决策，决定让施琅独立专任，相机进兵。令总督和巡抚负责办理粮饷，不得有误。

台湾方面，早在康熙二十年，也就是1681年，农历九月，康熙任施琅为福建提督的消息传到台湾后，郑氏集团就紧张起来了。他们知道施琅是个很难对付的水师将领，但此时，他们对清军的作战意图，一时搞不清楚，所以防守的重点放在哪里，一时难以决定。

可巧这时破获了两名要员给姚启圣的一封密信，写有"澎湖无备，可速督兵前来，一鼓可得。若得澎湖，台湾即虚，便将起兵相应"的内容。这样，郑氏集团才确定加强澎湖的防守。郑克塽命刘国轩为正总督，统水陆诸军两万余人、战船二百余艘，自副将以下，许其先斩后奏。又以征北将军曾瑞、定北将军王顺为副，共守澎湖。

康熙二十一年，也就是1672年，农历十月，施琅接到康熙命其专征台湾的命令，那时他会齐各路总兵在海上操练。为混淆郑氏集团的视听，他一直声称要利用北风进攻台湾，到十一月，又称北风太硬，不便进军，令各部仍回原地待命，自己率船队又回厦门。施琅这一招，让在澎湖的刘国轩也搞不清楚是怎么回事，连福建总督姚启圣也弄不清楚施琅的意图。

六月十四日凌晨，施琅率领水师官兵两万余人、各类战船三百余艘从铜山起程。澎湖郑军大将刘国轩对施琅集师于铜山的消息，早已知道，但他认为六月份是台风骤发季节，施琅懂得海上风候，不会冒险进兵的。

十五日晨，刘国轩突然得报，清军战船风帆如叶，直奔澎湖而来，心中惊恐不已，慌忙命令各岛守将，移大炮罗列海岛应战。施琅督师迅速占领了澎湖以南的各主要岛屿。第二天即命令全师出动，向澎湖本岛进攻。因遇逆风，船队被郑军大队战舰包围，施琅乘楼船冲入重围解救，被炮火击伤右目，被迫命各部撤出战斗，初战失利。

二十二日，清军再攻澎湖。此时正逢南风劲吹，波涛汹涌，施琅督战船扬帆而进，占据上风，乘势将郑军分割包围。这场战斗异常激烈，炮火矢石犹如雨点，硝烟蔽日，几尺之外都看不清楚，自早晨七点打到下午四点，终于打退了郑军。

这一仗，共歼灭郑军一万两千人，其中副将、千总以上将领四十七人，游击以下军官三百余人，焚毁战船二百余艘，郑军主力几乎全军覆灭；清军也伤亡数千人，总兵朱天贵阵亡。

刘国轩战败后，率残兵败将退回台湾，澎湖守军随即投降。郑氏集团澎湖失守，台湾失去了屏障，精锐部队也已经所剩无几，眼看台湾朝不保夕，大家六神无主，各怀鬼胎。郑克塽反复考虑：现在民心已散，无人为自己死守；浮海而逃，又没有生路，唯一的亦只有求抚这一招了。

八月十一日，施琅率官兵前往台湾受降，郑克塽率冯锡范、刘国轩列队恭迎，在天妃宫举行受降仪式。十八日，郑克塽等剃发，遥向北京叩头谢恩。郑氏所争“剃发”二字，终于有了结局，台湾从此与大陆统一。

八月十五日，康熙接到施琅的报告，异常兴奋，挥笔写了《中秋日闻海上捷音》一诗：

万里扶桑早挂弓，水犀军指岛门空。
来庭岂为修文德，柔远初非黩武功。
牙帐受降秋色外，羽林奏捷月明中。
海隅久念苍生困，耕凿从今九壤同。

康熙将那天自己穿的衣服脱下来，派人疾驰送给施琅，写诗赞扬施琅智勇双全，建立奇功，安定南海疆，流芳百世。后又授施琅靖海将军，封为靖海侯。

收回台湾后，清廷内部发生了一场对台湾的弃留之争。许多大臣对台湾的历史、地理缺乏认识，竟然认为台湾地域狭小，得到了不会增加领土面积，失去了也不会有太大损失。因此，有人极力主张把人员迁回大陆，放弃海岛。认为台湾是“海外丸泥，不足为中国加广”，只需留澎湖为东南沿海的屏障就行了。

就连原先积极主张收复台湾的大学士李光地，也主张将台湾放弃，他认为台湾远离大陆，朝廷不便管理，还不如让给荷兰人，令他们世代向朝廷纳贡，这是永逸长安之道。众大臣中只有少数人主张守而不弃，其中包括收复台湾的功臣施琅。在台湾弃留之争中，施琅挺身而出，力排众议，坚决反对放弃台湾，并奏请朝廷设官兵镇守。

为此，他还专门给康熙写了《恭陈台湾弃留疏》，反复陈述台湾的战略地位的重要性，指出台湾是关系到江浙、福建等地的要害所在，如果弃而不守，必将酿成大祸。更可贵的是，施琅高瞻远瞩地指出，如果放弃台湾不守，无论是荷兰人还是叛徒，随时可能乘隙而入，而台湾如果再次被外国侵略者所侵占，那时恐怕后悔都来不及了。

康熙的想法和施琅等人一样，主张留守台湾。为了统一大家的思想，就反复征求意见，做说服工作。有一次，康熙问李光地："如果台湾重被外国人占领，将会对大陆的安全造成什么样的威胁？"

李光地说："臣认为，目前没有问题，有皇上之声威，几十年可保无事。"

康熙批评了李光地目光短浅，指出："如此来对待我们中国的边远郡县，要是从长远来看的话，十三省岂能长保为我大清所有？"

康熙又问汉族大学士王熙等人的意见。王熙等人同意施琅的看法，认为台湾有地数千里，民众十万，其地甚为重要。放弃了必为外国人所据，或者会成为犯法作乱之人的匿身之地，故以守之为上策。

康熙听后说："如果迁出那里的百姓，又恐造成人民流离失所，放弃而不设守，那更不是办法。"便又令召开议政王大臣会议。结果这次，大臣们一致主张"请守已得之地，设兵守之为宜"。

康熙见大臣中主张留守台湾的人已居多数，便于康熙二十三年，也就是1684年，农历四月十四日，下令设置台湾新的政权机构，规定台湾府县的官员，由福建总督及巡抚在本省现任官员内挑选。经姚启圣等推荐，康熙批准了汉军镶白旗人蒋毓英为台湾第一任知府。

康熙批准设立台湾府后，又根据施琅的建议，于台湾建立驻兵制度。设台湾总兵一员，水师副将一员，陆师副将两员，兵八千名，分为水陆八营；澎湖设水师副将一员，兵两千名，分为两营。台、澎总计兵力一万名。康熙亲自选定正黄旗参将杨文魁，任台湾第一任总兵官。

清廷在台湾建置政权机构，派驻重兵，增强了边防，促进了台湾经济文化的发展。至此，宝岛台湾终于得以统一于清朝之下，台湾的行政建制与内地完全一致。

安定祖国边疆

噶尔丹军被左路清军阻截在英金河北，又受右路清军自赤峰向西北侧进攻。噶尔丹依山阻水，背水一战，在山林深处结扎营地。到临战时，噶尔丹在山坡上设置了“驼阵”，以骆驼万匹，缚足卧地，又加箱子行李为城垛，盖上湿毡作为壁垒，一圈圈排列得就像栅栏，作为掩体，兵士们可以从栅的间隙处，发射弓箭和枪炮。噶尔丹军凭借驼阵，能攻能守。

正当清军束手无策时，康熙所派的炮兵赶到了，立即投入了战斗。大将军福全命令将各炮列于英金河滩上，齐发猛轰，声震天地。从中午一直打到傍晚，将噶尔丹设置“驼阵”的骆驼大部分击毙。骆驼滚翻仆地，“城栅”断裂。清军趁势冲击……

在蒙古各部推行盟旗制度

康熙执政期间，面临的国际、国内环境都很严峻。一方面，沙俄殖民主义势力不断东侵，严重威胁着我国北部边疆的安宁；另一方面，厄鲁特蒙古的一部噶尔丹又乘机勾结沙俄叛乱，企图称霸全蒙古。在这种形势下，散处于我国北方的蒙古各部就有了特别重要的意义。

为了巩固统一，加强蒙古各部与中央政权的联系，遏制沙俄进一步东侵和噶尔丹的分裂活动，康熙对蒙古各部采取了有效的政治、经济、军事措施，以把蒙古建成戍守祖国的坚强屏障，使之成为较长城更为坚固的防备力量。对于边疆各少数民族，康熙力推“怀柔”政策，他曾经多次表示：

朕思治天下之道，非奉一己之福，合天下之福为福；非私一己之安，遍天下之安为安。

康熙时期，厄鲁特蒙古的一部噶尔丹勾结沙俄，企图称霸全蒙古。而内蒙古东西两部又积怨甚深，内蒙古秩序一旦混乱，必将给噶尔丹进一步入侵提供机会。彻底解决喀尔喀蒙古纠纷问题，稳定其内部秩序就具有特别重要的意义。如何将长期迁徙不定、桀骜不驯的蒙古各部牢牢控制在自己手中，是康熙面临的一大难题。

康熙十九年，也就是1680年，新疆“回部”伊斯兰教内部黑山派和白山派之间闹矛盾。噶尔丹率十二万大军，乘机攻占了“回部”叶尔羌、喀什噶尔等四个主要城市，从而控制了新疆的整个天山南路。进而又攻占了新疆的哈密和吐鲁番，并不断袭扰漠北的喀尔喀蒙古，使清朝的统一和边疆的安全受到了严重的威胁。

面对噶尔丹的严重威胁，康熙并没有立即反击，因为“三藩之乱”还没平息，收复台湾的战争正在准备，尚无力顾及西北这个强大的对手，所以，康熙力图稳定西北部局势。

康熙二十三年，也就是1684年，噶尔丹征服哈萨克等部之后，转旗东向，把打击的矛头指向喀尔喀蒙古。喀尔喀蒙古分为三大部：东是车臣汗部，中是土谢图汗部，西是札萨克图汗部。其地东至额尔古纳河和贝加尔湖，与沙俄接壤；西达阿尔泰山，与厄鲁特蒙古相邻；南至沙漠，与漠南蒙古相连接。

喀尔喀地区安定与否，不仅影响清朝北部边疆的安全，也直接影响黑龙江前线的抗俄斗争，因而清政府十分关注喀尔喀地区的局势，采取一系列措施以消除不稳定因素。首先，禁约喀尔喀蒙古、厄鲁特蒙古与内蒙古相互盗窃马匹牲畜，以免引起纷争。当时，蒙古各部盗窃频发，牧民不能安生。

康熙命大学士与蒙古王贝、勒集体商议驱盗之策。当时好多人认为，可以在内外蒙古接壤的地方重镇屯兵，掘壕障守。康熙认为不妥，他说：“如此非但不能防盗，且会引起猜疑。喀尔喀蒙古向来敬慎职贡本朝，无故增加驻兵，不合情理，故不应隔绝，而应加以恩抚。至于对付盗匪之事，内外蒙古应一体严禁约束，方能服众。”

康熙的防盗措施，重在使彼此消除纷争，无疑会使喀尔喀心服，这对日后讨伐噶尔丹产生了直接的影响。

康熙二十一年，也就是1682年，农历七月，因“三藩”荡平，清政府决定派大臣前往厄鲁特、喀尔喀，宣谕“武功底定”，同时厚加赏赐，期望蒙古诸部能和睦相处，恭奉清中央政府，敬慎职贡。

康熙谕令使臣，在交授教书和赏物时，不必拘于朝廷礼仪，可以随俗用蒙古礼，尊重其习俗，要求使臣慎言慎行。与厄鲁特汗、喀尔喀汗交谈时，勿致失言。

后来，噶尔丹袭杀其岳祖父和硕特鄂齐尔图汗，合并了鄂齐尔图汗部，鄂齐尔图汗子衮布阿喇卜坦、侄济农等逃奔至宁夏、甘州边外。噶尔丹以追索为由，随时可以找到借口而逞兵青海。

妥善处理衮布阿喇卜坦和济农，以杜绝噶尔丹寻衅滋事，对稳定西北局势，颇为关键。为此，康熙虽有意抚恤衮布阿喇卜坦等，但却多次遣人告噶尔丹，衮布阿喇卜坦等如系厄鲁特所属，则应收取，不然清政府将把他们归并一处，安插于可居之地。康熙并让将此决定告知噶尔丹和达赖喇嘛，因噶尔丹每有攻伐，多假达赖为旗号，故康熙必令达赖知晓。康熙深思熟虑，为的是稳定西北局势，不给噶尔丹以借口生事。

康熙步步周密安排，使噶尔丹不能制造借口逞兵于西北。然而，这时喀尔喀蒙古右翼札萨克图汗与左翼土谢图汗却矛盾激化。原来起因是，康熙元年札萨克图汗旺舒克被部属罗卜藏台吉额林因私怨所杀，发生内乱。旺舒克兄绰墨尔根自立为汗，因未请示清廷，部众不服，逃奔土谢图汗者甚众。从此埋下左右两翼长期不和的种子。

康熙九年，也就是1670年，清廷命旺舒克弟成衮袭汗号，收集其部众。成衮向土谢图汗索还部民，屡索不还，于是成衮向达赖喇嘛告状。达赖喇嘛认为，土谢图汗应归还部众，并派人前往两部会盟。土谢图汗却拒不参加会盟。于是，札萨克图汗又多次上疏清廷，请求归还其部民。

至康熙二十三年，也就是1684年，札萨克图汗与土谢图汗关系日渐

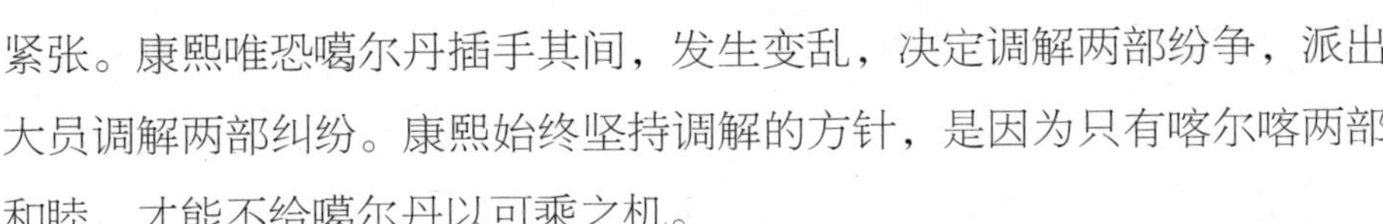

紧张。康熙唯恐噶尔丹插手其间，发生变乱，决定调解两部纷争，派出大员调解两部纠纷。康熙始终坚持调解的方针，是因为只有喀尔喀两部和睦，才能不给噶尔丹以可乘之机。

为了真正加强蒙古各部的团结，康熙决定，从解决喀尔喀蒙古两翼纠纷入手，在漠北蒙古地区进一步推行盟旗制度，以加强中央对漠北地区的管理。推行盟旗制度是加强对蒙古各部的管理，稳定北疆社会秩序的一项重要措施。

盟旗制度的推行，起源于清朝入关前的皇太极时期。皇太极即位后，为了在战略上完成对明朝的包围之势，对于蒙古，或以武力征服，或以联姻劝降。经过他的努力，东到吉林，西到贺兰山，南临长城，北到瀚海的漠南，蒙古各部如科尔沁、翁牛特、郭尔罗斯、杜尔伯特、扎赉特和克什克腾等，先后归降。

为加强对其内部的管理，皇太极便将满洲八旗军政合一、兵民合一的组织形式，推行到漠南蒙古各部。在内蒙古地区分旗设盟，并设理藩院监督管理，这就是盟旗制度。至天聪、崇德年间，清朝政府已在漠南蒙古设置十九旗。每旗从旗下王公贵族中挑选一人，由皇帝任命为札萨克。札萨克是世袭的封建领主，又是清朝的官吏，代表清朝管辖一旗的事务。

为加强对各旗的管理，皇太极还在内蒙古各旗实行会盟制度，在每旗之上设正副盟长各一人。清朝政府通过会盟的形式，检查各旗执行法令等情况，有效地加强了对蒙古各部的管理，将长期迁徙不时、桀骜不驯的蒙古各部牢牢控制在自己手中。

入关之后，清朝政府对此政策相沿不变，继续推行。顺治年间，在内蒙古地区又增编了二十四旗，至此，漠南蒙古已达六盟四十三旗。由于盟旗制度对于加强中央对蒙古地区的管理十分有利，因此，康熙即位后，奉行不渝，在漠南蒙古地区又增编了五旗，并把这一措施推广到漠北喀尔喀蒙古。

喀尔喀蒙古是元太祖成吉思汗十五世孙达延汗幼子格埤埒森札札赍

尔浑台吉的后裔，游牧在东起呼伦贝尔、西至阿尔泰山、南到瀚海、北到贝加尔湖一带的辽阔土地上。后形成土谢图汗、札萨克图汗、车臣汗三大部。皇太极在位时，即对喀尔喀蒙古积极加以笼络。崇德元年，皇太极遣大臣入喀尔喀，劝其归附。崇德三年，喀尔喀三部遣使来朝。

顺治十二年，也就是1655年，清朝政府为了进一步加强对漠北蒙古的管理，在那里仿效满洲制度重设八札萨克，分为左右两翼。车臣汗、土谢图汗及赛因诺颜属左翼，札萨克图汗属右翼。自此，喀尔喀蒙古与清朝的关系更加密切。

康熙二十五年，也就是1686年，康熙命理藩院尚书阿喇尼与达赖喇嘛代表噶尔亶西勒图共赴漠北，准备以会盟方式解决喀尔喀蒙古两翼纠纷问题。

当年八月十六，阿喇尼召集左右两翼札萨克图汗、土谢图汗及济农、台吉等，于库伦伯勒齐尔会盟，宣读皇帝谕旨，令其尽释前嫌，将兄弟人民各归奉札萨克，和谐安居。经过清朝官员的斡旋调停，两翼札萨克图汗、土谢图汗与台吉均表示要遵从皇帝旨意，和睦相处。

此次会盟之后，康熙为更加有效地管理喀尔喀诸部，将原八旗改为十四旗。不料，未过一年，此次会盟即因噶尔丹插手喀尔喀事务而宣告失败。康熙二十六年，也就是1687年，噶尔丹悍然出兵三万占领札萨克图汗部，唆使沙喇进攻土谢图汗。

沙俄也与噶尔丹遥相呼应，从马丁斯克出兵助乱。喀尔喀腹背受敌，处境危险。在此情况之下，一旦内蒙古秩序发生混乱，又会给噶尔丹进一步入侵提供有利时机。康熙因此更加认识到，彻底解决喀尔喀蒙古纠纷问题，稳定其内部秩序，具有特别重要的意义。

康熙二十九年，也就是1690年，清军在乌兰布通大败噶尔丹后，康熙就派人敕谕噶尔丹，重申喀尔喀蒙古与清朝政府的归属关系，同时决定在多伦诺尔再次举行会盟，由漠南、漠北蒙古共同参加，皇帝亲临主持，以进一步团结众蒙古，孤立噶尔丹。

康熙三十年，也就是1691年，四月，会盟正式开始。康熙深知，喀

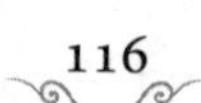

尔喀两翼之间的矛盾关键在于札萨克图汗部贵族与土谢图汗的关系。

土谢图汗拒不归还札萨克图汗部属民，致使两翼之间的矛盾进一步恶化。

但土谢图汗率众抗击沙俄侵略，积极对噶尔丹叛军作战，在喀尔喀蒙古腹背受敌、沙俄欲乘机招降喀尔喀难民时，其部宗教首领哲布尊丹巴又首先率众南迁，归附清朝。相比之下，土谢图汗之功远远大于其过。

因此，康熙决定采取恩威并施的策略。五月初三，康熙召见了蒙古各贵族，并让土谢图汗和哲布尊丹巴将其大过自行陈奏，以化解札萨克图汗部贵族心中的不满。

然后，康熙指出：土谢图汗虽有擅自出兵之过，但其能积极抵御沙俄入侵，哲布尊丹巴又能率众来归，所以我不忍治他的罪，于是命各部贵族对土谢图汗之罪进行商议。各部贵族看到皇帝如此重视，又首先化解了札萨克图汗部贵族的怨气，于是要求赦免土谢图汗。

康熙根据众人的意见，于是令已故札萨克图汗之弟策妄札布袭封汗号，又赦免了土谢图汗。之后，康熙又命理藩院原尚书阿喇尼等往喀尔喀蒙古分编佐领，拨给游牧地带，在原二十二旗基础上，又增编十二旗。至此，喀尔喀蒙古已达三十四旗。

会盟之后，康熙又命阿喇尼等处理善后事务。噶尔丹势力被消灭后，喀尔喀蒙古回到漠北故土。至康熙末年时，喀尔喀蒙古已达六十九旗。

康熙对于蒙古各部推行盟旗，有效地加强了中央对蒙古部落的控制，密切了蒙古贵族和中央政府的关系，稳定了蒙古各部的封建秩序，体现了康熙以“蒙古部落为屏藩”的思想。

采取一系列怀柔政策

康熙继承了父辈的传统，致力于改善蒙古贵族和中央政府的关系，他尊崇黄教，以宗教信仰作为桥梁，维系与蒙古各部的关系。此外还发展创新了满蒙联姻政策、木兰秋狝和巡幸避暑山庄等制度，密切了清王朝与蒙古各部的关系。

在推行盟旗制度以加强对蒙古各部控制的同时，康熙还特别重视以宗教信仰作为纽带，连接和维系与蒙古各部的关系。他继续奉行清初以来各帝尊崇黄教的政策。

西藏的佛教，曾分有噶兴派和格鲁派等派别。明朝初年，格鲁派由西藏地区僧人宗喀巴所创，提倡苦行，严守戒律，服黄衣黄冠，因而人们称之为黄教。

明朝洪武二十五年，也就是1392年，宗喀巴在他的八个子弟中选了二人，一人为第一世达赖，一人为第一世班禅。此后，达赖、班禅都采取“转世”相承，互为师徒。黄教在群众中威信不断提高，赢得明朝政

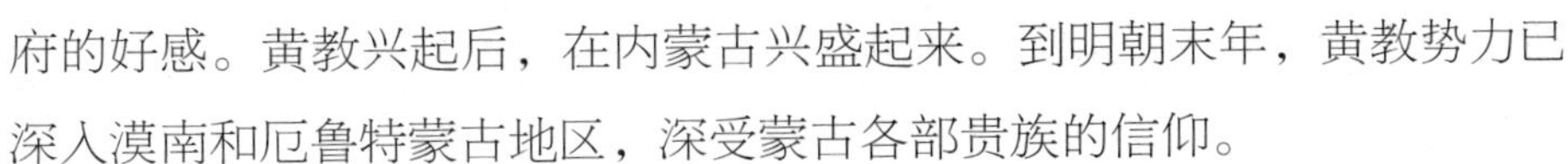

府的好感。黄教兴起后，在内蒙古兴盛起来。到明朝末年，黄教势力已深入漠南和厄鲁特蒙古地区，深受蒙古各部贵族的信仰。

清朝初年，为了联络蒙古各部，皇太极即表示要尊奉达赖，信仰黄教。入关之后，顺治还隆重接待了到北京朝见的五世达赖，予以最高的礼遇，亲自率诸王贝勒大臣出怀远门迎接，并授以金册金印。由朝廷册封达赖喇嘛的制度就是从顺治帝开始的。这些做法奠定了黄教在蒙古和西藏地区的统治地位。

康熙即位后，继承祖辈尊崇达赖喇嘛、抚绥蒙古的既定国策，经常派人去西藏看望达赖和班禅，给他们赠送礼品。康熙为了加强中央政府对蒙古地区控制，继续发展黄教，表示尊重蒙古人民的宗教感情。

同时，鉴于西藏第巴桑结嘉措假借达赖五世名义支持噶尔丹叛乱，扰乱喀尔喀蒙古事务的状况，又积极扶助蒙古地区的黄教首领哲布尊丹巴和章嘉呼图克图，以削弱达赖喇嘛及第巴桑结嘉措对蒙古地区的控制和影响，使蒙古各部紧紧团结于清中央政府的周围。

康熙在分别采取政治和宗教措施以加强中央政权与蒙古各部联系的同时，为了经营和开发北疆，他还十分注意发展生产，繁荣经济，关心蒙古人民生计，以推动蒙古地区的经济发展，增强蒙古各部对中央政府的向心力，这就是康熙所说的："形胜固难凭，在德不在险。"

在康熙怀柔蒙古的各项措施中，特别值得称道的是他所推行的满蒙联姻政策。满蒙通婚，是清朝奉行不替的基本国策，也是清朝政府利用姻亲关系加强对蒙古各部政治控制的一种有力手段。

康熙即位后，为了经营北疆，继续奉行满蒙联姻政策。为此，他先后将两位科尔沁贵族之女纳入宫中为妃，同时，又将自己的四名公主陆续嫁到内蒙古草原。

针对当时喀尔喀各部内附新局面，康熙将联姻扩大到喀尔喀蒙古和厄鲁特蒙古，从而与蒙古各部王公贵族都建立了不同程度的姻亲关系，使蒙古各部进一步成为清王朝"结以亲谊，托诸心腹"的依靠力量。

康熙三十六年，也就是1697年，康熙将皇六女和硕恪靖公主下嫁土谢图汗部札萨克多罗郡王敦多布多尔济，并授其为和硕额驸，后又晋升为和硕亲王。

康熙五十五年，也就是1716年，康熙又将郡主嫁给敦多布多尔济长子根札布多尔济，并授之和硕额驸。此后，康熙又将孙女即和硕怡亲王胤祥之女和硕和惠公主下嫁给土谢图汗察浑多尔济之弟巴图尔珲台吉之孙多尔济色布腾。通过联姻活动，大大加强了朝廷与蒙古各部的联系。

在康熙怀柔蒙古的诸项措施中，木兰秋狝和巡幸避暑山庄也起了重要作用。木兰围场设立于康熙二十一年，也就是1682年，地点在内蒙古昭乌达盟、卓索图盟、锡林郭勒盟与察哈尔蒙古东四旗接壤处，东西相距三百里，南北直径也近三百里，方圆面积达一万余平方公里。

木兰围场位于内蒙古的中心地带，北控蒙古，南拱京师，战略地位非常重要。又是清代前期北京通往内蒙古、喀尔喀蒙古、东北黑龙江以及尼布楚城的重要通道，因此，康熙几乎每年都到这里行围狩猎，利用蒙古各部贵族扈从围猎之际，接见蒙古各部上层人物，密切清王朝与蒙古各部的联系，增进团结，使蒙古王公"畏威怀德"，以达到巩固边防和基业的目的。

避暑山庄的建立与木兰秋狝有直接的关系。避暑山庄不仅仅是康熙在木兰秋狝时所住的行宫，同时又是康熙处理民族事务，加强北部边防的政治中心。康熙除在"围班"当中接见蒙古贵族外，还在行宫接见蒙古各部官员。随着蒙古各部的相继来归，觐见者日益增多，因而康熙每年都要在避暑山庄停留数月甚至半年时间，在口外处理各种民族事务，从而使避暑山庄成为清朝政府的第二个政治中心。避暑山庄的建立，对于康熙怀柔蒙古发挥了重要的作用。

稳定喀尔喀蒙古，解决两翼纠纷，不仅是安抚蒙古所必需，也是制止噶尔丹与沙俄勾结，防止其在北方进一步扩张的一个关键，因为一支稳定团结的蒙古武力本身就是一道有力的屏障。因此，在内忧外患时，康熙决定先从解决喀尔喀蒙古两翼纠纷入手，以加强中央对漠北地区的管理，稳定了内部，才能腾出手来对付外部的挑战。

坚决打击沙俄侵略者

康熙四年，也就是1665年，沙俄侵略军窜犯占领了中国东北部的边城雅克萨，在雅克萨和尼布楚等地建立据点，构筑寨堡，设置工事，不断对黑龙江中下游地区进行骚扰，抢掠中国索伦、赫哲、飞牙喀、奇勒尔等族民众的财产和人口。

中国东北是清朝发祥地。到明崇祯末年，也是后金天聪年间，西起贝加尔湖、北到外兴安岭、南至日本海、东抵鄂霍次克海包括库页岛在内的东北广大地区，都在清统治的势力范围之内，属于中国的版图。

沙皇俄国是个欧洲国家，原来和中国的疆界相距万里。直到明崇祯九年，也就是1636年，俄国人才第一次听说东方有条黑龙江。此后，沙俄政府就不断派遣远征军，对黑龙江地区进行肆意掠夺。

沙俄政府为配合武装入侵活动，不断地派遣外交使节到中国来，以访问为名，收集情报，探听消息，对中国政府进行威胁和讹诈。康熙九年，也就是1670年，沙俄政府派了一个叫米洛瓦洛夫的人来中国，要求康熙向老沙皇称臣纳贡，说这样才能得到俄皇陛下的恩惠和保护。

沙俄使团的这些威胁，没有使康熙屈服。但他们了解到了康熙正在全力以赴平定“三藩之乱”，中国出现了动荡的局势。沙俄军加紧了在黑龙江地区的侵略活动，调拨了大批枪炮、物资到尼布楚和雅克萨，派遣侵略侵军分四路出击，向中国内地蚕食扩张。

已经亲政的康熙帝，为避免南北同时用兵，特派使臣前往尼布楚，向俄国表示抗议，并要求和平解决双方争端。恰好此时，又发生了一个事件，即被朝廷封为四品官的一个佐领索伦人根特木尔叛国投俄，清要求引渡回国。所有这一切要求，都被沙俄一次又一次地无理拒绝。

康熙帝把战略重点放在平叛上，是当时形势使然，但也在力所能及的条件下，逐步加强东北的战备。如征召黑龙江当地各族百姓，把他们编入八旗，称为“新满洲”，其丁壮就成为八旗军队的成员，把他们安置在宁古塔，以增强防御实力。

康熙十五年，也就是1676年，选择战略要地乌拉，倚松花江“建木为城”，迁宁古塔将军的驻地于此，以新旧满洲八旗兵两千人驻守，并徙直隶各省“流人”数千户来这里定居。建城伊始，就设船厂造船，先造出战舰四十余艘及数十艘江船，“日习水战，以备老羌”。

康熙二十年，也就是1682年，农历十二月底，彻底平息吴三桂之乱的捷报传来，举朝欢腾。康熙帝向全国颁布文告，宣布：“今群逆削平，疆圉底定，悉翦历年之蠡贼，永消异日之隐忧。”接着，康熙帝率皇太子及文武诸臣于第二年二月出山海关，亲历东北巡视。

康熙先到盛京，拜祭太祖、太宗陵，再至新宾永陵，祭奠先祖，告以平定叛乱，天下太平之盛事。由永陵直趋吉林乌拉，在江岸遥拜“祖宗发祥重地”长白山。召见宁古塔将军巴海等地方将吏，询问地方民情、庶政、军事，逐一发出指示，当即处理。他登船泛松花江上，与当地军民同乐。

康熙帝的东北之行，史称“东巡”。这次是第二次，不仅到了盛京、新宾，还远行至乌拉。此行之目的，正如他所说：“周行边境，亲加抚绥，兼以畋猎讲武。”皇帝离京远行巡视，只有在天下太平、统治稳固的情况才能进行。

显然，康熙帝已充分估计到平息“三藩之乱”，清朝的统治空前巩固，他可以放心地到他所想要去的地方。可以认为，此行是天下安定的重要象征，但也与准备反击沙俄入侵者密切相关。他在一首《松花江放船歌》中有一句：“朕来问俗非观兵。”

实际上，他在乌拉召见当地及宁古塔军事将领，商议边防，观看松花江上水师演习，率皇太子诸贝勒文武大臣及八旗军队畋猎，都是他“讲武”“备战”的一系列举措。此次巡视之后，马上进入实施反击阶段，就证明此行意在了解东北边防状况，用今天的话说，就是搞调查研究，为筹划和制定反击沙俄的战略做准备。此行，标志着清朝已将战略中心转向东北。

康熙帝结束东北之行，返回北京。至八月，他亲自决策，选派副都统郎谈、正红旗蒙古副都统彭春等率兵前往打虎儿、索伦部居住地，以“捕鹿”为名，侦察沙俄侵略军动向。行前，康熙帝发出了如下指示：

> 罗刹犯我黑龙江一带，侵扰虞人，戕害居民。昔发兵进讨，未获剪除，历年已久。近闻蔓延益甚，过牛满、恒滚诸处，至赫哲、飞牙喀虞人住所，杀掠不已。尔等此行，除自京遣往参领、侍卫、护军外，令毕力克图等五台吉，率科尔沁兵百人；宁古塔副都统萨布素等率乌拉、宁古塔兵八十人，至打虎儿、索伦，一面遣人赴尼布潮（楚），谕以捕鹿之故；一面详视陆路近远，沿黑龙江行围，径薄雅克萨城下，勘其居址形势，度罗刹断不敢出战。若以食物来馈，其受而量答之；万一出战，姑勿交锋，但率众引还，朕别有区画……

康熙帝还特别嘱咐：等你们返回时，要详细计量自黑龙江至额苏里，舟行水路，及额苏里直通宁古塔之路，选择随行的参领、侍卫，同萨布素一起前往探查。

同年十二月，郎谈一行，冒着严寒，从遥远的黑龙江返回北京，立即向康熙帝报告："攻取罗刹甚易，发兵三千足矣。"康熙帝点点头，表示同意他们的看法。为慎重起见，康熙帝还不想马上发起进攻，他还要做进一步的准备。

他向议政王大臣会议作出新的部署：调乌拉、宁古塔兵一千五百人，并制造舰船、发红衣大炮及鸟枪，连同演习之人，一起到黑龙江、呼玛尔二处，建立木城，与沙俄入侵者"对垒"；由科尔沁等十旗及锡伯、乌拉官庄供应军粮，约需一万两千石，可够三年之用。

待八旗兵至，即行耕种，不致匮乏。自黑龙江城至索伦村屯，有五日的路程，中间可设一驿站，八旗兵至精奇里江时，令索伦接济牛羊。此项使命，由宁古塔将军巴海与副都统萨布素统兵驻扎在黑龙江、呼玛尔两城，负责一切。

后以巴海不便，命留守乌拉，改派副都统瓦祜礼同萨布素前往；又发现黑龙江城与呼玛尔之间，有额苏里地方，可以藏船，原有人耕种此地，令八旗将士在此处建木城驻扎。

康熙二十二年，也就是1683年，农历九月，康熙帝决策，命八旗将士"永戍额苏里"，应派乌拉、宁古塔兵五百至六百人、打虎儿兵四百至五百人于来年秋携家属同住，设将军、副都统、协领、参领等官镇守。

几经讨论，康熙帝和他的谋略大臣们终于确立了"永戍"黑龙江的战略思想，意义重大，影响深远。康熙帝针对沙俄占地筑城也择机要之地筑城，派军驻扎，设官治理，永远镇守，是对黑龙江建制的创举。

不久，正式设黑龙江将军衙门。在边境地带建城驻军，为边防所必需，也真正体现国家行政管辖的有效性。有土无人，就不能有效地控制和保卫边疆不受任何外来力量的侵犯。所以，以家属随军的办法，将军队的家口迁来居住，就是"永戍"之意。否则，如康熙帝所料，即使克取雅克萨城，"我进则彼退，我退则彼进，用兵无已，边民不安"。

康熙帝决策“永戍黑龙江”，是极富远见的创举。到康熙二十二年十一月，备战还在继续进行中，主要是增造船只，由原先五十只，再增造三十只，运足两年用的粮食，共需水手一千二百人，除原发水手一百五十人，再派乌拉八旗猎户六百九十人、宁古塔兵三百六十人，一并发往黑龙江城。

其他的准备，还包括驿站之设、建仓储粮、筹措经费等等，也都按康熙帝的指令逐一落实。在紧张繁忙的准备中又过去了一年，迎来了新的一年，那就是康熙二十四年，也就是1685年。新年伊始，康熙帝和他的重臣讨论进兵雅克萨。

经议，定于四月末水陆并进，力争招抚，争取其投降。否则，即以武力攻取，倘万难克取，即遵前旨毁俄人所种田禾，然后回师。为保证此次军事行动的胜利，康熙帝决定，选取投诚的福建藤牌兵五百人，后来改为四百人前往助战，从京城拨给马两千匹，盛京再给马两千匹。

康熙帝重新任命都统彭春统兵，副都统班达尔沙与护军统领佟宝为参赞；命户部侍郎萨海，仍负责屯田种地，以保证军饷不误时，就地取粮。四月二十八日，清军已陆续赶到黑龙江城集结，总计三千人左右。

兵力不算多，但却来自全国各地，包括北京、盛京、乌拉、宁古塔的满洲八旗兵，山东、河南及山西等地的汉军，以及黑龙江本地的索伦兵等，组成了一支精锐部队，在都统彭春的统率下，离开集结地，水陆并进，直趋雅克萨。

五月二十二日，清军已抵雅克萨城下。按照康熙帝的多次指示，彭春等先向城内的俄军发出了“招抚”的最后通牒：必须放弃抵抗，向清军投降，撤回到雅库次克地方，放还我方的逃人，我方亦将你们全部遣归；若执迷不悟，必将雅克萨毁尽杀绝。

城中沙俄侵略军约千人，“恃巢穴坚固，不肯迁归”，企图负隅顽抗。于是，第二天，清军分水陆兵为两路列营，将城包围起来。二十四日夜，将“神威将军”大炮等火器排列于阵前，至次日黎明，彭春下令攻城，水陆并进，用大炮猛轰，火器齐发，击中城内目标，浓烟滚滚，俄军死伤惨重，所建粮仓、教堂、钟楼等建筑都被轰塌。

清军的猛烈攻势，很快摧毁了俄军的抵抗能力。只几天的连续攻击，便迫使俄军头目托尔布津率残部投降，交还被其掠做人质的索伦、巴尔虎人一百六十余名。彭春代表朝廷，给予宽大处理，释放投降的俄军回国。

经过长时间准备，而一朝进兵，旗开得胜，一举奏凯。这是自顺治初年反击沙俄入侵以来，取得的最重大的胜利。捷报传到北京，康熙帝不胜欣慰，就此次战胜，他作了带有总结性的讲话：

> 今征罗刹之役，似非甚要，而所关最钜。罗刹扰我黑龙江、松花江一带三十余年。其所窃据，距我朝发祥之地甚近，不速加翦除，恐边徼之民，不获宁息。朕亲政之后，即留意于此，细访其土地形胜、道路远近及人物性情……不徇众见，决意命将出师，深入挞伐……

康熙帝还总结历次进剿失利的原因，指出：当年明安达礼轻进，至"粮饷不继"；将军沙尔虎达、巴海等"失计，半途而归"，遂致"罗刹骄恣"，以致蔓延到今天，唯有细心筹划周详，才是胜利的保证。

战后，彭春率师焚毁雅克萨城，便很快返回黑龙江城。康熙帝及时发出谕旨：以进征官兵劳苦，暂回吉林乌拉。至于"雅克萨虽已克取，防御决不可疏，应于何地永驻官兵弹压，此时即当定议"。

九月二十七日，议政王大臣根据上述康熙帝谕旨，将议定的几件事请示批准：据查，墨尔根地方最为紧要，应筑城驻兵，令黑龙江将军及副都统一员驻扎于此；黑龙江城设副都统一员，须驻防五百兵，以乌拉、宁古塔兵充实部分兵力，还有先前发来这两个地方的流徙罪人，让他们披甲为兵，也包括在五百人之内。

既设兵于墨尔根，就须增设驿站，开阔驿道，可令户部、兵部、理藩院各遣官一员，自吉林乌拉—墨尔根—黑龙江城，宜增设几个驿站，

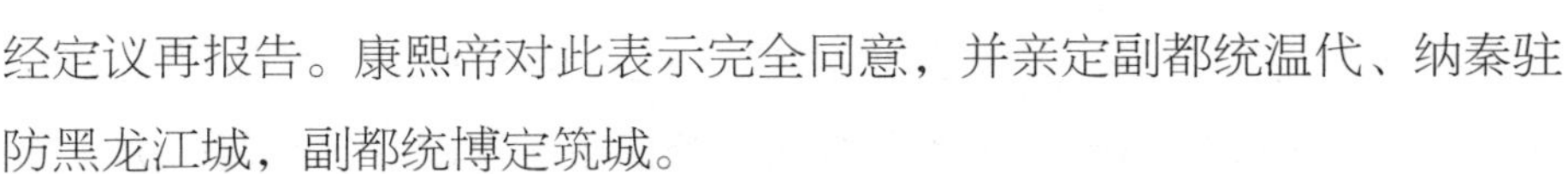

经定议再报告。康熙帝对此表示完全同意，并亲定副都统温代、纳秦驻防黑龙江城，副都统博定筑城。

战后的处置，康熙帝和他的重臣们的考虑和安排，不能说不周详。但是，他们犯了一个战略性的错误，这就是放弃雅克萨，没有驻一兵一卒，没有派官驻守，而是把军队撤到黑龙江中游的黑龙江城及更远的墨尔根，把雅克萨所在的黑龙江上游广大地区作为“弃地”而抛却。

还在准备发起反击战之前，康熙帝就正确地指出：“我进彼退，我退彼进。”为防止沙俄卷土重来，康熙帝作出决定：待雅克萨攻取后，要“设斥堠”于此。

然而，从前线将领到议政王大臣都没有执行康熙帝的决定，连康熙帝本人也没有坚持原先的主张，被胜利冲昏了头脑，麻痹大意，从雅克萨完全撤退，又给沙俄以可乘之机，再度返回雅克萨，迫使康熙帝再度兴师。

康熙二十四年，也就是1685年，八月，沙俄侵略者迅速返回雅克萨，先后两批，计五百余名侵略军前来据守。其头目除一个叫拜顿的，另一个就是被清军释放的托尔布津，沙俄任命他为“雅克萨督军”，他把自己的许诺和保证忘得一干二净，不惜重蹈覆辙。

俄军吸取不久前的失败教训，在故址上重建城堡，四周环以土墙，高达三俄丈，四面筑有四棱突出的炮垒，配置火器；墙外挖掘环城的壕沟。该城三面是陆地，一面依江，在江中至江岸，专设一道拦江木栅，以防清军水师靠近城垣。

俄军还调来大批粮食、弹药火器及其他战略物资。清军撤走时，并没有毁坏庄稼，急忙退兵后，就没有人再想收割这些庄稼了。而俄军来时，庄稼已成熟，都被他们收割去了，做了储备粮。

康熙二十五年，也就是1686，正月，萨布素派一支轻骑兵巡逻队前往雅克萨方面巡逻，途中遇到一名奇勒尔人，他把沙俄重占雅克萨的消息报告给了巡逻队。领兵的骁骑校硕格色闻讯大惊，星夜急驰墨尔根，黑龙江将军萨布素对此消息感到震惊，事不宜迟，急草就奏章，以加急的形式，指令驿站快速传递至北京。

康熙帝得报，毫不犹豫地作出决定：萨布素所奏，乃传闻之言，并非亲见，须探侦确实，再考虑用兵。等侦察到实况，已经是二月，于是，康熙帝始下决心发兵，说，今“罗刹”复回雅克萨筑城盘踞，如不尽速剿扑，势必积粮坚守，图之不易。

他命令萨布素暂停向黑龙江迁移家属，如前所请，速修舰船，统领乌拉、宁古塔官兵，驰赴黑龙江城，到达时，可留盛京官兵镇守，只率两千人马攻取雅克萨。另选现编入汉军内的福建藤牌兵四百人，令建义侯林兴珠率往，又派郎谈、班达尔沙、马喇前去参赞军务。

萨布素奉命，经紧急准备，于五月初，率军从黑龙江城出发，至月底，进逼雅克萨城下。六月四日，萨布素指挥清军攻城。俄军头领托尔布津为争取主动，率军出城迎战，被清军击败，退回城中，清军直逼城下，迅速占据城外有利地形，将俄军置于清军的炮火之下。

经数日激战，俄军已损失一百一十多人，托尔布津被炮火击成重伤，这个顽固的殖民主义分子终致毙命。俄军已完全丧失反击的能力，龟缩在城里，外援已绝，坐以待毙。清军于城周三面掘壕，临江一面驻扎水师，实行围困之策，断其粮饷来源，逼其投降。

随着冬季的来临，饥饿和疾病在城中蔓延，到年底，沙俄只剩下一百五十余人。到十二月，眼看俄军支持不下去，城将被攻破，突然，萨布素接到朝廷关于停止攻城、解除围困的命令。

原来，沙俄明白用武力侵占黑龙江已成泡影，为摆脱厄运，被迫接受清朝多次的和平倡议，特派使臣前往北京，一扫往日的傲慢，请求解除对雅克萨的围困；同时，表示愿和好，并期待两国举行边界谈判。

康熙二十八年，也就是1689年，农历八月二十二日，中俄谈判代表团第一次会议正式开始。中方代表有索额图、佟国纲、萨布素等，俄方代表是戈洛文、符拉索夫和科尔尼茨基。会议一开始，戈洛文首先发言，他把中俄战争的起因归罪于中方。

中方首席代表索额图当场予以驳斥。他以无可辩驳的事实，阐明了中俄战争完全是由俄国的侵略挑起的，中国政府只是在忍无可忍的情势下，被逼自卫的严正立场。在铁的事实面前，戈洛文无言以对。

戈洛文一再固执争辩尼布楚、雅克萨乃是沙俄先去开拓居住之地，一口咬定黑龙江流域自古以来即为沙皇所领有，据此，他要求两国以黑龙江至海为界，妄图在谈判桌上取得俄方未能用战争得到的黑龙江以北的广大领土。这一蛮横无理的要求，理所当然地遭到中方代表的断然拒绝。由于俄方的狂妄要求，第一次会议没有取得任何成果。八月二十三日，双方代表进行第二次会议，继续讨论中俄边界问题。康熙这此之前，向索额图交代了自己的底线：在石勒格河北岸以尼布楚为界，石勒格河南岸以音果达河为界。

开始戈洛文仍然坚持以黑龙江为界，索额图等表示坚决反对。戈洛文见第一个方案不能实现，抛出俄方第二个方案，提出以牛满河或精奇里江为界，想“让”出曾被俄方侵占而已为清军收复的精奇里江以东地区，而把精奇里江以西包括雅克萨在内的广大中国领土划归俄国。

中方当然不能同意。但是索额图误认为俄方已经让步，自己又急于同俄方签订和谈协议，不留任何余地，竟把康熙指令的最后以尼布楚和音果达河为分界线的方案一下子摊了出来。

根据这一方案，就将贝加尔湖以东至尼布楚一带原属中国的大片领土让给俄国。然而戈洛文仍然继续耍弄手腕，力求尽多地保持被其强占的中国领土，拒绝了中方代表的划界方案。会议因此而中断，谈判再次陷入僵局。于是，双方关系立时紧张起来。

二十四日，驻尼布楚俄军进一步加强战备，在城周增派了300名火炮兵。索额图等也相应地采取措施，准备包围尼布楚。但是双方使臣还是希望能在本国政府既定方针下取得和谈协议。几经交涉，俄方固执己见，妄图使其侵占中国的领土合法化。

但由于中方坚持斗争，军事上又做了充分准备，并且一再让步，俄方理亏力穷。权衡利害，戈洛文决定撤出雅克萨，并派人给中方送来一份书面条约草案。之后，中俄双方经过反复磋商，至九月七日，终于正式签订了《中俄尼布楚条约》：

①从黑龙江支流格尔必齐河到外兴安岭直到海，岭南属于

中国，岭北属于俄罗斯。西以额尔古纳河为界，南属中国，北属俄国，额尔古纳河南岸之黑里勒克河口诸房舍，应悉迁移于北岸。

②雅克萨地方属于中国，拆毁雅克萨城，俄人迁回俄境。两国猎户人等不得擅自越境，否则捕拿问罪。十数人以上集体越境须报闻两国皇帝，依罪处以死刑。

③此约订定以前所有一切事情，永作罢论。自两国永好已定之日起，事后有逃亡者，各不收纳，并应械系遣还。

④双方在对方国家的侨民“悉听如旧”。

⑤两国人带有往来文票（护照）的，允许其边境贸易。

⑥和好已定，两国永敦睦谊，自来边境一切争执永予废除，倘各严守约章，争端无自而起。

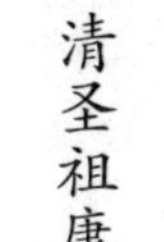

康熙二十八年七月二十四日

这是中俄两国之间签订的第一个边界条约，也是清代签订的第六个平等条约。康熙当时划定的这个中国的版图，和《中俄尼布楚条约》的规定，基本奠定了中国北部版图的基础。

这个条约虽然让清政府在领土方面作了很大的让步，但也收复了雅克萨等长期被沙俄霸占的领土，制止了沙俄对黑龙江地区的进一步侵略，结束了战争，使东北边境得以安定，并以法律的形式明确了中俄东段的边界。同时，条约打破了沙俄同准噶尔部噶尔丹之间的联盟，这样康熙就可集中精力，平定厄鲁特蒙古准噶尔部首领噶尔丹的叛乱。对此，《海国图志》的作者魏源评论说：

其时喀尔喀准噶尔未臣服，皆与俄罗斯接壤，苟狼狈犄角，且将合纵以挠我兵力，自俄罗斯盟定，而准夷火器无所借，败遁无所投。

第一次亲征噶尔丹

康熙即位前后，游牧于我国西北地区巴尔喀什湖以东、以南地区的准噶尔部日益强大。康熙九年，也就是1670年，准噶尔部内讧，首领僧格被杀。僧格之同母弟噶尔丹在西藏当喇嘛，闻讯赶回，声称奉达赖喇嘛之命，为兄报仇。他驱逐了僧格的敌人车臣台吉，杀掉僧格的儿子索诺木阿拉布坦，囚禁自己的叔父楚虎尔乌巴什，夺得该部领导权。

康熙十六年，也就是1677年，噶尔丹出兵攻灭已移居青海的和硕特部，杀其首领——自己的岳祖父鄂齐尔图车臣汗。和硕特部原为厄鲁特蒙古四部之首，噶尔丹灭和硕特之后，“自称博硕克图汗，因胁诸卫拉特奉其令”。

康熙十七年，也就是1678年，噶尔丹乘“回部”伊斯兰教内部教派之争，攻取天山南路叶尔羌等“回部”等地，西侵哈萨克、布鲁特等地，“尽执元裔诸汗，迁居天山以北。回部及哈萨克皆为其属”。噶尔丹还侵占哈密和吐鲁番，控制河西走廊西部，并不断干涉漠北喀尔喀蒙古事务，严重危害着清朝的统一和边疆的安宁。

康熙对准噶尔内部事务不加干涉，批准噶尔丹的申请，允许他如其兄僧格旧例，“照常遣使进贡”。这实际上是承认了噶尔丹在准噶尔部的领导地位。但康熙极力反对噶尔丹对别部的吞并或攻略，主张各部之间和睦相处，避免兵戎相见；若发生矛盾应向上禀报，由朝廷“遣使评其曲直，以免生民于涂炭”。

噶尔丹灭和硕特部之后向清廷进献缴获的弓矢等物时，康熙拒绝收纳，传谕噶尔丹派来的贡使，说明收纳此类进献物“朕心不忍”，以此表示对噶尔丹武力吞并别部的既成事实不予承认。向来是准噶尔历世相承，虔修贡职，故其所遣之使人数不限，一概俱准放入边关。

但康熙发现噶尔丹贡使人数越来越多，或千余人，或数千人连绵不绝，沿途肆行抢掠平民财物、牲畜，践踏田禾，故于康熙二十二年，也就是1683年，农历九月十五日敕谕噶尔丹：嗣后噶尔丹派遣的贡使，“有印验者，限二百名以内准入边关，其余俱令在张家口、归化城等处贸易”。

为表示清廷对少数民族各部同等看待，敕谕中还提到：“其向来不用尔处印验，另行纳贡之厄鲁特噶尔马载青、和硕齐和硕特之博洛库济台吉、杜尔伯特之阿尔达尔台吉、图尔古特之阿玉奇台吉等，所遣贡使放入边关者，亦不许过二百人。”

同时命令噶尔丹：“嗣后遣使必选贤能头目，严行约束，若仍前沿途抢掠，殃民作乱，即以本朝律例，伤人者，以伤人之罪罪之，盗窃人财物者，以盗劫之罪罪之。特此先行晓谕，尔其知之。”贡使人数多少，对于少数民族头人来说，不仅关系经济利益，也是政治地位的象征，限制其贡使人数，意味着限制其政治上的自我膨胀。

西北受噶尔丹压迫的各部拥护清廷，因此不满噶尔丹。鄂齐尔图汗之孙罗卜臧滚布阿拉卜坦、侄巴图尔额尔克济农、噶尔丹之叔楚虎尔吴巴什之孙憨都台吉等，相继逃来，沿边地驻牧。虽然他们也有抢劫行为，但确实与贫困不堪有关。

康熙十分同情这些逃来者，但并不贸然收留，而是一再派人通知噶尔丹：如厄尔德尼和硕齐、巴图尔额尔克济农等，系尔属下人，当限日收捕，照例治罪，并送还所掠人畜；若非尔属下人，或不能收捕，朝廷“当另行裁度”。并与之约定以“丑年四月”为期，过期由清廷任意处理。

康熙的这种态度，对逃来各部近似冷酷无情，其实不然。噶尔丹以武力侵吞西北、北方广大地区后，遭到激烈反抗，内部矛盾重重，根本无力控制局面，并且逃来各部又有人与喀尔喀土谢图汗结成姻亲，“互相掎角”，所以噶尔丹“断不能收取巴图尔额尔克济农”。

唐熙深知此情，为了不给噶尔丹以口实，而让噶尔丹自行收取。届期噶尔丹无奈，只得公开承认自己无能为力，听凭朝廷处置。这正是康熙在处理民族关系中比之前历朝皇帝周密、高明之处。

“丑年四月”刚过，康熙立即于五月向大学士提出，巴图尔额尔克济农及罗卜臧滚布阿拉卜坦“违离彼土，向化而来，宜加爱养”，使之集居一处，“赐之封号，给以金印册，用昭示朕继绝举废之至意”。次年春，巴图尔额尔克济农入京谢恩，康熙与之亲切交谈，回顾太宗、世祖在世时，巴图尔额尔克济农之祖顾实汗及其叔鄂齐尔图汗累世输贡，双方关系融洽的情景。

他还告诉巴图尔额尔克济农，噶尔丹献俘，朝廷“却其所献俘获”，以示反对噶尔丹侵吞他部的行为。最后劝说顾实汗的后代加强团结合作，“相与辑睦，善自安业”“寻遣归。赐牧阿拉善地”。

九月，清廷为巴图尔额尔克济农等划定牧地，其范围大致东起贺兰山，西至额济纳河，南至凉州、甘州二府边外，北逾戈壁，接喀尔喀蒙古扎萨克图汗部界。康熙命令鄂齐尔图汗嫡孙罗卜臧滚布阿拉卜坦、噶尔亶多尔济，与巴图尔喀尔克济农等在此牧地一同游牧，以便使其成为一支维护边防安宁、抵御噶尔丹的重要力量。

噶尔丹野心勃勃地要称霸北方，企图利用漠北喀尔喀蒙古内部矛盾推波助澜，侵占其地。喀尔喀蒙古是元太祖成吉思汗十五世孙达延汗最小的儿子格埒森扎·扎赍尔珲台吉的后裔。达延汗死后，诸子大都迁入内蒙古。

按蒙古传统习惯，格埒森扎·扎赍尔珲台吉留居故地，“号所部曰喀尔喀，析众万余为七旗，授子七人领之”。后形成土谢图汗、札萨克图汗、车臣汗三大部，并从清崇德三年也就是1638年起，每年向清朝进“白驼一，白马八，谓之九白之贡”，正式确定臣属关系。另有喀尔喀赛因诺颜部于同年“遣使通贡”，顺治十五年，亦“岁贡九白，如三汗例”。

顺治十二年，也就是1655年，喀尔喀蒙古三汗及赛因诺颜部首领各奄表遣子弟来朝，清廷在其地设八札萨克，分左右翼。土谢图汗部、车臣汗部、赛因诺颜部属左翼，札萨克图汗部属右翼。康熙元年，也就是1662年，右翼札萨克图汗与本部罗卜臧台吉额琳沁自相仇杀，战败身亡，部属大多投向左翼土谢图汗。

至此以后，左右两翼因属民问题长期不和。噶尔丹阴谋招降其右翼，消灭他的左翼，以达到自己的目的。战争迫在眉睫。康熙为避免喀尔喀蒙古分裂和自杀残杀，曾多方调解，最后建议双方会盟。康熙二十五年，也就是1686年，派理藩院尚书阿喇尼等，并邀达赖喇嘛使臣噶尔亶西勒图，于闰四月至喀尔喀。

同年八月十六日，阿喇尼召集喀尔喀蒙古互相对立的左、右两翼的汗、济农、台吉等，于库伦的伯勒奇尔会盟，当场宣示康熙帝谕旨：“尔等以兄弟之亲互相吞并，异日必致交恶生乱，朕心恻焉。……尔汗、济农、台吉等，当仰体朕意及达赖喇嘛之心，尽释前怨，将兄弟人民各归本札萨克，令其和协，照旧安居。”

两翼汗及台吉等一致表示遵从指令，并同在达赖喇嘛使者噶尔亶西勒图及喀尔喀宗教领袖哲布尊丹巴胡土克图面前庄严、隆重立下誓言。阿喇尼等又令两翼将互相侵占的台吉人民各归本主；一切应结事件，审拟完结；济农、台吉等亦立誓，今后永远和谐。在这次会盟中将原设八旗析为十四旗。

噶尔丹千方百计破坏会盟。他借口哲布尊丹巴与达赖喇嘛使者西勒图并坐，是所谓“土谢图汗违达赖喇嘛之教，不尊礼西勒图”，声称欲“告之以理法”。

康熙二十六年，也就是1687年，农历九月，噶尔丹率兵三万占领了喀尔喀蒙古札萨克图汗部，教札萨克图汗进攻左翼土谢图汗；同时令其弟多尔济扎卜领兵掠夺右翼班第戴青台吉卜图克森、巴尔丹等的人畜。土谢图汗未禀报朝廷，竟贸然出兵杀死札萨克图汗沙喇、台吉得克得黑墨尔根阿海和噶尔丹之弟多尔济扎卜。

噶尔丹以此为口实，于康熙二十七年，也就是1688年，农历六月，大举入侵喀尔喀，在特木尔地方大败土谢图汗次子噶尔旦台吉，之后长驱直入库伦。噶尔丹发动兼并喀尔喀蒙古的战争，是与沙俄侵略势力相互呼应、相互影响而进行的。

沙俄在17世纪60年代占领了我国喀尔喀蒙古地区贝加尔湖至石勒喀河的大片领土，触角伸入喀尔喀腹地。沙俄企图拉拢漠北、漠西蒙古王公和执政者，变成俄国的臣民，把其属下的居民变成向俄国提供实物税的属民，把他们居住的地区变成俄国的领土。

沙皇俄国妄图利用噶尔丹分裂势力作为肢解、侵略我蒙古地区的工具；噶尔丹为了称霸，不惜联络沙俄，引狼入室。从17世纪70年代起，噶尔丹几乎每年都遣使赴俄。当噶尔丹以武力侵掠喀尔喀蒙古时，沙俄侵略军也从乌丁斯克出动。噶尔丹侵入克鲁伦河地区，拟顺河而下，直抵科尔沁时，扬言待俄罗斯炮手、鸟枪六万人到达即出动。

喀尔喀蒙古受到噶尔丹与沙俄侵略军的夹击，处境十分不利。当时土谢图汗正率主力部队在北方楚库柏兴与俄军作战。留在后方的济农、台吉和广大牧民无法应付噶尔丹的突然袭击，顿时大乱。俄方曾欲乘机收降喀尔喀难民。

哲布尊丹巴胡士克图对济农、台吉等说：“俄罗斯素不奉佛，俗尚不同我辈，异言异服，殊非久安之计。莫若全部内徙，投诚大皇帝，可邀万年之福。”这一主张得到济农、台吉和广大牧民的拥护，于是纷纷南徙，投向清朝。

噶尔丹见哲布尊丹巴等想投清，便于同年七月上疏，要求清廷对哲布尊丹巴等“或拒而不纳，或擒以付之”。他拒绝康熙的调停建议，声称“尽力征讨五六年，必灭喀尔喀，必擒哲布尊丹巴”。当时，清廷一度处在左右为难的境地。

康熙后来回顾说：“其时若不允其内附，恩养得所，必皆沦入于厄鲁特”，无异于纵容噶尔丹的侵掠暴行，而且助长噶尔丹势力扩张；“允其内附而恩养之，噶尔丹必假此衅端与我朝构难”。可是，康熙“经熟筹”，断然冒着与噶尔丹开战的风险，决定接纳受侵害来归的哲布尊丹巴等喀尔喀人。

八月，土谢图汗在鄂罗会诺尔与噶尔丹进行最后决战，失败后，越瀚海，与哲布尊丹巴会合。九月八日，土谢图汗与哲布尊丹巴分别率领属下的台吉、子弟等入汛界，请求清廷保护。

康熙立即批准他们的申请，派理藩院尚书阿喇尼前往汛界，宣读谕旨，进行安置，以米粮赈济不能度日之人。此后又有车臣汗及札萨克图汗所属陆续来归，清廷一律优纳。康熙令将喀尔喀部众分别安置在苏尼特、乌珠穆沁、乌拉特诸部牧地内游牧。

康熙二十八年，也就是1689年，农历四月，康熙给噶尔丹敕谕说明收纳喀尔喀人的道理：

> 今喀尔喀为尔所败，其汗、济农、台吉等，率举国之人前来归朕……朕统御天下，来归之人，若不收抚，谁抚之乎？故受而安插于汛界之外，其穷困人民，赈以米粮，而严责其兴戎之罪，复其汗、济农、台吉之号。以车臣汗之子，仍袭为汗。朕兴灭继绝之念非特于喀尔喀而已也。诸国有穷迫来归者，朕皆一体抚养。……战争非美事，辗转报复将无已时，仇乱愈多亦不能保其常胜。是以朕欲尔等解释前仇，互市交易，安居辑睦，永息战争。

达赖喇嘛偏袒噶尔丹，劝康熙交出土谢图汗和哲布尊丹巴。康熙气愤地回复他："若等如往归尔喇嘛，想喇嘛亦必如是以养之也。""倘噶尔丹不得已而来归朕，朕亦当爱养之，使得其所，有执之以畀其仇者乎？"表示他收纳喀尔喀的目的在于平息各部争端，维护边疆和平与安宁。

噶尔丹一再向清廷索要哲布尊丹巴和土谢图汗，均遭坚决拒绝。康熙二十九年，也就是1690年，农历五月，噶尔丹开始了新的挑衅活动。他以攻伐仇人喀尔喀为名，率军两万余人，循索约尔济河南下，进入内蒙古乌珠穆沁境内，"褫守汛界者衣服，出言不逊"。

六月十四日，进至乌尔会河东乌兰之地，对乌珠穆沁部额尔德尼贝勒博木布的属民、牲畜和财物，肆行杀戮、抢掠，受害者"遍及四佐领之人"。

康熙早已部署理藩院尚书阿喇尼、兵部尚书纪尔他布领六千余各部蒙古兵驻守洮儿河上游，跟踪其后，侦察、奏报，待镶蓝旗满洲都统额赫纳兵、科尔沁达尔汉亲王班第兵、盛京乌拉满洲兵到达，再"同时击之"。可是，阿喇尼被噶尔丹掳掠行为激怒，竟违令轻战，于六月二十一日偷袭噶尔丹兵营于乌尔会河地方，结果失利，退驻鄂尔折伊图，"以俟诸军"。

初战失利，使康熙帝大为恼火，这不仅挫伤了清军的锐气，助长了噶尔丹的气焰，还使康熙帝担心因此打草惊蛇，使噶尔丹感到清政府准备大张挞伐，便就势溜之乎也。因此，康熙帝一面严厉责斥阿喇尼、纪尔他布"违命轻战"；一面派人给噶尔丹送信，告诉他开战非朝廷本意，可到乌兰布通等候派人协商交出土谢图汗和哲布尊丹巴。事情紧急，康熙帝立即开始部署大军围歼噶尔丹，准备在乌兰布通一战解决问题。

七月二日，康熙帝任命自己的哥哥裕亲王福全为抚远大将军，皇长子胤禔为副，领左翼大军出古北口；命弟弟恭亲王常宁为安北大将军，以简亲王雅布、信郡王鄂扎为副，领右翼大军出喜峰口。随军参赞军务的还有康熙帝的舅舅佟国纲、佟国维，内大臣索额图、明珠等。

七月四日，常宁部出发。

七月六日，左翼军起程北上，兵锋直指乌兰布通。

二十三日，福全与四月既已出师漠北，转战回师的内大臣马思哈部会师。同一天，常宁军亦赶到，合军。

二十四五日，又与回撤的阿喇尼部会合。当清军在乌兰布通峰以南的吐力梗河集结时，又会集部分内蒙古骑兵，总兵力已达十万之众。而噶尔丹军虚张声势，声称兵力四万，但是实际只有两万。

七月十四日，康熙帝全副戎装，亲率大队侍卫离京北上，奔赴前线。他要亲自指挥这场大战。尽管哥哥、弟弟、舅舅均为父子之兵，但他深知噶尔丹是身经百战的枭雄，厄鲁特兵久经战阵，要计虑周全，一战制胜。

十日前，大军出发，他在赠诸将诗中说：

获丑宁遗类，筹边重此行。
据鞍军令肃，横槊凯书成。
烟火疆隅堠，牛羊塞上耕。
遐荒安一体，归奏慰予情。

这首诗表达了务将顽寇全歼的意图和期望。此战成为安定北疆及众蒙古部的最后一仗。他之所以亲征，不仅是重视此战，更因为他多次出塞行猎，熟悉乌兰布通一带的地形，有制胜的绝对信心和把握。

康熙帝不是一个深居简出、安坐深宫的帝王。他勤政不懈，事无大小都亲自裁决。他爱动，亲近自然，尽管多年来国事艰难，他总是要利用一切机会到各处走走，亲自巡视，了解情况。他东巡盛京、吉林，西幸山西五台，已两次南巡河工，多次出塞练武狩猎，京畿更是屡次巡视。

不过自上年以来，他的身体一直不适，“目力不及，诸疾时作，不离灼艾”。还时有头痛。康熙帝出征两日后，在抵达鞍匠屯时，感到有点儿中暑昏沉，但仍力疾前行。二十日行抵博洛河屯，感冒发烧，病情加重，经诸臣、侍卫再三恳请，他只好命由福全为全军统帅指挥战事，自己返驾回京。他当时还有点儿担心噶尔丹是不是早已吓跑了。

康熙帝的担心完全是多余的。噶尔丹不仅没跑，反而在知道清军前来后，加快了南下的速度。他打败了阿喇尼后，更觉得无所畏惧了。他一是没多少退路，老家已被策妄阿拉布坦所据；二是全军已没有积蓄，只要打败清军，稍一向西，清朝的四个皇家大牧场有数百万头的驼马牛羊就可任意取用。

因此他一面坚持向清朝索要土谢图汗和哲布尊丹巴，一面派人向清军宣言：“夫执鼠之尾，尚噬其手，今虽临以十万众，亦何惧之有！”二十七日，率军抢占乌兰布通峰，占据有利的地形，距同时抵达吐力梗河的清军仅三十里。然后居高临下，“布阵于山冈，以骆驼万千缚其足，使卧于地，背加箱垛，毡渍水盖其上，排列如栅以自蔽，谓之驼城。于栅隙注矢、发枪、兼施钩矛”，以待清军。

八月一日，也就是1690年9月3日的黎明，艳阳沿吐力梗河和萨里克河之间的平原射入战场。清军火器营居前，五千八旗军随后，左、右两路各两千余人后继，如涌如潮，自南而北向乌兰布通峰推进。中午时分，两军进入火器射程，霎时间，枪炮声炸响，在河谷中回荡轰鸣。清爽的秋空顿时被弥漫升腾的硝烟遮蔽，阳光变得紫红，秋草在烟雾的阴影中抖动，数万大军喊杀声直冲云霄。

清军右翼在河岸的沼泽中被阻，只好回退。左翼佟国纲、佟国维亲自率军顺萨里克河向敌阵冲击。正在这时，一颗流弹飞来，佟国纲当即中弹身亡。前锋参领格斯泰纵马杀入敌营，往来奔突，几出几入，战死于阵中。清军伤亡惨重，仍然强攻不止。

红日西坠，暮色苍茫，噶尔丹阵中炸响的炮弹发出耀眼的火光，在一片马嘶驼鸣声中，清军攻入“驼城”，将其斩为两段。噶尔丹见状大惊，为他诵经护佑的喇嘛纷纷逃窜。他只好在夜色掩护下，率溃兵退入山顶隐蔽处。清军已无法冲击，福全不得已下令停止进攻。

康熙回京途中，于八月三日至石匣接到福全奏疏，知首战告捷，“不胜欢悦”，但甚为担心王大臣等滋长怯战与麻痹情绪，使这次征剿半途而废，因此明确指出：“此后当何以穷其根株，平其余党，熟筹始末，一举永清，匆留余孽，尔等其详议以闻。”

不出所料，福全于前一日即八月初二，见噶尔丹据险坚拒，更难以攻克，便“使我将士暂息”，实际上停止了军事进攻。初四，西藏喇嘛济隆率弟子七十余人前来游说，为噶尔丹开脱罪责，鼓吹“休战罢兵”，施缓兵之计。他说：“王及诸大臣仰体皇上仁心，休征罢战，彼焉敢行劫？亦断不远去。”

福全中计，答道：“今我等仰体皇上好生，许汝所请，当发印文，檄各路领兵诸王大臣，暂止勿击。”

康熙览奏后痛心地说：“若又失机……此行何所事耶？”七日回到宫里，八日就派都统希福驰驿赴抚远大将军军前参赞军务，然已无济于事。因噶尔丹已自什拉穆楞河涉水，横跨大碛山，连夜逃至刚阿脑儿。时内大臣苏尔达、沙津、班第所率之科尔沁、盛京、乌拉联军，已抵达里诺尔，正好夹击，只因得到福全“暂止勿击”之令，使噶尔丹得以宵遁。

乌兰布通之战虽未达到全歼噶尔丹的目的，但却使他遭到沉重打击，实力大大削弱。噶尔丹的军队不仅在战斗中大量伤亡，而且“归路遭罹瘟疫，得还科布多者，不过数千人耳”。其侄策妄阿拉布坦在其未入漠北之前，即率五千人逃回伊犁河流域，这次乘其南侵之机，袭击其后方科多布，“尽收噶尔丹之妻子人民而去”。

通过这次战役，噶尔丹实际体验到清朝军事力量的强大。因而此战之后，噶尔丹一反过去的傲慢态度，不仅不再坚持索要土谢图汗及哲布尊丹巴，并且一再发誓明志：“自此不敢犯喀尔喀。”

所以，康熙于八月十八日遣人敕谕噶尔丹，历数其“率兵入我

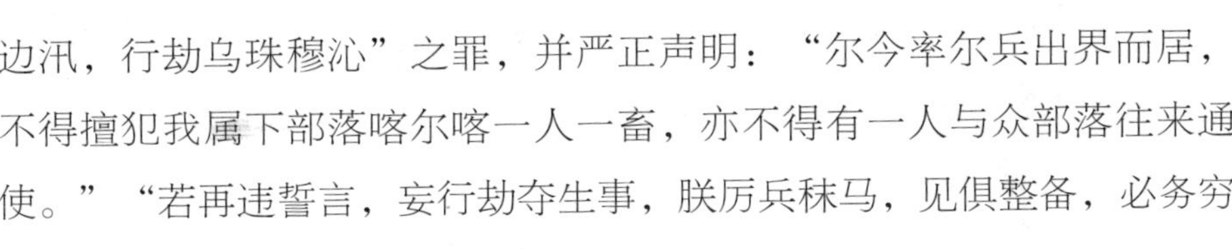

边汛，行劫乌珠穆沁”之罪，并严正声明：“尔今率尔兵出界而居，不得擅犯我属下部落喀尔喀一人一畜，亦不得有一人与众部落往来通使。”“若再违誓言，妄行劫夺生事，朕厉兵秣马，见俱整备，必务穷讨，断不中止。”

这就不仅进一步肯定喀尔喀与清朝的归属地位，为多伦会盟打下基础，而且警告了噶尔丹，如果喀尔丹违誓再次侵犯喀尔喀，清廷就理所当然地大举征讨。

康熙通过这次战役，总结了双方在战略战术和军事素质上的距离，以求知己知彼。他说：“朕向闻蒙古临阵，初虽骁勇，一败北，即奔窜，首尾不顾，惴怯殊甚。”然而漠西厄鲁特蒙古则不同，战败并未首尾不顾、胡乱奔窜，而是“旋奔高山顶，遁于险恶处”，有计划地转移到新的阵地。

这一全新的认识，扭转了原来认为噶尔丹不堪一击的轻敌思想。与此同时，这次战役也暴露了清军的弱点，不仅“排列太密”，被伤者多，而且“进退之际，海螺未鸣”，很不协调，鉴于这种情况，康熙决定有针对性地进行训练。

康熙三十年，设火器营，“以公侯大臣为总统，专理营务，训练官军”。恢复八旗兵丁春秋二季的校猎，“令八旗官兵集于宽敞平原之地，排列阵势，鸣锣进退，以熟操练”。

康熙三十二年，也就是1693年，康熙见军队训练颇有成效，特予嘉奖。之后他回顾往事说：“前厄鲁特噶尔丹之役，官兵不能悉体朕意，即行剿灭，致失机会，罔奏肤功，朕心为之不怿。故比年以来，简阅官兵，岁凡两举，朕躬临指示训诲。”

数年之后，他仍不忘前事，说：“六年以来，乌兰布通之役，时廑朕怀，因是训练军旅，咨访形势。”可见康熙从乌兰布通之役吸取的教训之深。

第二次亲征噶尔丹

按康熙帝原来的设想，在乌兰布通一举聚歼噶尔丹，然后努力缓解喀尔喀蒙古各部矛盾，帮助其迁还故地。可“庆父不死，鲁难未已”，噶尔丹虽然远逃，但其反复无常、狡诈贪婪的本性，绝不会因遭到打击而改变，对此康熙帝确有明察。

因此，康熙帝感到尽快解决喀尔喀蒙古问题，是防堵噶尔丹卷土重来的关键；消除内外蒙古不断产生的矛盾和摩擦，是最终安定北疆的关键。几个月来他不断收到令人担忧的奏报：不是喀尔喀各部之间，就是内蒙古各札萨克与喀尔喀各部之间，互相争斗、抢掠，甚至是烧杀。内蒙古草原即将到来的严冬，潜藏着令人不寒而栗的统治危机。

自康熙二十六年秋，也就是1687年开始，噶尔丹攻入喀尔喀蒙古后，自西向东横扫蒙古高原。在以后的一年中，札萨克图汗部、土谢图汗部和车臣汗部相率在噶尔丹铁蹄的驱杀下南迁。在三部请求下，康熙帝将札萨克图汗部余众安置在内蒙古的乌拉特、茂明安、归化城、土默特一带；土谢图汗部被安置在苏尼特、乌拉特、回子部的沿边一带；车臣汗部则游牧于乌珠穆沁、扎赉特、浩齐特、阿鲁科尔沁一带。

结果，各部难民并无组织约束，更无法度观念，以强凌弱，自相掠夺，毫无秩序，使原本难以生存的状态雪上加霜。正在康熙帝为此愁眉紧锁之时，以车臣汗的叔叔纳木扎勒为首的蒙古贵族上奏，请求与内蒙古四十九旗一律编旗管理。

这一主动要求，使康熙帝兴奋不已：如此，祖父将蒙古全部编为盟旗，进行一体化管理的愿望就可能在这场不幸的大动乱中，顺理成章地实现了！如此，历代分合无常、游荡无定所的蒙古各部就有了明确的北疆彼界和较为稳定的组织，北疆的世代安宁便是可以期待的了！

清太宗皇太极时期，在武力征服的基础上，又以联姻为手段，漠南蒙古各部先后归降。为加强对各部的管理，皇太极把满洲八旗军政合一、兵民合一的组织形式，推行到这一地区。以各部为基础，分旗设盟，并于中央政府中设理藩院监督管理。这就是盟旗制度。

在调查户口的基础上，每五十家编为一牛录，作为基层组织。到清入关前，编有十九旗，每旗举一王公由皇帝任命为世袭的札萨克，另由朝廷派人协助管辖旗内事务，并由每旗选人在一定区域内组成代表理藩院检查、监督区内各旗事务和定期会盟的盟长。

经顺治年间到康熙初年，已编为六盟四十九旗，极大地加强了中央对内蒙古地区的管理。顺治时，清朝曾把喀尔喀蒙古分为左右两翼，设八个札萨克，但由其内部不断争斗，加上清朝因忙于南方战乱的平定，后又因噶尔丹的挑唆，这种管理体制始终处于似有若无状态。

康熙二十五年，也就是1686年，康熙帝派理藩院尚书阿喇尼到漠北调解其内部纠纷，各部已接受调解，康熙帝将原来八旗改为十四旗，可不久即被噶尔丹出兵破坏。现在确实已是时机成熟，因为喀尔喀各部面临空前困境，内部矛盾和争斗已使他们品尝到自己种下的恶果。

康熙帝的一片苦心和爱心使他们心悦诚服，清王朝的强大足以成为他们对抗沙俄或噶尔丹的唯一依靠。在喀尔喀蒙古推行盟旗制度已成为康熙帝与各王公及广大蒙古牧民的共同期盼。

康熙二十九年，也就是1690年，农历三月，康熙帝决定：喀尔喀三汗、各部落首领、四十九旗札萨克于当年七月择地会盟，共商大计，他要亲自出席主持。这将是有史以来蒙古草原最重大的事件之一。尽管噶尔丹入侵乌珠穆沁使计划无法实施，但乌兰布通之战后，抓紧噶尔丹西逃又无力很快回军的时机实现会盟，已成为康熙帝最紧要的日程。

康熙三十年正月，春节一过，康熙帝下令：组织各部会盟，时间定于清明前后，各部院加紧准备。到三月，会盟地点定在多伦诺尔。长城外，燕山北麓，滦河汇聚无数支流向东南奔涌流淌，然而河的源头闪电河却在水草肥美的塞北草原弯成一个漂亮的圆圈，环抱着这个具有历史意义的小镇，那就是多伦诺尔。

它东北距不久前发生大战的乌兰布通仅一百五十里，南距北京八百里。周围分布着清朝上驷院、太仆寺、礼部、内务府庆丰司的几个广大的牧场，无数群驼马牛羊漫散于草原上。按康熙帝的指示，喀尔喀蒙古各部贵族在暮春的阳光下，马蹄踏着碧绿如毡的草地，放眼无际，鲜花四野，先后会聚而来。

四月十二日，康熙帝率上三旗骑兵自京起程，会合古北口绿营兵，沿滦河河谷北上，与后来的下五旗骑兵在三十日抵达多伦诺尔，设御营布哨，只见明黄色的御营周围军威整肃，旌旗猎猎。随后，康熙帝令蒙古各王公将营帐移近到距御营五十里处，环绕屯列。按兵部尚书马齐事先排定的九等赏格，将各部首领的座次列为八行。

五月一日，在康熙帝的亲自参与下，由土谢图汗自行检查擅杀札萨克图汗沙喇挑起内争的错误，明确责任。并由康熙帝建议，由沙喇亲弟弟策妄扎卜为亲王袭位。

五月二日，会阅正式开始，首先明确是非，解决喀尔喀各部之间的团结问题。康熙在行宫召见土谢图汗、哲布尊丹巴胡土克图，礼毕赐花，又亲赐土谢图汗数珠一串，然后亲自评定是非曲直，命大学士伊桑阿等传谕喀尔喀众人说：

> 尔等七旗喀尔喀兄弟不睦，朕特遣大臣会阅，令将吞噬之人民各行给还，誓言已定，土谢图汗等自食其言，托征厄鲁特起兵，将札萨克图汗、得克得黑墨尔根阿海执而杀之。从此，喀尔喀等心志携贰，以致国土败亡，生计遂失。然虽穷困已极，但能思朕夙昔爱养之恩，来求归附，朕仍一体养育。今土谢图汗等将一切大过自行陈奏。当此大阅之时，若即惩以重罪，岂惟朕心不忍，尔等七旗能无愧于心乎？若以轻罪处之，目今生计全失，俱赖朕惠养，何以议罚？故将伊等责其大过，复原恕其情。至札萨克图汗，抒诚进贡，业已有年，无故为土谢图汗等残害，殊为可悯。今其亲弟策妄扎卜来觐，宜即令承袭，以示优恤。

康熙回避了札萨克图汗确曾一度被诱依附噶尔丹及土谢图汗并不以杀札萨克图汗等为非这两件事，而强调“札萨克图汗，抒诚进贡，业已有年”“土谢图汗等将一切大过自行陈奏”，是一种宽宏大量、息事宁人的政治风度。他反对将这次会盟开成一次声讨已故札萨克图汗的大会，那样会将札萨克图汗的后代及其部众推向噶尔丹一边。

固然，更不能对土谢图汗采取过分之举，那样会颠倒大是大非，只指出土谢图汗的过错而不治罪，这样一来，既平息了札萨克图汗部的不满，又保护了对外抗击沙俄侵略、对内坚决抵制噶尔丹侵扰的土谢图汗，从而促进喀尔喀蒙古恢复团结，更有效地孤立和打击噶尔丹。

维护喀尔喀蒙古的团结统一，乃大势所趋，人心所向，因此得到喀尔喀汗以及大小众台吉的一致拥护。奏入，康熙至行宫前黄幄帐殿升座，喀尔喀汗、台吉等行三跪九叩礼毕，以次序坐。奏乐，大宴。

土谢图汗、哲布尊丹巴胡土克图、策妄扎卜，俱坐御座近前，随时赐酒；车臣汗及第二班次札萨克之墨尔根济农古禄西希等十四济农、台吉，第三班次札萨克之诺颜阿玉锡等十三大台吉，俱召至御座前亲赐酒，“余皆令侍卫等分赐之”。全场呈现一派以皇帝为中心的团结、统一、和谐的气氛。

五月三日，颁赏封爵。赐喀尔喀土谢图汗、哲布尊丹巴胡土克图、策妄扎卜、车臣汗，银各千两，蟒缎、彩缎各十五匹，及银器、袍帽、茶布诸物。并按规定等第赏格，分赐济农、台吉等银缎诸物。

颁赏之后，复召喀尔喀汗、济农、台吉等三十五人赐宴，命令勿过于拘束，“各陈所欲言”“舒怀共语”。宴毕，以策妄扎卜年幼，“以皇子所服衣服、数珠赐之”，给人以情同父子的亲切感。

同日，康熙根据喀尔喀汗、台吉等要求，宣布将喀尔喀与内蒙古四十九旗“一例编设，其名号亦与四十九旗同”“照四十九旗编为旗队，给地安插，共分三十六旗”。土谢图汗、车臣汗名号仍旧存留，封策妄扎卜为和硕亲王，其余“去其济农、诺颜之名”，各按等级，授以多罗郡王、多罗贝勒、固山贝子、镇国公、台吉之衔。

对其中有功人员，诸如首倡来归、奏请照四十九旗一例编设以及在征剿噶尔丹之战中效力者，加以特殊表彰，从优封授。最后康熙向他们申明法度的严肃性：“自今以往，尔等体朕爱养之恩，各守法度，力行恭顺。如此，则尔等生计渐蕃，福及子孙，世世被泽；若违法妄行，则尔等生计既坏，且国法具在，凡事必依所犯之法治罪。”

五月四日，阅兵。康熙出行宫，御甲胄，乘马，“遍阅队伍”，喀尔喀部队及八旗官兵，肃立敬礼，接受皇帝检阅。之后，校场骑射，皇帝亲射，十矢九中，蒙古王公赞为神武。康熙又率四十九旗王、贝勒、贝子、台吉及喀尔喀汗、王、台吉等一同“大阅军容”。由八旗满洲官兵、汉军火器营兵及总兵蔡元标下官兵，各依次列阵，鸣角，鸟枪齐发，众大呼前进，声动山谷，展示了强大的军威。

五月五日，康熙亲临喀尔喀营寨，察其穷困者，赏以银布。又赐给喀尔喀王、贝勒、贝子、公、台吉等大批牛羊。六日，遣原任尚书阿喇尼，侍郎布彦图、索诺和、文达，学士达虎等，“往编喀尔喀旗分佐领，拨给游牧地方”。五月七日，会阅完之后，康熙帝启程回京，留尚书马齐料理未竟事宜。四十九旗及喀尔喀汗、王、贝勒、贝子、公、台吉等，分列路之左右，“依恋不已，伏地流涕”，情景至为感人。

会盟期间，应蒙古贵族“愿建寺以彰盛典”之请，决定兴建汇宗寺于多伦，“利用宗教，以一众志”。本次会盟，加强了我国北方蒙古族的团结，结束了长期以来喀尔喀蒙古的内部纠纷；密切了蒙古族与朝廷的关系，重新在喀尔喀蒙古建立起封建秩序，加强了对喀尔喀的管理，使之成为保卫边疆的重要力量。

康熙对这方面的意义认识相当深刻。他在归途中形象地对扈从诸臣说：“昔秦兴土石之工，修筑长城。我朝施恩于喀尔喀，使他防备朔方，较长城更为坚固。”

回京不久，正值工部议复古北口总兵蔡元请修古北口边墙一疏，康熙为此特别降谕时，曾论及得民心为治国安邦之本的道理。他说：“帝王治天下自有本原，不专恃险阻。秦筑长城以来，汉唐宋亦常修理，其时岂无边患？……可见，守国之道惟在修德安民，民心悦则邦本得，而边境自固，所谓众志成城者是也。”

政治上的统一与安定，促进了生产的发展。此后，喀尔喀蒙古对农业生产开始重视起来。土谢图汗上疏：“思得膏腴之地，竭力春耕，以资朝夕。”康熙大力支持，命理藩院遣官一员，于来年春“指授膏腴之地，令其种植”。还批准颁给蒙古各部以历书，“照民历式样，全行翻译，将部落之名注于历内”。

既经会盟，喀尔喀声势复振，散于各地的人口纷纷来归，清政府一律热情接待，合理安排，并按人口、功次授予相应的爵位。如同年闰七月游牧于土拉等地方的喀尔喀西卜退哈滩巴图尔来降，授为辅国公；九月，喀尔喀达拉玛希里卓特巴来降，授为多罗贝勒。

康熙三十三年，也就是1694年，农历九月，游牧于色楞额的英格特布哈等地的根敦戴青亦率“所属七百余户、四台吉及千余弓箭手，共三千余口”归附，康熙于朝见时“加恩授为札萨克多罗贝勒”。清廷的政策吸引了失散在国内各地的喀尔喀蒙古人，更吸引着流亡国外受人欺压的喀尔喀蒙古人。

有些过去逃亡俄国的蒙古族，陆续回归祖国。继康熙三十年，也就是1691年，车臣汗部车卜登属下千余户从俄国回归之后，康熙三十二年，也就是1693年，土谢图汗部车陵扎卜等八台吉集聚部下六百余丁，摆脱沙俄控制，迁入克鲁伦河畔的巴颜乌兰草原，与西卜退哈滩巴图尔一起游牧，康熙授车陵扎卜为札萨克一等台吉，将属下编为四佐领。喀尔喀重新统一，实力进一步增强，在巩固边疆及抗击外敌的斗争中地位日益重要。

乌兰布通一战，已基本打掉了噶尔丹不可一世的嚣张气焰。他率部一路西逃。克鲁伦河平静地向东流去，可他的心情却无法平静。他身后原本两万余人的兵马，死伤已超过一半。秋风萧瑟，落叶飘零，在饥寒交迫中，他只能看着军中奄奄待毙者相继死去。

他"尽失负驼，无辎重，狂奔绝漠而北，沿途饥踣死亡，得还科布多者仅数千人"。科布多的冬天，似乎从来没有过如此干冷，他和部下每天只能局蹐于火堆旁，挨过漫漫寒夜。积蓄已全部消耗；漠北也已无物可掠；与中原贸易早已断绝；策妄阿拉布坦正在天山瞪着仇恨的眼睛。

噶尔丹知道自己并不是什么活佛的化身，所以他自己也不顾当着康熙帝使臣的面儿，在威灵佛前发下的"誓不再侵中华皇帝之喀尔喀与众生灵"的誓言，他只是想以此骗得康熙帝不要派兵追赶。他还派人送信，请康熙帝上尊号，表示恭顺；请求康熙帝赏点儿财物，以渡难关。康熙帝还真赏给他白银一千两，并遣还扣留在归化城的商队等一千余人。

他认为，康熙皇帝还是很容易骗过的。漫长的寒冬总算过去了，噶尔丹像草原上冬眠过后的鼹鼠一样苏醒过来。康熙帝主持多伦会盟的时候，他也正在紧张忙碌着，争取时机，积蓄力量，准备东山再起，孤注一掷。

既然国内他已是四面树敌，他觉得唯一能依靠的是沙俄，便于康

熙三十年起，多次派使者去沙俄活动，甚至低三下四地给沙皇写信说："我等与陛下一向是具有同一事业的兄弟，友好亲善。蒙古乃陛下我等之敌人，为了贵我双方事业的成功，敬请陛下就兵员、火药、铅弹和大炮等等一切作战之所需，给予至善的谕旨……"不惜引狼入室。

这一请求对沙俄来说是正中下怀，此后沙俄多次遣使会见噶尔丹，往返商议表示支持，这使噶尔丹的野心又迅速膨胀起来。与此同时，他给喀尔喀蒙古和内蒙古一些首领写信，大力煽动叛乱，挑拨各部与清朝的关系。

为渡过难关、积蓄力量，他在以后的数年间，仍率兵在大草原上到处抢掠，甚至杀害清朝的官员，使大草原仍笼罩在一片惶恐的战争气氛中。

康熙帝对噶尔丹的鬼蜮伎俩早已了如指掌。因为在康熙三十一年，也就是1692年，农历八月，噶尔丹派人在哈密附近杀害了前往策妄阿拉布坦的清使马迪等官员。不久又重新提出索要土谢图汗和哲布尊丹巴，并要求康熙帝把喀尔喀蒙古各部内迁牧民送还故地。鉴于此，一个诱歼噶尔丹的计划在康熙帝胸中默运成熟。

康熙首先加强西路防线。从康熙三十二年正月起，先后往右卫、归化、宁夏、肃州等地派兵遣将，以防噶尔丹侵犯西藏和青海，并兼顾哈密，以保持与伊犁河流域策妄阿拉布坦的联系通道。

康熙曾警告噶尔丹："达赖喇嘛与我朝往来通使多历年所，西海诸台吉不违朕旨，恭顺奉贡，若厄鲁特人等稍犯达赖喇嘛地方及西海地方，朕即立加征讨，断不爽也。"

其次，也部署了东路兵力。康熙令盛京、乌拉及黑龙江官兵遇事"可会于形胜之地，相机前进，科尔沁兵亦令随行"。黑龙江将军萨布素遵旨详查，于康熙三十四年正月二日上报，拟以索岳尔济山为三省会兵之地。

他说："嗣后若索岳尔济山之东北呼伦贝尔等处有警，则与臣驻军之处相近，臣即先进兵，乌拉、盛京兵继之；若索岳尔济山之西乌尔会等处有警，则与盛京相近，盛京兵先进，乌拉及臣处兵继之，总期会于索岳尔济山以进。”康熙对此安排表示满意。

至同年七月上旬为止，以昭武将军郎谈为首的甘肃兵，以宁夏将军觉罗舒恕为首的宁夏兵，以右卫将军兼归化城将军费扬古为首的右卫、归化城兵，以及以黑龙江将军萨布素为首的东三省及科尔沁兵，从西到东，形成了完整严密的防御体系。

康熙三十四年，噶尔丹率骑兵三万，从土拉河继续向东进犯。不过，噶尔丹在乌兰布通战后更加狡猾，决不贸然深入内地，而是以流寇方式，在外蒙地区，忽东忽西，到处骚扰。

六月，康熙闻报噶尔丹将西窜，从嘉峪关外过哈密东南之昆都仑及额济纳河，前往西藏；七月，又有人看到他东侵克鲁伦河流域，想进犯车臣汗及科尔沁的牧地。康熙刚刚部署完西部的防御，又立即着手组织东部的阻击。

八月十七日，康熙率皇子巡视塞外至克勒和屯“闻噶尔丹有顺克鲁伦而来之信”，立命京城预备兵三队八千余人“作速启行”，另有盛京、宁古塔预备兵三千人，“著克期会于乌尔会之地”。八月二十日，康熙驻跸克勒乌里雅苏台，召见科尔沁土谢图亲王沙津。

因噶尔丹曾遣书沙津，试图策反，康熙欲将计就计，诱敌深入。于是密授沙津属下鄂齐尔，以沙津名义往告噶尔丹：“我科尔沁十旗俱已附尔矣，尔可前来，我当以此地接应。”彼一旦中计，就可一举全歼。

但未等鄂齐尔至彼地，狡猾的噶尔丹即不再继续深入，至克鲁伦河畔之巴颜乌兰草原，对西卜退哈滩巴图尔及纳木札尔陀音等肆行抢掠之后，即向西窜往土拉河。喀尔喀郡王善巴曾奏：“噶尔丹不可使久据克鲁伦地方，应速征剿。”

康熙在七月的下旬，为防其人，令定期会合，由三省将军统辖，防其东侵；西路，调右卫兵、京城增发兵及大同绿旗兵，合官兵厮役共计24260余名，总辖于费扬古，由归化城进剿；中路，调京城每佐领下所余预备兵六名、汉军火器营兵、炮手绵甲兵、宣化府绿营兵，合官兵厮役共计27970人，由京师进剿。

另外，另设陕西一路，发西安满洲兵、汉军火器营兵、绿旗兵，合官兵厮役共计22400余人。后来，见噶尔丹已无西窜危险，将陕西一路合于西路，统由费扬古率领。以上兵力已达79600余名，超过噶尔丹兵力十倍以上。此后，各路兵员仍有所增加。

在三路清兵中，中路和西路是主力，西路已任命费扬古为抚远大将军，而中路一直未任统帅。人们猜测皇帝有意亲征，于是汉大学士、九卿、科道等纷纷上疏劝阻，认为：皇上为百神之所凭依，四海苍生之所依赖，似不必以此稽诛小寇，躬临壁垒；任命中路大将军，统兵进剿，皇帝驻跸近边指授方略，即可"立奏肤功"。

康熙再次提起乌兰布通之战的教训，说道："彼时因朕躬违和，未得亲至其地，失此机会，至今犹以为憾。噶尔丹窜伏巴颜乌兰地方，相距未甚辽远，以是不惮勤劳，亲莅边外，相机行事。此贼既灭，则中外宁谧，可无他虞。假使及今不除，日后设防，兵民益多扰累。"故而决意亲征。

大计已定，立即开展各项准备工作。首先，敕谕礼部、兵部，申明出征原由：噶尔丹"自乌兰布通败遁之后，不自悔祸，仍行狂逞，悖天虐众，违蔑誓言。侵掠我臣服之喀尔喀，潜入巴颜乌兰之地，心怀叵测，逆状已彰。乘其窜伏近边，自应及时扑剿。倘目今不行翦灭，恐致异日沿边防卫，益累吾民，声罪迅讨，事不容已"。并遣官告祭天地、宗庙、社稷。为准备接战，预编队伍。中路军编为头队、二队及左右两协，并分别委派领兵接战大臣。另编八旗大营及八旗小营，共十六营，分别委派皇子、王公大臣率领。

其次，为解决中路大军与西路大军协调作战问题，康熙令费扬古驰驿赴京，与之约定：四月下旬，令会中路大军于土喇。若噶尔丹从克鲁伦河而下，与中路兵近，西路兵远，则中路待西路之兵；若噶尔丹在土喇，与西路兵近，中路兵远，则西路待中路之兵。

另外，派人防守甘肃、归化城等战略要地；更定奴仆出户条例，以鼓励他们拼命作战；设立驿站，拊循从征及运粮兵丁；敕谕策妄阿拉布坦使勿致惊溃；规定行军次序等各项准备工作亦在紧张而顺利地进行。

康熙三十五年，也就是1696年，农历二月三十日，康熙得知诱敌之计奏效，沙津遵奉密谕，遣人往约噶尔丹，噶尔丹果然沿克鲁伦河而下，掠纳木扎尔陀音，踞巴颜乌兰。康熙认为机不可失，乃于是日率诸王、贝勒、贝子、公、文武大臣，诣堂子行礼，祭旗纛，亲统大军启行。

前锋兵走在最前，以次为绿旗和察哈尔兵、镶黄旗和正黄旗兵、康熙帝御营、正白旗和正红旗兵、镶白旗和镶红旗兵、镶蓝旗和正蓝旗兵，经怀来、赤城，出独石口，向西北进发。行军途中，康熙“常以休息士马为念”。

见行李运送迟缓，军士人等不能及时安营，于是每日五更即起，亲自督促运送兵丁行李的驮队及早启行，使行李先至营地，“如是士马大得苏息”。见天气阴晦，恐有雨，即传谕加意盖护马匹。三月十五日，驻于滚诺尔地方，雨雪交作。

康熙见军士未即安营，自己也不肯先入行宫安歇，雨服露立，俟众军士结营毕，始入行宫；营中皆炊饮，然后进膳。此时康熙已年过四十，仍保持其祖辈与士卒同甘共苦的优良作风。

康熙在进军中，连继不断派遣侍卫、主事、参领等官员出使噶尔丹处，以探听消息。四月四日，据坐台员外郎奏报：使者克毕图马匹被扣，“携噶尔丹奏疏步行而回”。康熙拟从此事分析噶尔丹的动向，问议政大臣：“料噶尔丹待我兵否？”

诸大臣以为：“或不待我兵而竟遁。”理由是，“使克毕图等步行而回者，是正欲其迟到，虽出兵不能追及之意。”

康熙看法与诸臣迥异，断言：“噶尔丹之心必以为当今春令马匹羸瘦，此路既无水草，沙碛翰海又甚难行，大兵势不能到；至朕亲来，彼万难料及。故夺我使之马匹，令步行而回，不过欲坚彼部下蒙古之心，示以不惧耳，非欲使我兵迟延，彼得远遁也。”他不仅预料噶尔丹并未远遁，而且展望今后战局，认为前景甚为乐观。

据费扬古奏报，西路军本月二十四日可至土喇。康熙认为："若依期而至，两路夹攻，则噶尔丹在我掌握，安能复脱？若我兵先到，彼必连夜逃遁，费扬古兵纵少迟缓，必至土喇地方。噶尔丹以疲敝乍到之兵，费扬古迎击，可尽行歼灭。观彼在我使者之前举动，噶尔丹早已入我计中矣。"

扈从大臣等担心皇帝受到惊吓，不愿中路军与噶尔丹直接交锋，仍坚持噶尔丹已经逃遁之说，建议皇帝返回。四月十日，御营驻跸科图地方，扈从大臣佟国维、索额图、伊桑阿等向皇帝奏说："传闻噶尔丹亡去已远，皇上当徐还，使西路兵前进。"

康熙闻奏，大为恼火，立即召见群臣痛加训斥说："不知尔等视朕为何如人？我太祖高皇帝、太宗文皇帝，亲行仗剑，以建丕基，朕不法祖行事可乎？我师既至此地，噶尔丹可擒可灭，而肯怯懦退缩可乎？且大将军费扬古兵与朕兵约期夹击，今朕军失约即还，则西路之兵不可问矣，还至京师何以昭告天地、宗庙、社稷乎？"

佟国维等谢罪认错。很快，遣往哨探之护军参领车克楚至，说噶尔丹未尝逃去，仍在克鲁伦。诸臣闻言，无不钦佩皇帝的高见。科图为内蒙古汛界最后一站。

康熙整顿队伍，每旗留兵丁八十名，八旗共留六百四十名，派人总管，查哨、侦探，既使进剿队伍精悍，又可增强汛界防守力量；留兵之马骡每旗三百四十匹，从中选膘壮者一百五十匹，再添自京城带来马一百五十匹，每旗充实骡马三百匹；留兵之口粮，每人留十五日，其余尽给前进兵丁。留兵所缺米粮，俟新运米至，照数补给。

四月十三日，康熙亲自率中路大军进入喀尔喀，至苏德图驻跸，派人通知费扬古："噶尔丹于本月初间，自土喇向克鲁伦移营。""以此揆之，噶尔丹已近朕所统大军矣。"并叮嘱说，"可详询地里及彼脱逃之路，小心堵御，不可以彼向下流行而轻之。"其中心内容是令费扬古注意阻击溃逃之敌。

四月二十二日，康熙驻西巴尔台，派人得知噶尔丹“实在塔尔几尔济地方”。第二天，接费扬古奏疏，知西路军于十日从乌兰厄尔几启行，进趋土喇，预计五月三日可到克勒河朔地方。康熙与诸王大臣研究作战方案，中路敌我迫近，西路拖延行期，在这种情况下，是缓行以待，还是主动出击？

统领镶红旗大营皇三子胤祉、领侍卫内大臣公福善等反对等待，主张：“一面移文催西路之兵，一面使贼不及为备前往击之。”余诸王皇子大臣，如多罗信郡王鄂扎、贝子苏尔发等主张“缓行以待，两路夹攻”。康熙综合“缓行以待”和“即行进兵”两种意见，初步决定：“且待且行，如必不得已，则相机行事。”

四月二十六日，中路军驻于察罕布喇克已经三天，再次讨论作战方案，诸臣主张“听彼逃窜”。康熙说，使之逃窜并不困难，俟其稍近，遣使前去通知，就说朕欲与之亲临约盟，令其前来与我军会议，“噶尔丹闻朕亲来，必连夜奔逃，我军即行追杀，如向土喇退去，必遇费扬古兵”。

康熙说得似乎轻松，但心中仍无十分把握。他最担心的是夹击不成，使噶尔丹逃脱。二十七日，他在写给祖母的信中说：“恐其途径既多，彼将从他处奔突。”但同一天，接费扬古奏报，得知将军孙思克、博赍各选精兵两千人，与费扬古一路前进，月底即可到达克勒河朔地方。显然形势越来越好。

于是康熙第三次与臣下讨论作战方案，大臣为保障皇帝安全仍坚持“当遣使往说，以便使其惊逃，然后中路猛追，西路阻击”。因众意合一，遂定遣使之议。三次发动臣下讨论作战方案，颇有乃祖时军事民主制的遗风。事后他说：“朕于国家之事，未尝胶执己见，惟虚己以视机宜，即用兵之道亦复如是。一日之中，千变万化，朕亲统大军至克鲁伦时，亦视贼之形势随机而应，并不预立己见。”

遣使的时机非常重要。康熙尽量拖延，以待西路大兵。五月一日到拖陵布喇克之后，又等三天。至五月四日，预计费扬古已至土喇，便遣使以敕书、赐物及所俘厄鲁特鄂齐尔等四人送往噶尔丹。

敕书指责噶尔丹背弃誓言掠夺喀尔喀之纳木扎尔陀音等罪行，宣布："今朕大军已出汛界，与尔逼近，西路兵俱已到土喇，东路兵俱已溯克鲁伦河而来"，因不忍生灵横遭残踏，故拟"觌面定议，指示地界"，如果"妄动而去，则虚朕美意，而生灵有不利矣"。使者在途中遇噶尔丹属下重要大臣丹济拉率千余人来劫取马群。丹济拉闻听皇帝亲征，"大骇失声，遂领敕书收兵急去"。

五月七日，侦知噶尔丹所在，康熙立即从枯库车尔地方整兵出击。他亲率前锋兵在前，诸军依次，翼张而进，"兵威之盛弥山遍野，不见边际，整齐严密，肃然无声"。是日，驻于西巴尔台，噶尔丹"乞暂缓师"，康熙知其别有企图，便以"此地乏水"为由，予以拒绝。

次日，直趋克鲁伦河。克鲁伦乃兵家必争之地，康熙亲"率数人登高执圆镜远望"，侦察地形，然后部署兵力。遣科尔沁土谢图亲王沙津、达尔汉亲王班第、喀尔喀车臣汗等率军"往据西方巴尔代哈山麓高处，佯作全军从此经行之状"，以引诱敌人。同时皇帝亲率大军"争先据河"。

噶尔丹原不相信皇帝亲征，说："康熙皇帝不在中国安居逸乐，过此无水瀚海之地，宁能飞渡乎？"后从康熙放回的厄鲁特人口中得知皇帝确实已亲自出征，又亲至北方孟纳尔山遥望清军大兵队伍行列规模，"不似乌兰布通时"，大惊失色说："是从天而降耶！"于是传令众人，尽弃其庐帐器械而去。

康熙抵达克鲁伦，对各队领军大臣说："噶尔丹若据克鲁伦河，我兵夺河交战犹稍费力，今观其不于此拒战，而竟逃窜，是自开门户以与我也。除此地外，他处断不能拒我军。审其情形，必连夜逃遁矣，当轻骑急追。"

自五月八日至十二日，康熙以"疾驰莫惮追奔力，须使穷禽入网罗"的决心，身先士卒，疾追五天，经克勒河溯到拖讷阿林。此刻，军队粮饷不继，不得已决定，改由全部前锋军、满洲火器营兵及亲随护军，组成一支精悍部队，任命内大臣马思喀为平北大将军，每人凑足二十日口粮，令其前讨。

康熙自出师以来，“不怀安逸，不恃尊崇，与军士同其菲食，日唯一餐，恒饮浊水，甘受劳苦”，惟欲前进，并不退却一步，有时因驻跸处稍有未妥，欲回数步安设行幄，亦不允许。这次只因“西路兵及两路饷皆未如约而至”，不得不安排轻骑前进，自率大队回军迎粮。他预计噶尔丹应难逃脱，“捷音数日内即到”。中、西路大军距敌主力越来越近，两面夹攻歼敌之势已成。

西路两支军队一路克服了粮饷难继、马匹倒毙等无数的困难，为加快前进速度，不得不中途选强汰弱，集中精锐兵士和粮食日夜前行。当两支队伍会师翁金后，得知皇帝已至前线，更加快了行程。五月四日兵抵土喇河。当全军刚刚行抵昭莫多，已与噶尔丹西逃的先头部队遭遇。费扬古来不及思索，立即命令将士各据险要，一万四千余清军在昭莫多布下擒寇的网罗。

昭莫多，在蒙古语中，意思是大树林。土喇河自阿达海岭流下，在这里悠然一转，从汗山北麓拐过，奔西南而去。此地依水临山，森林丛集，地理位置重要，是克鲁伦河至上喇河的必经之路。噶尔丹来来去去已多次行经此地。当他听说清军西路正向这里开来，心急如焚，现在可怕的已不是追兵，倒是被堵截的危险。

然而，一切都已经显得太晚！清军刚进入阵地，噶尔丹军马队蜂拥而至，犹如一阵狂涛卷来。为了逃命，叛军发疯般地冲击清军阵地，小山岗前人喊马嘶，声震山林。清军凭借有利地势，子母炮齐发，无数叛军不是被轰落马下，便被惊马掀翻。双方鸟枪、火铳对射，使得昭莫多附近山坡上烟雾弥漫。

当夕阳落入汗山背后，对抗、冲击仍在进行。噶尔丹数名亲信将领都在清军炮火下丧生。而清军肃州总兵潘育龙的脸上也中了枪弹。双方“杀伤相当，胜负未决”。

噶尔丹见整整一个下午，无法冲过清军阵地，便又企图利用夜幕降临，重演偷偷溜走的故技。然而，这一次他实在太不幸了。清军宁夏总兵殷化行在激战中发现，在敌军后侧丛林中，人畜十分密集，却未见前来冲击，估计可能是噶尔丹叛军家属和辎重，便向费扬古建议，偷袭噶尔丹后路。

费扬古便挑选一队精骑，悄悄绕过阵前，向敌营发起突然袭击。在苍茫暮色中，噶尔丹叛军就像炸群的惊马，扰翻的蜂巢，立时陷入极度混乱之中。前阵清军马队两路冲来，一时喊杀声与牲畜的鸣叫声震耳欲聋。

在如蝗的飞箭中，叛军彻底瓦解，全线崩溃，“坠下山者满坑谷，弃杖如麻”。噶尔丹的妻子阿奴喀屯被斩杀，其主要将领被炮炸死、鸟枪击毙者殆尽。噶尔丹见炮火猛烈，部下已溃不成军，知大势已去，便集中身边的亲信，策马冲出重围，不顾一切向西逃去。殷化行一见，立即一马当先，率部狂追。“且射且逐，月下追三十里”。噶尔丹再次逃脱，所剩者仅几十人。

昭莫多一战，清军斩杀叛军三千余人，俘虏、收降三千余人，缴获噶尔丹所有军器、车帐和牛羊六万多头。尽管噶尔丹一息尚存，然而经此次打击，他已元气全部丧尽，胆战心寒，等待他的只能是彻底毁灭。

五月十四日，康熙帝驻跸于他尔浑柴达木，在狂风暴雨中，仍心怀激动地等待着前线的消息。他并不是全无担心，既然西路大军已按期抵达土喇河，应该能取得截击的胜利。他“拱手向天再拜”，祈祷成功，并估计“二三日间即有成功捷报”。

五月十八日，终于等来了昭莫多大捷的消息，康熙帝欣喜异常，立即率群臣和随征将士跪伏在地，“望天申谢”，并马上派快骑向北京宫廷报捷。

蒙古大草原上，鹰飞草长，蓝天一碧如洗。五月底，康熙帝率军回到内蒙古卡伦之内，各札萨克、喀尔喀蒙古牧民男女老幼夹道相迎，同声欢庆征讨噶尔丹的胜利，都说：“若非如此，我等今生何以生活！”人们有的放声大笑，有的号啕流泪。许多老人向康熙帝磕头不起，以至于前额流血不止。

康熙帝看着眼前激动人心的场面，心潮澎湃。自出师以来，他“不怀安逸，不恃尊崇，与军士同其菲食，日唯一餐，恒饮浊水，甘受劳苦而为此行”，不正是要定国安民吗？他向牧民们致意，并说：“朕昔以汛界之内视为一家，今土喇、克鲁伦以内，皆为一家矣！”

“朕君临天下，统御万邦，本无分于内外，即绝域荒陬，皆吾赤子，一体眷念……今厄鲁特之祸靖，则朔方永清矣！”然后他下令，对所有引路、探信、牧马、掘井等有功的蒙古人颁以重赏，将所有直接参战有功的蒙古首领晋升为亲王、郡王、公、台吉爵位。

这次出征九十九天之后，六月九日康熙帝返回京城。昭莫多一战，清朝取得了征剿噶尔丹的决定性胜利。但种种迹象表明，噶尔丹落荒而逃后，将西去纠集旧部，投靠达赖喇嘛，图谋卷土重来。回部和青海有他的部分属民，青海台吉和西藏的第巴与噶尔丹关系较密切，沿途可得到援助。

并得到消息，噶尔丹在他米尔之台库勒地方遣人收集余部五千余兵，欲赴哈密过冬。不根除之，边疆地区仍存在一大隐患。根据这种情况，康熙于东部仅做一般防御，留萨布素率黑龙江兵一千驻科图，余俱撤回。

后又令大将军费扬古分率萨布素兵五百，酌取蒙古兵，往善巴王边汛诸地方侦探声息；同时，他及时地把注意力转向西北地区。七月十日，他命驻于西宁的副都统阿南达率巴图尔额尔克济农之兵，驻扎布隆吉尔等处堵御。

阿南达奉命亲率巴图尔额尔克济农等设哨余兵一百五十人、绿旗兵四百、子母炮二十门，自肃州前往布隆吉尔之都尔白儿济形势之地驻扎。但西北地区形势比较复杂，青海诸台吉声称遵依达赖喇嘛之言而行，显然不会抗拒噶尔丹；哈密回部头领额贝杜拉达尔汉白克虽“遣人进贡来降”，仍需给以大力支持，以巩固其与内地之联系，因为策妄阿拉布坦虽然希望回部脱离噶尔丹，但并不希望其倒向清朝。

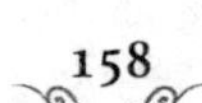

在这种情况下，康熙决定第二次亲征噶尔丹，以便对其进行招降，并及时处理各族、各部之间微妙的关系问题。这次御驾亲征，主要的目标在西北地区，目的是招抚噶尔丹及其部下，切断噶尔丹去回部、青海及联络西藏的通路。

若噶尔丹不降，来年春再行剿除。为防止官员劝阻，最初在九月四日，康熙只说，“往宣化地方行围”，仅带侍卫、三旗新满洲护军、三旗亲随护军、八旗前锋、火器护军等，共两千人。另外，“诸色人等不得告请从行，部院官员从少派出”。

直到同月十五日大兵启程前的几天，才透露这是一次非比寻常的“出兵”。他谕大学士伊桑阿说：“此番出兵，八旗官员及兵丁人等，俱照今年出征例给两月行粮。如前已出兵，这次又往，各赏银十两。”军队人数也逐步增加，十七日，大兵出发前增发八旗前锋四百名，途中又增调宣化府骑兵和张家口步兵。十九日，康熙启行，第二次亲征。

当晚驻昌平州，命左都御史于成龙赴归化城办理西路军务。九月二十二日，至怀来县城西，差人将招抚噶尔丹、丹济拉敕书并所印刷蒙古文敕书三百道，送到大将军费扬古军前，“令其颁示”。

九月二十四日，康熙驻于下花园，得知丹济拉至翁金劫米，副都统祖良壁遵谕将其击败，十分地高兴，并借机重申招抚噶尔丹的政策。他对议政大臣说：“噶尔丹似此困极，虽不进讨，亦必灭亡，今但以招抚为要，故朕谕大将军，频遣噶尔丹降人往招之。噶尔丹今虽不降，其部落既散之后，自来归顺矣。”

九月二十九日，康熙驻喀喇巴尔哈孙地方，得知噶尔丹往札萨克图汗旧居之地博罗乌纳罕等地过冬，距汛界四十余日之程，急忙令伯费扬古：“不必进兵，至来春青草萌时，秣马以待，视噶尔丹所往，剿而除之。此际当频遣厄鲁特降人招抚为要。”

为了有效地贯彻招抚政策，康熙对降人和俘虏进行了适当的安置。将陆续来降之一千五百余人编入上三旗满洲佐领，其中头人分别授职；不愿来内地者，即送往费扬古军前，各给马一匹遣回原住地，“令彼往谕噶尔丹，言彼若来降，亦待以显荣”。

十月七日，康熙驻瑚鲁苏台，令将昭莫多生擒给主为奴之男女约三千人，“皆赐银赎出，使其父子夫妇兄弟完聚”。十月十三日，至归化城，令留一大臣，“受厄鲁特降人，完其夫妇，给以衣食”。吴尔台扎卜之母、达尔扎哈什哈之妻被俘，特遣察哈代送回，令其母子、夫妻团聚。

十月二十一日，遣昭莫多之役受伤和被俘的厄鲁特曼济回噶尔丹处与妻子团聚，偕阿旺丹津并赍敕文给噶尔丹。敕文说：“今朕又亲率六师远莅于此，且各处调兵邀击。尔等妻子、马畜诸物俱已散亡，衣食已尽，势迫无归，况时渐严寒。朕不忍尔属下厄鲁特妻子相失，穷困冻饿而死，特遣谕招抚。今重复降敕，尔等若悔前愆，俯首向化，朕一体加恩抚恤，俾各得所，尔部下厄鲁特亦得妻子完聚，咸获生全。……今若又不觉悟，听信匪言，则后悔莫追矣，尔其勿疑勿惧，特谕。”

在招抚噶尔丹各部时，采取区别对待的策略。如对丹津阿拉布坦及丹津鄂木布的招抚与对噶尔丹不同，其敕文不是派降人赍送，而是特地派遣和硕札萨克图亲王之长史马尼图、多罗郡王昆都仑博硕克图之乌勒木济、多罗郡王墨尔根济农之阿玉什等，共同持谕前往。

敕文着重离间他们与噶尔丹之间的关系，指出：尔等“皆非倡乱之人”，令“与噶尔丹分析各居”“若即率尔部落来降，前此依附噶尔丹之咎，朕概不介意，必待尔以富贵，尔之部落亦使各得生业，妻子完聚，从容度日”。

这些招抚措施，不久都收到了良好的效果，争取到了噶尔丹周围的人们，孤立了不肯归服的噶尔丹。为迫使噶尔丹投降，除遣使招抚之外，康熙尤其注重调动兵马，围困阻击。十月中下旬，他得知噶尔丹可能从枯伦白尔齐尔窜犯哈密，立即檄令孙思克及西安将军博霁，分别率兵赴肃州阿南达处，探听声息，“即行剿灭”。

阿南达遵谕进行妥善部署，争取逃向哈密附近的噶尔宜多尔济再次归附清朝，令其与哈密回部头人达尔汉白克互相配合，于滩纳秦、都尔白儿济各口，“拨人小心驻防哨探”，又征调两千绿旗兵，在额济纳、昆都仑等地“坐哨探听”，加强防守。康熙对此“甚为之喜”。

十一月五日，康熙驻于喀林托会，得员外二郎保奏报：土尔扈特部阿玉奇台吉发兵一千人，准噶尔部策妄阿拉布坦发兵一千人，和硕特部额尔克巴图尔台吉亲率兵千许，“俱令集于阿尔台以内土鲁图地方驻扎，四面设哨，如遇噶尔丹即执而杀之，如或生擒，即行解送”。以上三部加上哈密回部、噶尔宜多尔济等西北各部组成联合防线，可以从根本上控制噶尔丹西窜的通道。

阿南达于十一月七日得报，望见远方飞尘，即决意穷追百余里，终于截获达赖喇嘛使人达尔汉鄂木布、青海博硕克图济农使人阿尔达尔寨桑以及噶尔丹使人喇克巴彭楚克格隆、噶尔丹亲侄顾孟多尔济等数十人，并查获噶尔丹嘱托达赖喇嘛照看伊子塞卜腾巴尔珠尔书信一封。

根据这一线索，康熙令严加搜捕，不久于哈密附近擒获噶尔丹之子塞卜腾巴尔珠尔。西北各部联合作战使噶尔丹处于孤立无援之困境。至此，二次亲征目的已经基本达到，只要将噶尔丹围困在狭小范围之内，或迫其归降，或留待明春出兵歼灭，均无不可。康熙对形势的发展极为满意，因而取消了拟议中的宁夏之行，刚进入鄂尔多斯，即准备回銮。

十一月十七日，康熙驻哲固斯台，接到费扬古奏疏，谓噶尔丹使所属格垒古英等二十人前来议降。十一月二十五日，康熙于东斯亥召见噶尔丹使人格垒古英，于二十七日遣还。

命员外郎博什希、笔帖式阊寿赍敕偕往。让格垒古英转告噶尔丹：“令其亲身来降，否则朕必往讨。”“朕在此地行猎待尔，限七十日内还报，如过此期，朕即进兵矣。”接见中，有意做出继续留在前方追剿的姿态，不使对方察觉班师迹象，继续给噶尔丹施加压力。如说话间，包衣大达都虎进来奏称：御用米粮将尽。

康熙见其在噶尔丹使人面前泄露机密，怒斥道：“达都虎摇惑众心可斩也。如粮尽，则取湖滩河朔之米，何虑之有？粮虽尽，朕必啮雪穷追，断不回师。”宣谕后，又扬言将前往迈达里庙，并遣人修路。待送走格垒古英，康熙遂谕令从东斯亥班师回京。

十二月一日，康熙于南河西界之萨尔虎拖会，接见大将军费扬古，“与语良久”，表彰昭莫多会战时西路兵的战绩时说：“西路兵以疲困之众，遇敌战胜，势如破竹，实为可嘉。”

费扬古闻皇帝嘉奖，不仅不居功，反而“知罪”，答道：“噶尔丹之破败，皆圣谟神武之所致。奈臣庸劣，以皇上穷追困蹙之寇，不能生擒以献，实臣罪也。”费扬古功高不傲，康熙甚为满意。次日，康熙“以御用佩櫜鞬弓矢等物赐大将军费扬古”。后来，康熙准费扬古有权调遣外藩兵马，并超封一等公。

康熙二次亲征噶尔丹，“收抚其降众，遏绝其外援”，重新部署西北兵力之后，于十二月二十日胜利返回京城。

第三次亲征噶尔丹

康熙于第二次亲征噶尔丹结束之前，已开始了第三次亲征的准备工作，诸如：派户部尚书兼属理藩院事马齐前往陕甘安设通往宁夏的驿站，“并阅大兵所行之路”；派副统领阿南达调查从宁夏及嘉峪关西路出兵，至噶尔丹盘踞的萨克萨特呼里克的道里远近。

康熙三十六年，也就是1697年，正月，臣下出现了轻敌麻痹思想，劝皇帝不要亲征。山西道御史周士皇上疏说：“小丑已极困穷，计日就戮，请圣驾不必再临沙漠。”

康熙看到在形势对朝廷越来越有利的情况下，这种轻敌麻痹思想具有一定普遍性，因此，一再阐明亲临宁夏的原因和意义。他对大学士说：“览周士皇所奏，虽臣子之情当然，但周士皇未知其中之故”，正因噶尔丹“今穷困已极，故乘此机会，亲临塞外，酌量调度”。前吴三桂反叛，最初重视不足，未能立即派出足够数量的大兵，以致“吴三桂煽惑人心，遂至滋蔓”，后来，“朕日夜绸缪，调遣大兵，几费心力，方得扑灭。可见，如不乘噶尔丹穷困之机将其扑灭，待其煽惑、滋蔓，必费更大周折。”

康熙于行军途中得知噶尔丹之子塞卜腾巴尔珠尔已解赴御营，再次对扈从诸臣强调亲征意义说：“前既阵斩噶尔丹之妻阿奴喀屯，今又生擒其子，贼之本根已斩，噶尔丹虽各处偷生，其年老迈，能延几何？”

“凡用兵之道，要在乘机。噶尔丹穷迫已极，宜乘此际，速行剿灭，万万不能缓。朕今亲临宁夏，相度机宜，调遣军士，贼闻之必魂魄俱丧，其部属亦必张皇，而别部蒙古闻朕亲临宁夏，各欲见功，扼噶尔丹而图之。若彼不自尽，亦必为人擒献，克成大业，正在此举。”

康熙帝说话算话，距与噶尔丹约定的日期正好七十日，康熙三十六年，也就是1697年，农历二月六日，他第三次率师亲征噶尔丹，离开京城。此次行经山西大同和陕北的府谷、神木、榆林，由边外前行，三月二十六日抵达宁夏。

噶尔丹已好久没表现出他的激动和兴奋了，有的只是沮丧和绝望。当他派遣乞降使者时，境况已是山穷水尽。在他眼中、心中，康熙帝倒成了真正的神灵。他对使者说：“天下人果不相同，中华皇帝神灵奇异。闻其行军所至，泉涌于沙，草生于碛，冰泮于河，是天助彼也！今我所属之人，已皆往属，是人助彼也！尔其所往，观其侍从大臣行止若何，归日议之。”

自己的使者回来了，康熙帝招降使臣也来了，还给他带来了七十天的期限。其实他不敢降，也不想降，当然也就无所谓期限，每日里只是借酒消愁。在阿尔泰山与额德伦金山的谷地中，寒风拍打着他的毡帐，他咬着牙准备再熬过这个冬季。可他的亲信们早已丧失信心。

他最亲密的助手吴尔台扎卜看到母亲被康熙帝送回后，便与噶尔丹离心离德。他对噶尔丹说，要降就快降，不降尽快想办法，犹豫不决就是等死。尽管你打着兴教旗号，可厄鲁特、喀尔喀都离你而去。现“尔国已破，父子夫妻离散，究无补于法门之教，反造罪业而已”。

吴尔台扎卜的母亲也对他说：“彼国大、兵多，富而且威，中华皇

帝乃活佛也。敌人母子遣使完聚，尔等从前亦曾闻有是否？其余非常之举，言之不尽。”不久，连侄子丹济拉也率自己人迁到别处。到康熙帝率军前往宁夏时，噶尔丹只剩三百余人，每日靠打猎苟延残喘。他真是不见棺材不落泪。

康熙帝又来宁夏，在西北蒙古诸部中引起巨大震动。那些首鼠两端的台吉知道再也没有支吾的余地，纷纷上疏请罪，表示归顺，甚至表示愿出兵助剿噶尔丹。这正是康熙帝盼望的。

与此同时，康熙帝调派两路大军进剿。一路由大将军费扬古率兵三千出归化，由昭武将军马斯喀率兵两千出宁夏，会师于郭多哩，然后北进；另一路由孙思克、博霁率西安、甘肃兵两千前往肃州，再由阿南达率领出嘉峪关，取道哈密北进。

在不到一个月的时间里，康熙帝将所有运粮派兵事宜安排妥当。闰三月十五日从宁夏北上，半个月后，抵达狼山之南，亲自为宁夏一路兵送行。四月七日，在河套一带离岸登舟，沿黄河顺流而下。

康熙帝踏上归途，可他心却仍在军旅，他惦念着在无水无草的沙碛中前进的将士。这一次他抱着必胜的信念，再也没有克鲁伦河回撤那种担心。他知道噶尔丹已是风前残烛，不堪一击，数日内当有佳音传来。

四月十四日夜，有消息传来说噶尔丹已死，康熙帝不敢轻信，但仍激动不已，立即弃舟登岸，连夜纵马溯河往迎送信使者。十五日早晨，一小船自上游急驶而来。散秩大臣布克韬登岸跪呈大将军费扬古奏章，只见上面赫然写着：闰三月十三日，噶尔丹在阿察阿穆塔台地方“清晨得病，其晚即死，不知何症”，丹济拉等“携噶尔丹尸骸及噶尔丹之女钟齐海，共率三百户来归”。

康熙帝拿着奏疏，心潮起伏。近二十年来，西北、北部边疆动荡难安，人民播迁流离，威胁着关内的稳定，引起沙俄对领土的觊觎蚕食，噶尔丹是死有余辜。而八年平叛，无数将士风霜雨雪，酷暑严寒，饥渴煎熬，备尝艰辛，甚至葬身沙海和战场。

自己屡辞安逸，三次亲征，每日分兵派将，“筹划储备兵马钱粮，无晷刻之闲。在路也，晨则蒙雾露，昼则冒尘沙，口疲于诫诲，手胼于鞭辔，行数千里之外，以至于斯者，亦只以此孑遗之噶尔丹之故也”。

现在大恶已除，西北也因此而稳定，“今紧要喜庆之大事，无有过于此者”，他当即给在京主政的皇太子胤礽写信，让天下臣民都尽快知道喜讯。可是他太激动了，以至出现“持笔不能成文”的现象。

就在黄河岸边，康熙帝对天叩拜。随后全体文武官员及兵士举行了庆贺礼。他下令命费扬古率兵到丹济拉处，押降人前来。其余出征部队立即撤退。马上的康熙帝，按辔缓行，数年来的一幕幕军旅艰辛涌在眼前，他有点儿被自己的英明勇武所感动。

他情不自禁地对身边的太监说，噶尔丹已死，各部皆已归顺，大事已毕。“朕两岁之间三出沙漠，栉风沐雨，并日而餐，不毛不水之地，黄沙无人之境，可谓苦而不言苦，人皆避而朕不避，千辛万苦之中立此大功。”“朕之一生，可谓乐矣，可谓至矣，可谓尽矣。”

五月十六日，康熙帝凯旋入京。六月六日，礼部提请将康熙帝亲征噶尔丹所过名山及作战地，摩岩勒石纪功。后于第二年，康熙帝亲自撰写碑文，分别立碑于察罕七罗、拖诸山、昭莫多、狼居胥山等处。

同时批准国子监的建议，将康熙帝亲征时一切谕旨及祭先师文勒碑国学，并将碑文颁发全国学宫。随后又命大学士等为总裁官，将平定噶尔丹的经验及过程编成《平定朔漠方略》。

七月十九日，重新修成的太和殿金光灿灿，黄琉璃反射着耀眼的光彩。汉白玉的柱石、栏板雕龙画凤，层层圈绕着这座雄伟的大殿。乐曲悠扬，“万岁”之声禁城震荡回旋。康熙帝在此举行着平定噶尔丹的庆贺礼。三十六款的“恩诏”宣读完毕，便由驿站传往四面八方，普天之下，恩泽普被。

眼前的胜利和繁华确实使康熙感到骄傲，也昭示着一个新的历史时期的开始。他知道至此江山已可称巩固，大一统之局终于成为现实。在以后的岁月中，他要再展宏图，实现一个更美好的心愿。

在庆贺大典前二十余日，和硕显亲王丹臻疏请康熙帝崇加尊号，疏

中说："皇上永清四海，手致太平，下台湾，歼灭察哈尔，定俄罗斯，收喀尔喀，从古未经服属之疆土，悉隶版图。""今噶尔丹又复剿灭，其同族之青海台吉，皆刻期来朝，又素臣服于厄鲁特之哈密诸回人，亦皆输诚效命。治化之隆，蔑以加矣。"

大学士及文武在朝诸臣也纷纷呈请。康熙帝又一次展示他的谦虚和务实作风，他拒绝了这一请求。这是他一生中十余次拒上尊号中的一次。他知道展示武功的时代已宣告结束，"噶尔丹歼灭，天下悉已无事，唯爱养兵民为要"。

在万众欢呼声中，他知道，千万不要让胜利冲昏头脑比什么都重要。自古帝王能安不忘危，才最得展示美德，何况要做的事情还不少："吏治尚未澄清，民生尚未丰裕，士卒尚未休息，风俗尚未淳朴，且旱潦灾异，亦复相仍。"

因此，他宣称："朕自御极以来，不曾念及一己，只为天下生民计，夙夜焦劳。唯恐一时意怠，不克有终"，歼灭噶尔丹，是上天庇护，祖宗福佑，众将士的勤劳，"朕何有焉"，徽号不必加崇。

群臣被极大地感动了。他们相信：天下臣民遇到了一个不平凡的君主，这个国家的乱世真的结束了，而盛世可期！

这年七月，康熙帝给参加殿试的举子们出的策论题目是："治天下之道，必期柔远能迩，察吏安民"，有何良策，尽言无隐，多多益善。《剿灭噶尔丹告祭天坛文》中，对康熙三次亲征作了概括：

> 亲统六师，三临绝塞，弘彰挞伐，克奏肤功。

由噶尔丹挑起的这场战乱，前后持续近十年，至此结束，清除了漠北和西北地区一大不安定因素。对于那些涉及国家主权等原则性大问题，康熙绝对不含糊。在处理分裂活动、外敌入侵上，他显得非常强硬。三次亲征噶尔丹，坚决抵抗沙俄入侵，维护了国家统一和主权完整，在这个意义上，康熙不但是一位英明君主，也可称为中华民族大英雄。

派兵入藏平复叛乱

康熙在成功地平“三藩”、收台湾、征服噶尔丹之后，使得中国历史上出现了空前大一统的局面，而清王朝中央集权也自然发展到了顶峰。

这一时期，康熙将宗教作为政治手段，将西藏的管理从间接治理过渡到了直接有效的治理，达到了以往历史上任何王朝竭尽全力而又未能达到的顶峰。

宗教问题是把双刃剑，如果利用不好，反而会对国家形成威胁。当康熙意识到达赖的势力已严重危及清朝中央政权的时候，就采取了扶持忠于清政府的哲布尊丹巴的势力的做法，避免了达赖坐大难制的局面。

清初，信仰黄教的地区和人口相当广大，黄教在漠北、漠南蒙古以及西藏等地区威信很高。但一些宗教领袖试图摆脱清王朝的控制，建立独立的权力中心，有的甚至勾结外族势力。康熙深知宗教问题不能单凭武力解决，他注意在宗教界内部扶持新的精神领袖。

康熙继位后，在继续发展黄教，以表示尊重蒙古人民的宗教感情的同时，鉴于西藏第巴桑结嘉措假借达赖五世名义支持噶尔丹叛乱，扰乱喀尔喀蒙古事务的状况，又积极扶助蒙古地区的黄教首领哲布尊丹巴呼图克图和章嘉呼图克图，以削弱达赖喇嘛及第巴桑结嘉措对蒙古地区的控制和影响，使蒙古各部紧紧团结于清中央政府的周围。

康熙二十一年，也就是1682年，达赖五世去世，达赖五世的亲信第巴桑结嘉措匿丧不报，并暗中勾结噶尔丹，支持他侵犯喀尔喀蒙古，并唆使其与清廷对立。

桑结嘉措隐匿达赖五世的丧事，过了十五年后，康熙三十六年，也就是1697年，才被康熙派人查清。此后，康熙更坚定了削弱西藏达赖势力的决心，他特命章嘉呼图克图移居多伦汇宗寺。

康熙四十年，也就是1701年，康熙又封章嘉呼图克图为“灌顶普善广慈大国师”，令其总管内蒙古、京师、盛京、热河、甘肃及五台山等地的黄教寺院。从此，漠南蒙古也有了自己的活佛转世系统。康熙在漠南、漠北地区发展黄教势力，建立哲布尊丹巴呼图克图和章嘉呼图克图两大活佛系统，使清中央政府对蒙古各部的宗教控制大大加强。

哲布尊丹巴是喀尔喀蒙古的宗教首领，土谢图汗之弟。顺治六年，也就是1649年，改宗黄教。在政治上，他坚决拥护清朝中央政府，并与清政府一直保持密切关系。长期以来，黄教的唯一中心在拉萨，哲布尊丹巴虽然已改宗黄教，但其地位远不及达赖喇嘛派出的代表。

因此，当清朝政府为解决喀尔喀蒙古两翼纠纷，在库伦伯勒齐尔会盟，哲布尊丹巴与达赖喇嘛代表西勒图平起平坐时，即被噶尔丹视为“非礼”，并以此为借口，大举入侵喀尔喀，同时沙俄又乘机招降喀尔喀难民。

在这关键时刻，哲布尊丹巴毅然率部南下，投奔清朝，他向部众指出：“俄罗斯素不奉佛，风俗习惯也跟我们大不一样，语言服饰也差得很远，跟着他们绝不是长治久安之计。不如全部内迁，投靠我们大清皇帝，可邀万年之福。”再次表明了他忠于清朝的政治主张。

噶尔丹入侵及第巴桑结嘉措假借达赖之名暗中支持叛乱，使康熙意识到，达赖的势力已严重危及清朝中央政权，如不加以削弱，势必会影响清朝政府的统治，因此，在喀尔喀蒙古地区发展黄教，扶持忠于清朝政府的哲布尊丹巴的势力就成为当务之急。

多伦会盟中，康熙特封哲布尊丹巴为大喇嘛，令其掌管漠北黄教事务。这样，既迎合了喀尔喀蒙古信奉黄教的心理习惯，又在拉萨之外形成了一个宗教中心。哲布尊丹巴的声望也因此日益提高，成为一支独立的活佛转世系统。

对西藏地区的动静，康熙一直密切关注着，发现有损害国家利益的事情发生，就当机立断，迅速解决。取代噶尔丹的准噶尔部首领策妄阿拉布坦开始的时候对朝廷还很恭顺，但随着势力的扩张，也开始产生叛逆之心，特别是一直觊觎吞并西藏。

当拉藏汗在西藏遭到孤立，向策妄阿拉布坦求援时，他就借机娶了拉藏汗的姐姐为妻，并将女儿嫁给了拉藏汗长子丹衷，借此获得了拉藏汗的信任。

康熙五十五年，也就是1716年，农历十一月，策妄阿拉布坦以护送丹衷夫妇回西藏省亲为名，派其表弟策零敦多布率兵向西藏进发。第二年七月初，经藏北腾格里海直趋达木。这时，拉藏汗正在青海用兵，毫无戒备。等他发现真相，调兵拦截，为时已晚，屡次兵败，不得不退居拉萨，同时派人向清廷求援。

策零敦多布所率领的准噶尔兵很快就占领了拉萨，拉藏汗被杀，一番大规模的抢掠洗劫后，建立了以达克咱为第巴的亲准噶尔政权。另一方面，准噶尔兵向前藏进攻，做好了长期占领西藏的准备。消息传到京城，康熙非常震惊。

康熙五十七年，也就是1718年，他命令侍卫色楞统领两千四百人紧急前往救援。色楞所统满洲、绿营、土司之兵及自西宁调往之兵，共两千四百名，人少力弱，为当时清朝官员所共认。这是因为康熙对敌情掌握不准，估计战局偏于乐观，所以只派了这么一支军队冒险远征。

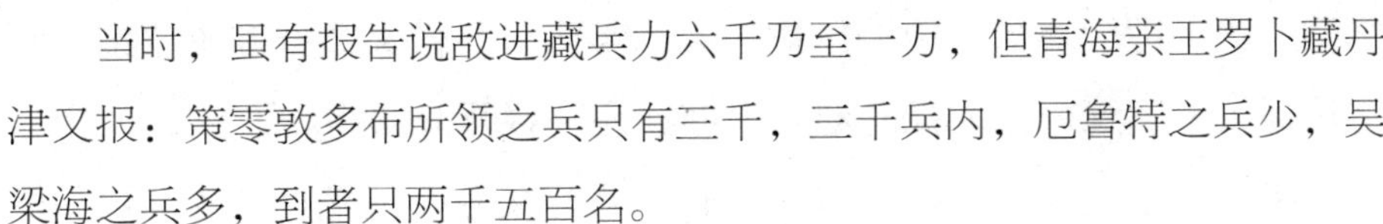

当时，虽有报告说敌进藏兵力六千乃至一万，但青海亲王罗卜藏丹津又报：策零敦多布所领之兵只有三千，三千兵内，厄鲁特之兵少，吴梁海之兵多，到者只两千五百名。

康熙由此认为，敌军经长途跋涉，到西藏之后又遭顽强抵抗，疲惫已极，除阵亡病死外，未必满两千。加之处境进退维谷、一筹莫展，“自分攻取，则兵力不支；撤兵而回，亦无生路”。另一方面，康熙想到两年前策妄阿拉布坦偷袭哈密，清兵曾以二百人败其两千余人，认为今日侵藏叛军又非昔日侵哈密者可比。

因此，康熙没有细心研究可能出现的问题和困难，盲目自信地对大臣说，对手的军队既可以到藏，我们的军队也可以深入到他们的地盘。兵也不用多，二百余人便可破之。既然二百余人便可破之，那么两千四百人当然更稳操胜券。

康熙的轻敌思想直接影响到了他的侍卫色楞。色楞盲目自信，急于求成。五月十二日，他不等西安将军额伦特的策应部队到来，率兵越过青藏交界处的穆鲁乌苏，一路深入藏地。

准噶尔兵自色楞等入藏之日，即佯败退却，诱其深入，而以精兵埋伏于喀喇乌苏严阵以待，同时胁从吐蕃数万，以其一半人马据河抵抗清军，并分兵潜出绕到清军背后，截击其粮道。

清军遇敌伏兵，突围不成，相持月余，弹尽粮绝，终于九月全军覆没，主将额伦特、色楞二人阵亡。意大利人德斯得利在《西藏纪事》中记载道：“准噶尔人将清军官兵包围在营地，不许粮草支援进入。清军官兵最后活着的人，只能吃饿死了的同伴尸体。”

此战获胜，策妄阿拉布坦顿时更不把朝廷放在眼里，他命策零敦多布继续向东进至喀木地区，企图争夺巴塘、里塘，继而进取青海、云南等地。

康熙这时已经得知了前线的紧急情况，他认识到了问题的严重性，因此在这年的十月，他就任命皇十四子胤禵为抚远大将军，赶往西宁筹划进藏事宜，同时提升四川巡抚年羹尧为四川总督，负责督办设立进藏驿站，保证进藏官兵的粮饷供应。第二年二月，他又命令都统法喇及副将岳钟琪率满汉官兵招抚巴塘和里塘，为进藏开辟通路。

康熙五十九年，也就是1720年，正月，又命胤禵率兵从西宁移驻穆普乌苏，管理进藏军务及粮饷，居中调度，分三路大军，进藏平叛：中路由皇侄延信为平逆将军，率兵一万两千人出青海，进军喀喇乌苏；南路由噶尔弼为定西将军，和云南都统武格率一万人，从巴塘进兵；北路由将军富宁安、傅尔丹率兵两万五千人，分别从巴里坤、阿尔泰出师，配合出击，牵制援敌。

在同年二月，康熙又册封格桑嘉措为六世达赖喇嘛，命中路军护其入藏。四月，三路大军向西藏进发。延信率中路军，多次击败策零敦多布，歼敌三千余人，策零敦多布率残部数百人逃回伊犁。在清军的护送下，六世达赖平安入藏，并于九月十五日举行了隆重的坐床典礼。

与此同时，南路和北路大军也接连获胜，彻底粉碎了准噶尔兵吞并西藏的图谋。康熙在处理西藏地区的事务上展现了他高超的政治智慧。他充分尊重了这些地区人民的宗教信仰自由，但对其中的分裂活动，则坚决制止。他果断地派兵入藏平叛，加强对西藏的管理，有力地维护了国家的统一。

加强对西藏的管理

康熙在平定西藏叛乱后，充分意识到：西藏远离京城，如果没有一个常驻衙门及官员，其信息多有不灵，其统治多有不顺。清初时，皇太极曾修书数封欲分致西藏各派领袖，可是直到使者抵藏后，方知蒙古和硕特部已经被消灭。

1682年，达赖五世去世，桑结嘉措竟匿丧不报，隐匿长达十五年之久。消息失灵已经近乎到了荒唐可笑的地步了。为了进一步加强对西藏的管理，康熙实行了一系列有关控制西藏的意义重大的举措，其中包括：派驻藏大臣，册封班禅，确立“噶伦共管”制度，建立驻兵制度等。

康熙四十八年，也就是1709年，清廷派侍郎赫寿赴藏协同拉藏王处理西藏事务。由此赫寿成为清廷第一位驻藏大臣。驻藏大臣衙门是清廷驻藏的一个派出机构，代表中央政府行使对藏主权。它是清廷加强中央集权削弱地方权力的典型举措。但是此时的驻藏大臣的正式称谓尚未确立，权力也相对较小。

后来的驻藏大臣是代表中央政府会同达赖监理西藏地方事务的高级官员，具有很大的权力，包括诸如高级僧俗官员的任免，财政收支的稽核，地方军队的指挥，涉外事务的处理，司法、户口、差役等项政务的督察等。此外，并专司监督有关达赖喇嘛、班禅及其他大呼图克图即活佛转世的金瓶掣签、指定灵童、主持坐床典礼等事宜。

驻藏大臣之设立是自唐宋以来中央政府对西藏地方管理制度的重大发展，对于维护祖国统一，巩固边防，促进民族团结均起过积极作用。从社会经济方面而言，每次驻藏大臣的到任，其实对于西藏的社会生产力都是一种推动和促进，因为每次旧驻藏大臣回京述职和新驻藏大臣到任，并非单单一两个人，而是上百乃至上千人。

这些人将内地先进的社会生产资料和生活资料等及时地带入西藏，包括书籍、水利、建筑、农作物生产工具等方方面面，使藏汉民族的相互交往得到进一步的增强。同时，西藏每遇战争或天灾，驻藏大臣总是同达赖喇嘛和班禅喇嘛商量上奏朝廷减免一切捐税，并抚慰西藏的老百姓，使西藏的社会经济迅速恢复，在长达一百多年的时间里，使西藏百姓能够安居乐业。

由于西藏地处高寒地区，在拉萨地区原本极少有树木花卉，且品种单一。于是，驻藏大臣张荫棠入藏时，就随行带入了各种花籽，权当实验进行播种，结果其他的花籽无法生长，唯有一种花籽长出来呈“瓣形状”，耐寒强，花朵美丽，颜色各异，清香似葵花，果实呈小葵花籽状，西藏一时间家家户户都争相播种，然而谁都不知此花何名，只知是驻藏大臣带入西藏，因此起名为“张大人”。

当时，西藏通晓汉语的人极少，但是多年之后，就连一句汉语都不会说的一些老人谈论此花时，都能流利地说出“张大人”这三个汉字，可见影响之久远。

同时，驻藏大臣的设置缓和了当时达赖和班禅之间的许多矛盾，并起到缓解各种社会矛盾的作用。驻藏大臣代表清政府主持班禅、达赖历

世转世灵童的“金瓶掣签”和坐床典礼。

总之，驻藏大臣在中央政府管理西藏的事务中起到了很大的作用。后来在《清代驻藏大臣传》这本书中，明确而客观地指出了驻藏大臣几个主要的历史作用：

（一）抵御外辱，保卫边疆；

（二）整饬军政，讲究吏治；

（三）赈恤灾黎，安抚民众；

（四）扬善惩奸，平定叛乱；

（五）维护宗教，“原予封赠”；

（六）文献建设，保存史料。

西藏地处青藏高原，无论从气候、地理、人文还是交通各方面同中原相比都有很大的差距，为了避免出现一系列可能出现的问题，清廷明智地利用驻藏大臣对西藏的政治、军事、经济、宗教、外事及国防进行直接的管理，从而避免了出现“山高皇帝远”的不利局面，将中原和西藏紧紧地联系在一起。

康熙五十二年，也就是1713年，清廷册封班禅五世为“班禅额尔德尼”。但此次册封绝不是对册封达赖喇嘛制度的简单扩展或承袭，而是有着新的重大的历史意义的：

一方面，这是班禅活佛转世系统受到中央政权正式册封的开端，使西藏有了两个由中央王朝册封的领袖，它的付诸实施，一定程度上反映了清朝对藏中央集权的加强。

另一方面，提升班禅的地位，客观上使之形成了对达赖权力上的制约，削弱了达赖的势力，便于中央政府对西藏僧俗社会的统治。

最初，清朝政府对西藏的统治，主要是通过和硕特部首领来实现的，在内部则靠由达赖喇嘛任命的第巴总揽全局。康熙五十五年，也就是1716年，准噶尔军趁西藏形势动荡侵入西藏，清军驱逐准噶尔军后，在康熙六十年春，清廷重新组建西藏地方政权，采取“噶伦共管”制度，废除在西藏政务中独揽大权的第巴，设立一名首席噶伦，另设四名噶伦共管藏务，并且派兵驻守拉萨。

康熙六十年，也就是1721年，春，康熙任命阿尔布巴、康济鼐、隆布奈以及达赖喇嘛的总管扎尔鼐四人为噶伦，也就是政务官，联合掌握政务，其中康济鼐为首席噶伦，正式组建了西藏地方政府。地方政府的主要官员，由朝廷任命，改变了西藏地区经常受到其他地方势力影响的局面。从此以后，西藏地区逐渐恢复了安定局面。

后来，又经过多次变化改革，最后确定了在驻藏大臣和达赖喇嘛共同领导下，四噶伦“共同办事”的制度。参加噶厦的噶伦，一名是僧官，其余三名都授三品顶戴。噶伦出缺，由驻藏大臣会同达赖喇嘛提名合适人选，奏请朝廷补放。

“噶伦共管”制度是西藏正式纳入清朝版图之内的标志。至此，清朝对西藏行使主权才有了真正的实质性的有力证据。

康熙在平定了西藏叛乱后，为了进一步加强对西藏的管理，维护当地的安定，还决定建立驻兵制度。他派遣满洲、蒙古及绿旗兵四千名进驻西藏，命策旺诺尔布代理定西将军，额附阿宝、都统武格参赞军务，统辖驻藏兵马。

从康熙开始，建立了清朝政府在西藏的驻兵制度。驻兵制度是清廷治藏方略的重要内容，是清政府在西藏进一步开展政治、军事工作的继续与发展，直接体现了清朝对西藏行使主权的力度，其意义十分深远。它保卫了边疆、巩固了国防、安定了西藏、推动了西藏地方对中央政府的向心力，促进了西藏地方政治、军事、经济和文化的积极发展，为维护祖国统一和民族团结作出了重要贡献。

创立康熙盛世

康熙每天五更就起床读书，夜里读书常常熬夜，竟至过劳，痰中带血，也不休息。汉儒文化对这位年轻的大清皇帝有着莫大的吸引力。多年的苦读精修，为康熙以后的治国思想打下了坚实的基础。

熊赐履是康熙最为信赖的一位帝师。他曾就理学“敬”的问题，结合帝王身行，与康熙进行议论讲说。熊赐履说：“敬是知行的根底，主敬是正君心的根本。人君主敬即是敬天法祖，知人善任，安定民生。所以人君必须内而修德，外而修政，治理天下要谨慎，一事不妥，足以感召天变。”

康熙深有同感，连连赞好，说：“敬天，无非是敬民；民视，自我天视；民听，自我天听。”

克己勤俭兴盛世

康熙一生都极重视修行自身、以身作则，要求臣子们做到自己必当更严格地去做。他节俭不尚奢华，好学不虚度时日，孝敬极重亲情，勤政尽心竭力。他凡事不尚空谈，讲求身体力行。因此，有人曾将康熙列入“自古英哲非常之君”，认为康熙承前启后，继往开来。

上有所好，下必甚焉。要求官吏做到的，领导者先做到无疑最有说服力。康熙在自己以身作则的基础上，也十分强调督抚大员的表率作用，他说：“民生的安危，取决于吏治的清浊，吏治的清浊，则取决于督抚的表率，倘若督抚清正，实心爱民，那么下吏哪个敢不克己奉公？”

在日常用度上，康熙比较注重节俭，他的信条是：“以一人治天下，不以天下奉一人，常思此言而不敢有过。奉行此言便是躬行节俭，不搞特殊。”他尊崇儒学，坚持日讲制度，既是听课，也是开学术讨论会。

康熙十一年，也就是1672年，农历十月十六日，听讲之后，康熙召翰林院掌院学士熊赐履到御前，问他："近来朝政如何？"

熊赐履回答道："前见上谕禁奢靡，崇节俭，人人皆以为当今第一要方。但是，奢侈之风竟然比以前更为厉害。贪官污吏，财尽民穷，种种弊端，都是由于奢侈。恐怕积习日深，一时难以改正，有关方面只看成是官样文章，奉行不力。多亏皇上的亲自实践倡导，加意整顿，才有了这太平盛世的大业。"

这绝非熊赐履的逢迎之言，在节俭方面康熙确是言行一致，为天下人垂范。他说过："节俭固然是美德，人们都能挂到嘴上，而真正能够做到的很少。现在天下太平，国家富裕，朕躬行节俭，宫中费用，非常节约。如果按明朝时候计算，他们皇帝一日之用，足供我现在一月的需要。"

康熙提倡节俭的目的很明确，他说："因为一切费用都是劳动人民的血汗积累而成的，我想，作为人主的皇上唯有能够约束自己，那么贵者就更加可贵，《易经》上说是谦虚则光荣。如果只知道奢侈无度，则不觉得可贵了。我祖宗的传统就是如此，我要时刻警惕着。"

康熙不尚空谈，注重实践。他对以皇帝个人享受荣华富贵为中心内容、劳民伤财的大兴土木举动不感兴趣。康熙八年，也就是1669年，只有十六岁的康熙就有过出色的表现。当时，因乾清宫交泰殿的栋梁朽坏，孝庄太皇太后提出拆掉重建，以做康熙听政之地。康熙是孝子贤孙，不敢违背祖母的意图，但却批示工部："重建的时候不求华丽、高贵，只要朴实、坚固、耐用就可以了。"

康熙二十四年，也就是1685年，农历十月，康熙对掌膳食官员说："天下的物力有限，应该为天下人珍惜。现在的酥油、乳酒等物品，供给有余，收取足用则已，不可过多。蒙古地方很贫穷，收取的减少了，则平民百姓日用所需，就可以满足。"

康熙三十四年，也就是1695年，农历十二月，户部报告说："吉林乌拉地区打捕貂鼠不足额，供应不上，管理此事的官员应该议罪。"

康熙说："数年以来经常捕打，所以貂少，只能维持原数而已。就因为不够数，讨论处分有关的人员，等于是给无辜者加罪，实在不公。如果得不到上等的貂皮，我宁愿少穿一件貂皮大衣，那有什么关系？而且貂价非常昂贵，又不是必需品，我也没有必要非享用不可。"于是命令有关部门转告乌拉将军酌情办理。

关于康熙个人的日常生活，与其他帝王相比，那是极其简朴的。法国天主教传教士白晋于康熙二十一年也就是1682年到北京，曾为康熙讲授西洋科学知识，出入宫廷，对康熙的日常生活了解得很细。他在给国王路易十四的报告中做了详细介绍：

从康熙可以任意支配的无数财宝来看，由于国家辽阔而富饶，他无疑是当时世界上最富有的君主。但是，康熙个人的生活用品绝不用奢侈豪华的，生活简单而朴素。这在帝王中是没有先例的。实际上，像康熙这样闻名天下的皇帝，吃的应该是山珍海味，用的应该是适应中国高贵传统的金银器皿。可是他却满足于最普通的食物，绝不追求特殊的美味，而且吃得很少，在饮食上看他从没有铺张浪费的情况。

从日常的服饰和日用品方面，也可以看出康熙崇尚朴素的美德。冬天，他穿的是用两三张黑貂皮和普通皮缝制的皮袍，这种皮袍在宫廷中是极普通的。此外就是用非常普通的丝织品缝制的御衣，这种丝织品即便在中国民间也是很一般的，只是穷苦人不穿而已。

在夏季，有时看到他穿着用荨麻布做的上衣，荨麻布也是老百姓家中常用的。除了举行什么仪式的日子外，从他的装束上能够看到的唯一奢华的东西，就是夏天他的帽檐上镶着一颗大珍珠。这是满族人的风俗习惯，也是帝王的标志。

在不适于骑马的季节，康熙在皇城内外乘坐一种用人抬的椅子，叫"肩舆"。这种椅子实际上是一种木制的轿，粗糙的

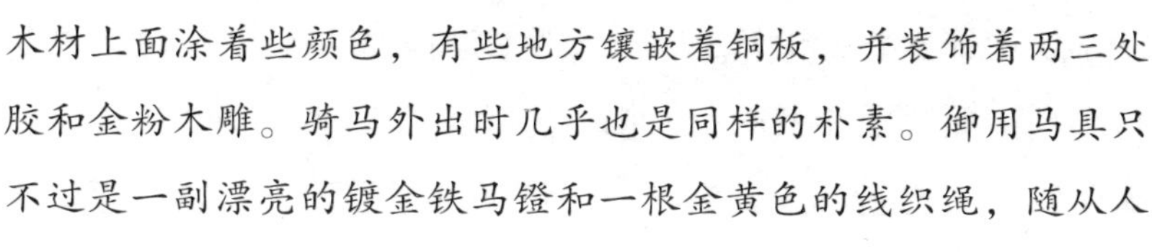

木材上面涂着些颜色，有些地方镶嵌着铜板，并装饰着两三处胶和金粉木雕。骑马外出时几乎也是同样的朴素。御用马具只不过是一副漂亮的镀金铁马镫和一根金黄色的线织绳，随从人员也有节制。

康熙除了自身生活俭朴之外，对宫中用费，也三令五申注意节俭。出巡时，不许为之修路；不得擅建行宫，滥建者责令拆毁；不用华贵的车船；不许随从人员借机苛敛百姓；反对讲排场，隆重迎送；不许官吏互赠礼品。

在康熙中、后期，上下大小官员都称颂康熙的功德昭著，多次要求上尊号，举行皇帝御极六十年庆贺大典，但是康熙一概断然拒绝。他首先考虑到这种活动将带来巨大浪费，而且他毫无兴趣，简直“素性不喜行庆贺礼”。

俭可养廉，廉必清政，政通人和乃民心所向。康熙从国家的命运前途的高度来认识节俭，他既要求开源，又要求注重节流，实在是高人一筹。

康熙废除皇太子，原因之一就是见他穷奢极欲，吃穿所用，远过皇帝，犹以为不足。康熙经常告诫皇子们，简朴的生活原则是符合中国的传统文化精神的。儒家提出“修身、齐家、治国、平天下”。以“修身”为第一，这正如盖楼的道理一样，先有第一层，才能继续往上建，否则就是空中楼阁。

皇帝能调动全国的资源为己用，往往养成穷奢极欲的恶习。但是康熙一生能自动地保持节俭的习惯，这和他几十年不间断地加强学习和自身修养有密切的关系。康熙说：“朕政事之暇惟好读书，始与熊赐履讲论经史，有疑必问，乐此不倦。继而张英、陈廷敬以次进讲，于朕大有裨益。”

当时，康熙作为十七八岁的青年，正是精力旺盛、年少好胜之时，很容易讲排场、攀比，但他把精力用于治国，犹能勤奋治学，确是十分难得。不仅使那些庸碌懒惰、淫乐无度的明朝皇帝黯然失色，也令那些专为科举考试而读圣贤书的士人相形见绌。

康熙每天五更就起床读书，夜里读书常常熬夜，竟至过劳，痰中带血，也不休息。汉儒文化对这位年轻的大清皇帝有着莫大的吸引力。多年的苦读精修，为康熙以后的治国思想打下了坚实的基础。

熊赐履是康熙最为信赖的一位帝师。他曾就理学"敬"的问题，结合帝王身行，与康熙进行议论讲说。熊赐履说："敬是知行的根底，主敬是正君心的根本。人君主敬即是敬天法祖，知人善任，安定民生。所以人君必须内而修德，外而修政，治理天下要谨慎，一事不妥，足以感召天变。"

康熙深有同感，连连赞好，说："敬天，无非是敬民；民视，自我天视；民听，自我天听。"

鉴于明代中后期皇帝往往因纵欲而短命，国事更是乌烟瘴气，熊赐履特别指出："皇上要清心寡欲，心如明镜止水，外界一切声色不能扰乱您的聪明，邪佞不能迷惑您的志气，以之读书，则义理昭融，以之处事，则机务明晰。若心体一有所执迷，便为外物所蒙蔽，而本体丧失，本体一失，那就什么事也做不明白了。所以古之人臣，无时不以敬畏、戒逸欲告诫其君，是有道理的。"

康熙十分满意，并试讲自己的体会："主敬乃是实现政简刑清的根本，人君只有以敬修身，正以诚意，才能实现无为而治。人君势位崇高，想要什么不能得到？但必须要有一份敬畏之意，自然不至差错，便有差错，也会反省改正。如若率性而行，毫不谨慎，很少有不导致骄纵侈靡的。我每念及此，不敢有一刻的放松自己。"

谈到《性理》一书，康熙说：

> 总归千言万语，不外一"敬"字而已，人君治天下，但能居敬，终身行之足矣。敬天之事莫过乎爱民，爱民就是敬天。临民以主敬为本，一念不敬或贻四海之忧，一日不敬或致千百

年之患。人君惟敬修其德以与天意相孚，不必指何事为何德之应。总之，和气致祥，乖戾致恶，乃古今不变的真理，遇到祥瑞就更加谦逊，遇到灾害就知道上天示警，人君应无时无刻不谨慎行事。

通过与熊赐履的反复论讲，康熙的涵养功夫不断深化，确是大有益于治国。及至晚年，他回忆自己的一生时曾说："我自幼读书，略观经史，知道持身务以诚敬为本，治天下务以宽仁为尚，虽德不厚，性不敏，而此心此念兢兢持守五十年，未曾间断。"

"其身不正，其令不从"，古人说"正人先正己"，作为帝王，不但是领袖，更是楷模。在中国历史上，精通权术、善于用兵、长于治国的帝王不少，能够称得上臣民楷模的却不多见，康熙可以说是其中少有的一位。

康熙对别人很宽仁，对自己却严格要求，不但好学深思、清廉节俭、作风严谨、以身作则，而且勤于政事，六十一年如一日，堪称天下大小官员和百姓的楷模。

初创密折陈奏制度

康熙加强皇权，除了御门听政外，还发展了“密折陈奏”制度。

密折起源于请安折，因为满人有经常向皇帝请安的习惯，具折问安时，顺便报告别的事情，久而久之，就形成了习惯。当时具折的人，大多是满人，而且是皇帝的心腹。在顺治年间，这种折子就已经存在，但形成制度则是到了康熙时期。

对此，康熙曾说：

> 密奏之事，唯朕能行之尔，前朝皆用左右近侍，分行探听。此辈颠倒是非，妄行称引，偾事甚多。

康熙这里所说的前朝，就是明朝。明朝皇帝为了探听臣下举动，动用宦官和锦衣卫等，这些人居中作恶，不但无益于统治，反而把朝政搞得乌烟瘴气。这一点，康熙是很反感的。

而康熙将满人的请安习惯加以制度化，进一步演化为“密折陈奏”制度，就达到了既能了解臣下和地方情况，又避免有人借机为恶的效果。这不能不说是一大创举。

为了更好地控制全国，巩固统治，就迫切需要及时了解官员和百姓的情况，不受各种因素干扰，客观地、准确地做出判断和进行处理。当时皇帝的主要情报来源，除官员面奏和亲自察访所得外，主要是要靠奏报文书。

当时，“题本”和“奏本”是两种最主要的上行文。这是明朝的制度，清朝统治者继承下来后，已经沿用数百年，暴露出了很大的弊端。主要表现在：繁复迟缓，泄露机密。题、奏运转时间长，最少需要四到五天，中间环节多，经办的人手杂，不易保密，经过通政使司及内阁的许多部门多次阅览审核之后，才能到达皇帝案头。

而最重要的是，按照制度，题、奏本章不是由皇帝直接处理，必须先送内阁由内阁“票拟”，即提出初步处理意见，再送皇帝认可。

而且，即使是皇帝认可的处理意见，也不是由他亲自批答，还必须由内阁及批本处代为批红。这样一来，皇帝受制因素非常多，很难体现他的个人意志。

密折的主要特点就是可以避开内阁直接送达皇帝，皇帝亲自批复，直接下达给具折人执行。这样一来，“密折陈奏”正好弥补了题本和奏本的缺点，有助于皇帝亲自了解、处理有关事务。自康熙二十年代末至三十年代初，康熙就命令一些派驻外地的亲信，如曹寅、李煦等，用折子向他报告某些当地的情形。

开始的时候，这些亲信只是向康熙上报一些雨雪、粮价之类的信息。当然这些也极为重要，因为这关系到百姓生产生活，关系到国家的稳定。不久之后，康熙就开始让他们汇报一些关于地方官的隐私和民间舆情，以及其他消息。这是臣子和君主的直接交流，没有第三人参与，由于谁也不知道皇帝从别人那里打听什么，也不敢瞒报，这就保证了信息的准确性。

由于这些官员大都远在京外任职，不可能当面呈报，也不可能通过驿站传递公开送达，康熙就命令他们派亲信家人将折子直送皇宫，由他亲自拆封。因为这些折子密来密往，就被称为密折。后来，康熙为了更广泛地了解情况，被准许用密折奏事的官员也越来越多。一些地方督抚、提镇大员也可用密折奏事。

到康熙五十一年，也就是1712年，又谕令在京部院大臣及科道官员等，除可在御门听政时以折子奏事外，也可私下用密折奏事。因此到了康熙后期，京内外高级官员用折奏事已十分普遍。“密折制度”也正式形成了。此后，“密折”制度发展到极致，以至于逐渐代替了题本和奏本这两种正式的公文。

康熙通过臣工们所递进的密折，掌握了许多官场隐私及民间动静，大大加强了他的控制和统治能量。正如他自己所言：“诸王文武大臣等，知有密折，而且都不知道其所言何事，自然更加警惕，自己小心办理政务，也有利他们加强自身的人品修养……”这实际上说出了密奏的威慑作用。

更重要的是，有些通过其他途径难以查清的问题，经密折陈奏，往往能够弄清楚事实真相。曹寅和李煦是最早使用密折的官员之一，康熙对他们奏折的批答，很有代表性。

康熙四十八年，也就是1709年，农历十月初二，苏州织造、大理寺卿李煦上折请安，康熙特地回复说：

> 近日闻得南方有许多闲言，无中生有，议论大小事务。我没有其他可以托付的人来打听，你们受恩深重，但有所闻，可以亲手书折上奏给我知道才好。此话断不可叫人知道，若有人知，恐怕会给你招来祸端。

原来，在这一年三月，康熙复立太子，朝廷内外震动，很多官员私下打探信息，民间也议论纷纷。事关大局，康熙又不能公开询问，于是就命李煦暗中打听动静，以便了解舆情变化。

很多人都以为密折制度的创立者是雍正皇帝，实际上，这一制度是康熙所开创的。他派官员刺探朝廷、地方的信息及民情舆论，上密折陈奏，让皇帝对臣下的监视无时无地不在。康熙之所以被称为千古名君，是因为他善于集中权力办大事。他深受中国文化熏陶，熟悉历史，深知大权不可假于人的道理，他曾说：

> 今天下大小事务，皆朕一人亲理，无可旁贷。若将要务分任于人，则断不可行。所以无论巨细，朕必躬自断之。

虽然这是封建皇权专制的体现，但在当时，这对于维护国家的稳定起到了至关重要的作用。康熙是一位大权独揽、事必躬亲的帝王，“一切用人听言大权，从无旁落，即左右亲信大臣，亦未能有荣辱人、能生死人者”。所以，康熙自亲政后，一直牢牢地把握着国家的权力，这可以说是他开创“康熙盛世”的一个大前提。

建立和谐君臣关系

谈到康熙时期对官员的管理，几乎所有人都用一个“宽”来加以概括。事实确实如此。康熙对历史太了解了，他对于那些大杀功臣的做法非常反感。康熙自己曾解释说：“我自幼读书，发现历史上的大臣大多数不能保证其善始善终，所以立志待大臣如同自己的手足，不论满汉蒙古，非大奸大恶法不可容者，都尽量保全他们。”

在中国封建历史上，说到君臣关系和谐，莫过于“康熙盛世”。这主要得力于康熙的人性化管理。他没有把大臣们当成是潜在的对手或者御用的工具，而是当成了自己的亲属、朋友，靠感情而不是靠权威，来建立一种更稳定、更协调的关系。

人心的得失关乎天下安危。古人云，得人心者得天下，的确是硬道理。康熙所追求的，就是让人们从心里服从他，甘心为他效力，而不是威压下的屈从。所以，他以一种特有的方式，和臣子、百姓、士兵建立起了内心的联系，使这些人乐为之用。

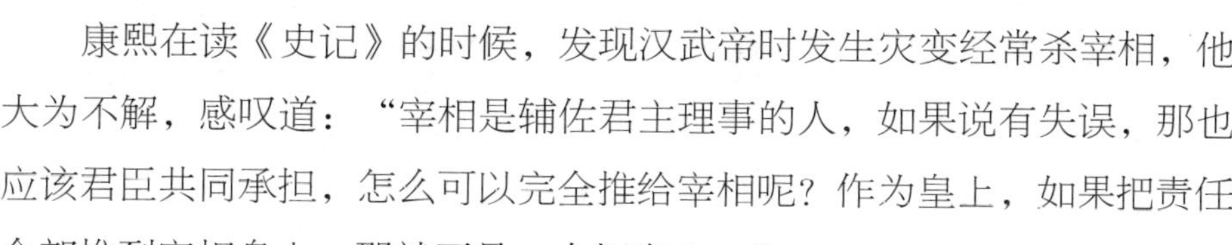

康熙在读《史记》的时候，发现汉武帝时发生灾变经常杀宰相，他大为不解，感叹道："宰相是辅佐君主理事的人，如果说有失误，那也应该君臣共同承担，怎么可以完全推给宰相呢？作为皇上，如果把责任全部推到宰相身上，那就不是一个好皇上。"

康熙不但是这样说的，而且他确实从不诿过于臣下，非但如此，即使臣下有错，他也能尽量从宽处理，因此，在整个康熙朝，很少发生官场的冤案，这在中国历史上是绝无仅有的。

康熙这样做，一方面是由于他心地仁慈；另一方面也是为了稳定江山。他认识到，尽管皇帝在政治上有绝对权威，对臣下有生杀予夺的大权，但仅靠权威，不能从根本上得到大家的拥护。如果官员畏君主之威而不蒙其恩，因为惧怕君主的权威却不感念他的恩德，这种统治只能维持表面上的安定，不能保证长治久安。因此康熙经常强调"天下当以仁感，不可徒以威服"，明确表示自己"尚德不尚威"。

在总结历史经验教训的基础上，康熙提出了"君臣一体"的主张，他主张君臣应当一体，减少猜疑，减少矛盾。为此他特地写了一篇《君臣一体论》，其中说："我从年少就登基守住祖宗基业，自亲政以来，没有一天不与群臣接见，一直恐怕自己高高在上，不能了解臣子与百姓的真实情况。"

康熙十七年，也就是1678年，农历五月，康熙对大学士明珠及张英、高士奇等人详细地阐述了自己的君臣一体观，他说：

> 朕观古来帝王，如唐虞之都俞吁咈，唐太宗之听言纳谏，君臣上下如家人父子，情谊浃洽，故能陈善闭邪，各尽所怀，登于至治。明朝末世，君臣隔越，以致四方疾苦，生民利弊无由上闻。我太祖、太宗、世祖相传以来，上下一心，满汉文武，皆为一体，情谊常令周通，隐微无有间隔。一游一豫，体恤民情，创作艰难，立万世不易之法。朕虽凉德，上慕前王之盛世，凛遵祖宗之家法，思与天下贤才共图治理，常以家人父

子之谊相待臣僚，罔不兢业，以前代为明鉴也。

康熙努力践行“君臣一体观”，首先，他与大臣们建立感情联系，拉近君臣之间的距离。

在此前的历朝历代，君臣关系之所以难以处理，就是因为其等级森严，不能越雷池一步。在君主专制体制下，臣下视君主如仇敌，身家性命都悬于其手，又惊又怕；而君主则视臣下如同奴隶，又要利用，又要防范。因此双方很难建立真正的感情。

康熙为了改变这种关系，在保证君臣上下尊卑的前提下，更多的是以师友的身份出现的，和大臣们建立密切的私人感情，这样不仅缓和了矛盾，也增加了亲和力。

为了做到这一点，康熙经常和官员们见面，御门听政是一个机会，每个官员有新的任命的时候，他都要亲自召见，亲切交谈，让官员们感受到皇帝对自己的信任，从而心生感激。

康熙为笼络人心，他还经常把文学侍从之臣召到宫中，赐茶、赐座、赐物，讲论经史，翻阅卷册，始终和颜悦色，拉近君臣的距离。大臣们都说是“千古史册所仅见”“不世之遭逢”。对那些主要大臣，康熙更是不吝赏赐，许多人都受过他的恩惠。

康熙二十年，也就是1681年，农历七月，康熙将太液池中鱼藕等物赐宴群臣，又赐彩缎，让大臣制衣，并颁布上谕说：“今日宴请诸位大臣，本当在朕前赐宴，只是因为人太多了，恐怕无法保证亲自赐每个人酒，所以我就不亲自参加了。诸臣可畅饮极欢，不要拘束，辜负了我的好意。”

康熙真是善解人意，为了怕大家拘束，他没有亲临，就让内大臣和学士劝酒，结果大臣们全都酩酊大醉，一时成为佳话。康熙为了体现宽仁，他还特地破除了一些禁忌，来体现自己的优容。

康熙二十一年，也就是1682年，正月，他传谕道：“向来乾清宫内，只宴请满洲诸臣，从未宴请过汉族官员，如果我考虑满汉皆属一

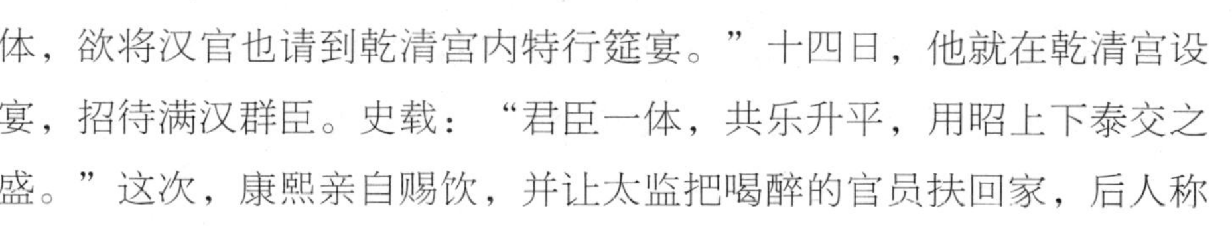

体，欲将汉官也请到乾清宫内特行筵宴。”十四日，他就在乾清宫设宴，招待满汉群臣。史载：“君臣一体，共乐升平，用昭上下泰交之盛。”这次，康熙亲自赐饮，并让太监把喝醉的官员扶回家，后人称“君臣相悦，千古仅有”。

康熙甚至把一直视为禁区的皇宫后苑也对臣僚开放。康熙十二年，也就是1673年，农历六月，他为了让大臣们休暇，特地在荷花盛开之际，在瀛台赐宴，让群臣泛舟游览中南海的景色。

康熙二十一年，也就是1682年，农历六月，康熙又下令说：“因天气炎热，我如今移驻瀛台，看现在天下平安，四方无事，真值得庆幸，不过每日早晨御门听政，从来不敢偷懒，诸位大臣各负其责，辛勤称职，不时有来向我上奏的。曾记宋史所载，赐诸臣于后苑赏花钓鱼，传为美谈。今于桥畔悬设罾网，用来让大臣们游玩时捕鱼。大家可于奏事之间的闲暇时候，就在水边上，用网逮鱼，得鱼不管大小多少，你们都带回自己家去……”此后，康熙又多次开放行宫后苑，甚至亲自充当导游，君臣共乐。

臣下一旦有病，康熙总是细心慰问，赐医赐药，关怀备至。如他对李光地，可以说是名为君臣，实为师友。在李光地生病期间，康熙多次派人送药，其情真挚，令人感动。

李光地，字晋卿，号厚庵，别号榕村，泉州安溪湖头人，是清朝著名的理学家。他于康熙九年，也就是1670年，中二甲第二名进士，选庶吉士，授翰林院编修。康熙十二年，也就是1673年，农历二月，担任会试同考官。十月，请求省亲归里，结果遇上了“三藩之乱”。十一月，吴三桂发动叛乱。第二年三月，耿精忠起兵响应，多方收罗人才，他逼令福建各地知名人物齐集福州，出任伪职。

李光地同时收到了耿精忠和郑经逼降、诱降的信。他经过与同榜进士陈梦雷协商，不能归附，由陈梦雷继续留在福州做内应，李光地借口“父病速归”，遣人将叛军情况速报朝廷，并用密折呈上破贼机宜。

康熙接到密奏后大为赞许，特谕大学士说：“编修李光地不肯服从叛逆，逃避进入山中，还写好密折派人前来报告地方机宜，可见他矢志忠贞，真是我的好臣子啊！”于是命令兵部把李光地的计策告诉前方领兵大臣。

后来清军攻入福建，李光地募乡勇百余人扼守险要，配合作战。康熙对他更是另眼相看，发谕旨说：“李光地当闽地变乱之初不肯从逆，具疏密陈机宜，殚竭忠贞。今又遣人迎接大兵，指引道路，平险隘，治浮桥，馈食物饷军，率民兵备办粮米，供给兵众口粮，矢志灭贼，实心为国，深为可嘉。”

从此以后，李光地成为最受康熙信任的汉人大臣之一，先后被提拔为内阁学士、经筵讲官、林院掌院学士、礼部侍郎、日讲起居注官、顺天学政、工部右侍郎、直隶巡抚，最后官至文渊阁大学士兼吏部尚书。

李光地精通理学，推荐了著名数学家梅文鼎、著名平台将领施琅，拯救了著名文学家方苞和著名清官陈鹏年，就其学问和能力而言，都是当时汉人官员中的佼佼者。尽管他由于“卖友”“夺情”“外妇之子来归”三案而为士林诟病，但康熙对他一直信任不疑，二人“情虽君臣，义同朋友”。

康熙五十年，也就是1711年，农历七月，康熙到木兰围场行围，李光地留京。他此时已经七十多岁，身体残疾，坐卧不便。康熙特地赐给他西洋铁带，帮助行走。后来李光地身上生疮，痛苦难耐。八月，他给康熙上折，请求休致。康熙回复说：“看了你的奏折，我心里十分难过。想当年的老臣，如今都没了，也就剩下像你这样一两个了。唉，看来我也老了！什么也不想说了，有什么话等我回宫之后再说吧。”

为了缓解李光地的病情，康熙派太监到李家看望，并赐给两罐海水，告诉他泡洗之法。李光地如法使用，果然有所好转，上折谢恩。康熙再三叮嘱：“泡洗之后，饭量自然加些，还得多吃点肉食，这样才有营养，羊牛鸡鹅鱼虾之外无可忌，饮食愈多愈好，断不可减吃食。”

几天后，李光地觉得效果很好，再次向康熙请求“坐汤”，即泡温泉，康熙又嘱咐说：“坐汤好，但须多隔些日子才是。你们汉人最喜欢

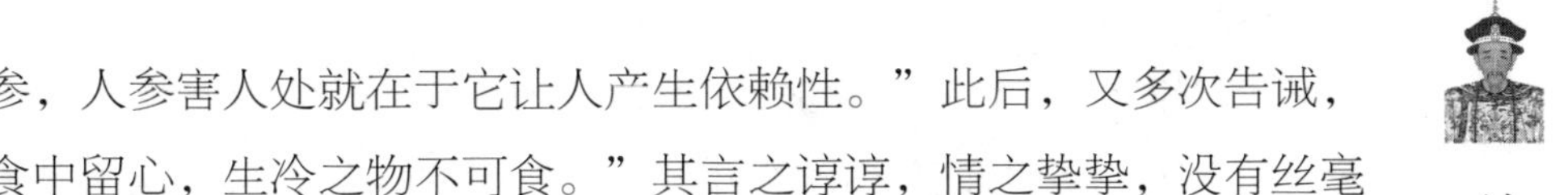

吃人参，人参害人处就在于它让人产生依赖性。”此后，又多次告诫，“饮食中留心，生冷之物不可食。”其言之谆谆，情之挚挚，没有丝毫作假，如同亲友至交，这样的君主，如何不令人既感且敬？

康熙五十二年，也就是1713年，李光地得了腹泻。康熙听说后，非常担心，叮嘱道：“李大学士，我出门的时候并未听说你得病。近来何如？若用药须十分小心。”又说，“你年纪大了，泻久了自然伤元气，千万轻视不得。赫素处有一种木瓜膏，最能治泻，我马上传旨替你要来，每日不过五六钱，不泻时吃几次看看。还有止泻膏药，此系外治，可以无妨，用得。”

在一个月内，康熙几次批复，关怀备至。要知道康熙是一国之君，日理万机，但对臣下的身体还时刻关心，这种情谊，要比一般人的交情珍贵得多。

康熙五十七年，也就是1718年，农历五月二十八日，李光地病逝，享年七十七岁。正在热河行宫的康熙闻知噩耗后，十分悲痛，当天便派遣皇五子胤祺、内大臣马尔赛等往奠茶酒，赐银千两。又命工部尚书徐元梦等照顾李光地的灵柩回老家。

康熙又谕部臣等说：“李光地……谨慎清勤，始终如一。且学问渊博，研究经籍，讲求象数，虚心请益，知之最真无有如朕者，知朕亦无有过于光地者。倚任方殷，忽闻患病溘逝，朕心深为轸恻。所有应得恤典，该部察例具奏。”传旨予以祭葬，谥文贞。李光地并不是特例，康熙对很多老臣也都时刻关心。

康熙二十一年，也就是1682年，正月上元节，康熙赐宴大臣。大学士杜立德有病没能参加，康熙就派人赐酒赐食，并传谕道：“你是个有功的老臣，长时间担任机密职务，现如今天下太平，今天又是上元节，我在内殿赐宴群臣，可你却卧病在床，不能参加，与大家一起欢宴。所以我特遣中使慰问，赐以美味。如果你吃得开心，那就是你对我最大的安慰。”杜立德病好了上朝后，康熙经常与他赐诗赐物，以昭“优礼眷顾之意”。

康熙四十一年，也就是1702年，农历四月，他传谕卧病在家的大学士王熙说："你是我大清多年的老臣，做官时间最久，从去年告病在家，我没有一天不挂念你。近日九卿皆求我赏赐匾额字对，我想你虽然告假不在朝上，但心却未尝一日不在朝中，所以特书匾一面、对联一副，临米芾书法一幅赐给你，你要尽量多吃东西，辅以医药，以安慰我不忘旧臣之至意。"

康熙四十四年，也就是1705年，康熙南巡的时候，年过七旬的江苏巡抚宋荦前来迎驾，康熙传旨慰问："我有日用豆腐一品，味美异常。因宋荦是年老大臣，可令御厨太监传授与宋巡抚的厨人，也做来让他享用。"

到了晚年，康熙对这种君臣之情更加珍视，对于一个个老臣离他而去非常伤感，他曾说："朕同事老臣渐少，实不忍言。"每当接到大臣请求退休的奏疏，他都伤心落泪。

大臣们去世，康熙仍然念念不忘，对他们的子孙也尽量予以照顾。他曾对群臣说："我于故旧大臣去世之后不时关注他的后人，因为共事日久，不忍忘怀，我对待满汉臣工都是一样，这是我天性如此。当熊赐履居官时，政事言论有不当者，我也未尝不对他加以训饬，就跟其他大臣一样。到他已经离职身故，则只念其好处……如今熊赐履二子家甚清寒，你们也应该共相扶助，令其读书，将来能有所成就。"

这些事情都说明，康熙和臣下的感情并非做作，而是发自内心，如他自己所说，"天性如此"。真情的付出当然也会有真情的回报，康熙在位六十一年，朝政基本平稳，没有发生特别大的动荡，不能不说是得益于君臣之间的感情维系。"皇帝对老臣'天恩优渥'，不但使老臣'感戴高厚，没齿难忘'，而且在廷臣子'亦无不感戴，奋力报国恩'，起到了加强政治向心力的作用。"康熙践行"君臣一体"，还表现在他有过自担，不诿过于臣下。

臣子们最担心的事情往往不是能否得到重用，能否施展才华，而是能否得到君主的信任，会不会成为君主的替罪羊。大多数的君主为了维护自己的权威，都把自己的过错推到大臣的头上。就连汉景帝、汉武帝这样的有为之主也不能例外，其他一些明君也同样不能免俗。在这样的帝王统治下，臣子们无不胆战心惊。

康熙则不然，他对诿过于人的做法最为不齿，这从前面他批评汉代杀宰相的做法就能看出来。最能体现他的这种胸怀的，莫过于在撤藩问题中对大臣的处理上。

当初提议撤藩，大多数大臣都竭力反对，只有兵部尚书明珠、户部尚书米思翰、刑部尚书莫洛等少数人支持。但康熙力排众议，决心撤藩。不久，吴三桂发动叛乱。消息传来，康熙立即召开御前会议商讨对策。反对撤藩的索额图说："前议'三藩'当迁者，皆宜正以国法。"企图效仿汉景帝杀晁错的故事。

但康熙断然否决了索额图的建议，他说："从我很小的时候，'三藩'的势焰就一天比一天嚣张，不可不撤，怎么能因为吴三桂反叛就诿过于人呢？"自己承担起了责任，保护了主张撤藩者，让这些人"感激涕零，心悦诚服"。

"三藩"平定，大臣们为康熙上尊号，康熙拒绝，他回顾了平叛过程，传谕道："众大臣都以为反叛已经平复，奏请我上尊号。我想起当初平南王尚可喜奏请回籍时，我与阁臣面议，图海言断不可迁移。我以'三藩'都握有兵权，恐日久滋蔓……故决意撤回。

"不料想吴三桂背恩反叛，天下骚动……八年之间，兵民交困。赖上天眷佑，祖宗福庇，逆贼荡平。倘复再延数年，百姓不都要陷入穷困之中？那时只有莫洛、米思翰、明珠、苏拜、塞克德等言应迁移，其余并未言迁移吴三桂必致反叛也。……若那时我诿过于人，将会议言应撤者尽行诛戮，则他们都会含冤九泉了！我素不肯诿过臣下，即今部院事有错误，朕亦自任。

"……今乱贼虽已削平，而疮痍尚未全复，君臣之间宜益加修省，恤兵养民，布宣德化，务以廉洁为本，共致太平。如果这样就以为是自己的功德，一心想着上尊称，滥邀恩赏，实可耻也。"

在此，他明确地把决定撤藩的责任揽在自己身上，以前没有怪罪明珠等支持者，现在也没有怪罪那些反对者。

康熙对臣下非常宽容，如果不是涉及根本性的问题，稍犯错误，他都能谅解。这并不是说康熙朝就没有贪官，就没有坏人，主要是康熙能够多从臣下的角度思考，不务苛求，包容过失，这几十年间才显得风平浪静。

康熙四十三年，也就是1704年，康熙在总结自己为政之道的时候说："我经常看史书，发现自古大臣得始终善全者甚少，朕今御极四十余年，大学士周祚、冯溥、杜立德、李霨、宋德宜、王熙等俱得全功名而考终命者，都是因为我极力保全才得来的。朕从不多生事，但穆然清净，处之以和平，故诸臣皆得享其福也。"实际情况确实如此。

很多大臣犯了错，康熙都能容忍。即使是那些罪不容诛的人，他也经常网开一面。

鳌拜篡权专横，目无君长，在封建社会，这可是最大的罪过。议政王大臣会议，判处死刑。康熙特地召鳌拜来亲自审问，鳌拜承认了所有罪行。当康熙看到他身上征战中留下的累累伤痕，怜悯之情油然而生，下笔批示道："鳌拜理应依议处死，但念效力年久，虽结党作恶，朕不忍加诛，著革职，籍没拘禁。"鳌拜因此才保住了性命，最后病死狱中。对他的儿子，康熙也没有处死，其亲戚没有重大罪行的，都予以宽大处理。

连鳌拜都能免死，其他人可想而知。在康熙朝的历史上，经常可以看到，很多大臣被判死刑，都是康熙亲自改判，或改为拘禁，或改为流放，甚至予以释放。

对此，康熙说："为君者亦宜宽，不可刻……朕于大臣官员务留颜面，若不然，则诸臣为朝廷效命又会是什么情况呢？……待臣下须宽仁有容，不因细事即黜之，所谓礼贤下士。用人则量才而用，无求全责备之心，因为人的能力各有大小……其实并不是说我自己没有私心，只是作为皇帝，不敢以私心来办事。"

康熙二十年，也就是1681年，左都御史徐元文弹劾福建总督姚启圣借库银贸易，强娶乡绅孙女为妾等不法行为，康熙以所参均系“三藩”兵乱时所行之事，免于追究，并解释说：“现在事情过了再去追究那战乱时候的事，于事何益？……若乱时之事，今追论不已，何异高鸟尽，良弓藏，狡兔死，走狗烹乎？”

王进宝、赵良栋是平“三藩之乱”的名将，战功显赫，但此二人不识大体，各怀私怨，互相攻讦，以致延误军机。康熙始终没有加以治罪。战事平定，他把两人互相攻击的章奏都发还了他们，以前的事，一概不予追问。二人感激涕零，表示一定消释前嫌，为国尽忠。

诸如此类，多不胜举。即使是心腹老臣，如李光地、高士奇、徐乾学等，也都是因为康熙的宽大，才得以最终保全。正因如此，康熙朝才呈现出君臣和谐、安定团结的局面。

康熙本人并不信佛、道，但他并没有因此而毁佛灭道。他认为，自汉唐以来，信仰宗教已成民俗，不可毁寺禁教，而要使民生得所，必须息事宁人、因势利导，为政以安静为本，最便捷的方法就是顺人之性，因民之俗。与其禁佛，不如借佛教阴助教化。他说：“顾念长治久安，务在因俗宜民。”

有一次康熙西巡时，他还下令建寺，赐名“广仁寺”，以儒家之“仁”冠之于佛寺。大学士王鸿绪评论康熙为五台山写的五通碑文时说：“五篇碑文内皆寄寓皇上仁被天下的至诚之心，虽言佛教，而儒家‘治国、平天下’之理包括以尽。”说明康熙对儒家之仁道运用得十分纯熟。比起历史上那几个毁寺禁佛、政崩教坏的皇帝，康熙真是高明至极。

康熙的一生可以用一个“仁”字来概括，他奉行的仁政，基本上是奉行了儒家的统治思想。他宽以待民，不事苛刻，兴修水利，鼓励发展生产，减轻农民负担，极大地促动了社会经济的发展。在康熙统治的六十一年间，民间很少发生起义，这在清代近三百年历史上，是极为罕见的。

选用贤才整饬河工

经济是一个国家赖以生存的物质基础。对于封建社会而言，农业经济是封建王朝的重要支柱。衡量农业经济是否发达的重要标准，就是粮食产量。民以食为天，粮食收成的好坏，又是决定社会稳定、政权巩固的重要因素。除了人为的战争之外，能够对农业生产造成影响的就是大自然界的洪涝干旱。

中国封建王朝的农业经济，最依赖的是黄河的灌溉。黄河用她生生不息的乳汁，哺育了我们的祖先，滋养了炫丽的原始文明。历经千百年的沉淀，最终凝聚成伟大的中华民族，屹立于世界民族之林。黄河不愧是中华民族的母亲河。

但是，黄河在成就了中国历代封建王朝的辉煌的同时，也因她桀骜不驯的性格给历代王朝带来了数不清的灾难。黄河穿越内蒙古、山西、陕西和河南西部的黄土高原之后，裹挟着大量疏松的黄土奔流至华北平原。黄河流至河南荥阳以东地势平坦之地后，水势减弱，流速缓慢，从西北黄土高原上挟带而来的大量泥沙，在此沉积下来。

日积月累，河床日益积高，甚至高出地面，正如诗中所描述的，“黄河之水天上来”。每到雨季，河床容纳不下过多的河水，盈余的河水溢出河床，冲决堤岸，淹没大量农田，使中原及南方的重要农业生产区蒙受巨大的损失。

那是在北宋时期，黄河因大水改道，经江苏淮安府，与淮河交汇，最终流入大海。自此以后，黄河发大水，必倒灌入淮河，使淮河泛滥成灾。而黄、淮汇流之处，又与隋朝开凿的大运河相接。黄河之水若倒灌入淮河后，又立即倒灌入运河，冲决堤岸，并把泥沙带入运河，使河身变浅，以致漕船都会无法正常通行，使南北往来的漕运也无法正常通行，那么麻烦就大了。

南方富庶之地的物资，无法转运京师，国家财政大受其害，直接关系国家治理乃至政权的稳定。所以，治理黄河就是保障中原及南方主要粮食产区不受其害，保障漕运正常通行的重要前提，是关系国计民生的头等大事。

黄河泛滥成灾，是历代王朝都为之头疼的问题。清朝入主中原以后，自顺治元年夏以来，黄河几乎年年决口。朝廷征发民夫堵塞，却是屡塞屡决。黄河改道，到处冲决，沿岸百姓的生命及财产遭到严重损害，中原地区已成一片汪洋。

到康熙朝，河患有增无减。据学者统计，仅康熙五年到十五年的十年间，黄河决口就达六十九次之多。康熙帝亲政后，深感问题的严重性，但苦于财力之不足，难以从根本上进行全面治理，只能量财而出，对紧要之处先行修筑。

康熙帝深切地明白，治河已不是技术上的问题，而是演变成了政治性问题。故而，他把治河、漕运与平“三藩”作为同等重要的国家大事来对待，并把它们写成条幅悬在乾清宫中的柱子上，夙夜廑念。

康熙十六年，也就是1677年，新任命的河道总督靳辅，鉴于黄河河道已经败坏至极，到了必须马上整顿的关键时刻，遂向康熙帝提交了关于修治黄河的调查报告。他连上八疏，条分缕析治理黄河之具体措施与步骤，并请康熙帝批准。

治河乃是关乎国计民生之大事，为慎重起见，康熙帝几乎动员了朝中所有大小官员会同讨论靳辅提出的治河措施。朝中官员一致认为，修治黄河是刻不容缓之事，但是，浩繁的治河经费再次成为困扰。因为，此时正值平“三藩之乱”的关键时刻，军饷不容片刻耽误，朝廷再也拿不出更多的钱来支持对黄河的全面治理。

但是，随着平叛的军事形势的好转，朝廷由被动变为了主动，最终的胜利就在眼前了。康熙十七年，清朝开始了全面治理黄河的浩大工程。康熙帝命令河道总督靳辅担任总指挥，实施治河计划，并拨专款二百五十万两白银，作为治河的经费。康熙帝作为清朝最高的决策者，不仅在政策上坚决地支持治理黄河，而且亲临治黄工地，阅视河工，对治河也有很高的见解。

就在靳辅主持治河的同时，清朝的平叛战争取得节节胜利，并于康熙二十年平定吴三桂之乱。康熙二十二年，进军台湾，郑克塽归顺清朝。随着国内局势的稳定，治河成为最重要的政务。康熙帝决定亲自视察多灾多难的黄河以及花费数以百万计的治河工程。

康熙二十三年九月，康熙帝首次离京南巡，在驻跸郯城之时，就明确向漕运总督邵甘、河道总督靳辅表示，此次南巡的目的主要就是巡视河工。当康熙帝到达江苏境内巡视黄河北岸诸险工时，指出萧家渡、九里冈、崔家镇、徐升坝、七里沟等处都是紧要之处，须时加防护新筑之长堤与逼水坝，并提醒靳辅要加厚增高各处防水堤坝。

他南行至天妃阁、高邮湖、淮安等处时，沿途有河工之处，必亲自视察。若看到有民间田庐被水淹没，则立即登岸，步行十余里，召见当地贫民，询问受灾的原因，掌握第一手有关黄河泛滥的资料。此行凡遇河工，康熙帝必亲自阅视，向靳辅等治河大臣提出自己的治河建议，并嘱咐应做之事，纵有花费，亦在所不惜！

同年腊月，他在高家堰大坝诸险要之处巡视之后，再三叮嘱靳辅

要注意高家堰地区的薄弱环节，不能再出任何状况。就在康熙帝途次山东郯城县沙沟之时，他在御幄中当众挥笔，将前一日所作之诗，也就是《阅河堤诗》，赐给靳辅。其诗云：

防河纡旰食，六御出深宫。
缓辔求民隐，临流叹俗穷。
何年乐稼穑，此日是疏通。
已著勤劳意，安澜早奏功。

靳辅手捧此诗，心中激动不已。不仅是因为得到皇帝亲自赐诗的殊荣，还是因为得遇如此圣明之君主，自己受过的委屈和劳苦都得到了应有的理解和尊重。即便是呕心沥血、为国捐躯又有何妨呢？他当即回奏，愿为康熙帝鞠躬尽瘁，以效犬马之劳。

此后，康熙帝又于二十八年、三十八年、四十一年、四十四年、四十六年五次南巡。这五次南巡的目的，与康熙二十三年南巡是相同的，都为巡视堤工，亲自检验治河的效果而来。

通过细览河防诸书、河道总督历年进呈之河图，以及亲自阅视河工，掌握第一手治河资料，康熙帝在治河之术方面颇有心得。他参酌古今，认为治河不仅要去其害，而且还要资其力，以助漕运。

在治河的二十多年中，虽有靳辅、王新命、于成龙、董安国、张鹏翮等人相继担任河道总督一职，但治河的总方针、总原则以及具体的实施办法，都是由康熙帝与他们共同研究后，作出的决策。不仅如此，在南巡过程中，康熙帝还亲自测量工程质量。他所提出的意见以及治河之法，深切要害和实际，常令靳辅等人折服。

治理黄河、疏导运河，从康熙十七年至四十六年，整整历三十年，最终治河功成。总结康熙朝治河之策，大致有三：

首先是修挖紧要之区。大运河自淮阴至扬州段，是黄河、淮河与运河的交汇之处。因运河口距黄河、淮河交汇之处甚近，遇有大水，黄河之水很容易倒灌入运河，运河年年垫高。加之两河汇合，湍洄激荡，为害最重。

靳辅在吸取明朝潘季训治河经验的基础之上，挑选开挖山阳、清河、高邮、宝应运河，特别是将挑挖之土，增筑两岸，堵塞决口达三十二处之多。同时，又将运河之口南移至烂泥浅之上，自新庄闸西南挑河一条至太平坝，又自文华寺永济河头起挑河一条，亦接太平坝，达于烂泥浅，引导淮水以敌黄河之水，使其不能再内灌，阻止黄河之水到达运河之口。

其次是疏浚黄河入海口。北宋年间，黄河入海口因大水而改道，经江苏境内之云梯关，与淮河汇流入海。但因长年泥沙淤积，云梯关入海口在康熙朝时已下移一百二十里。黄河入海之途径受阻，沿黄河两岸就不可避免要遭受水灾。

靳辅采取挑挖清江浦以下黄河河身之法，用挖出之淤泥在两岸修筑河堤。此法在使河水畅流的同时，也达到了束水攻沙的目的。黄河入海口处沙去河深，黄河之水通畅地流入大海，解除了对两岸堤坝的威胁，也保证了漕运的安全。

最后是开辟中河，这是清朝对运河建设的最大贡献。在隋朝开凿大运河之前，黄河是沟通南北的重要水上通道。隋朝以后，大运河取代了黄河的交通枢纽地位。但是，运河不能完全地脱离黄河，仍有一段需借助黄河河道为运道。黄河若泛滥，运河就无法通行。虽然明朝有凿清口、开泇河之举，但都没有从根本上解除黄河对运道的威胁。

康熙二十五年，靳辅在骆马湖开凿水渠，经宿迁、桃源，至清河之仲家庄出口，称之为中河，又称中运河。漕船若从南北上，出清口后，入黄河只需行数里，即入中河，直达张庄运口，从而避开黄河之险。自此，黄河与运河完全分离。

康熙二十七年，也就是1688年，鉴于中运河逼近黄河，若黄河决口，中运河必与黄河合二为一，靳辅又加挑中运河，建闸筑堤，避免了中运河原有的弊端，基本达到完善。

清朝对黄河的治理，无论是从治理规模、历时之久，还是影响之深远上，都远超历代封建王朝。康熙帝的英明决策自然功不可没，但是还有一个人，为治理黄河作出了重大贡献，他就是我们前面提到的河道总督、清朝著名的水利专家靳辅。

靳辅，字紫垣，汉军镶黄旗人。顺治九年，也就是1652年，以官学生考授国史馆编修，后改内阁中书，迁兵部员外郎。康熙初年自郎中迁内阁学士；十年，升安徽巡抚；十六年，升任河道总督。正是勒辅的《治理河工八疏》，开启了清朝整顿黄、淮的历史新篇章。

在升任河道总督以前，靳辅任安徽巡抚。安徽是受黄灾最重之省份，故而靳辅深知治河任务的重要性与艰巨性。他升任河道总督以后，在潜心研究历代治河经验、教训的同时，亲自勘察黄河中下游及黄河泛滥之区的地形和水势。

在这一过程中，他形成了自己的治河思想，即治理黄河与疏导淮河、大运河要同时并进。与此同时，他还选用颇富经验的治水专家陈潢作为幕僚，制定了切实可行的对黄、淮以及运河的综合治理方案。尽管客观的困难与人为的阻挠并存，但在康熙帝的支持下，靳辅还是于康熙十七年，也就是1678年，开始了对黄河的全面治理。

靳辅着手施工以后，主要的工程就是疏导黄河入海，并开挖新河，使运河远离黄、淮交汇之处。经过靳辅三年时间的整顿，失修多年的黄河逐渐归复河道，黄灾逐渐减少。但是，康熙十九年、二十年，因连遭大水，虽然一些主要工程经受住了水灾的考验，但宿迁一带的堤坝则被水冲决。

尽管靳辅日夜督工修筑，但朝中大臣仍对其进行攻击，甚至有人完全否定靳辅已经取得的治河功绩。为此，康熙帝特派户部尚书伊桑阿等官员前往勘查，并要求其与靳辅共同商量，随时详细汇报。伊桑阿对靳辅所修工程的勘验结果是，工程不坚固、不合适之处甚多，请求康熙帝对靳辅等治河官员从重治罪。

靳辅对这些责难一一申辩，坚称疏通黄河入海的合理性。康熙帝在难以分辨是非的情况下，将靳辅革职，令其戴罪修筑损毁之工程。康熙二十二年，河工告成，康熙帝恢复靳辅河道总督之职。

此后，康熙帝非常重视靳辅的意见，并先后在徐州毛城铺、河南考城、仪封等地进行了大规模的筑堤工程。但是，康熙帝并不完全认同靳辅只关注防堵的治河理念。他认为，根本的解决办法应是开挖海口。加之伊桑阿等人回京后也提出开挖海口的建议，更加坚定了康熙帝的信心。

康熙二十三年，他下令由安徽按察使于成龙主持此项工程，靳辅则需给予支持。此旨一下达，立即在朝廷中引发了一场关于是否应该开挖海口的争论，并由治河技术的探讨演变成政治色彩浓厚的政治角逐。靳辅以多年经验和勘测发现，海口不能开挖，否则会引起海水倒灌，酿成更为严重的水灾，最好的办法就是筑堤束水，以抵御海潮的侵袭；但于成龙则坚决支持康熙帝的主张，开浚海口。

康熙二十四年底，在朝中多数大臣及当地百姓的反对下，康熙帝暂时放弃了开挖海口的主张。但是到了康熙二十五年，汤斌一反先前反对开挖海口的态度，称开工十分有益。

康熙帝乾纲独断，坚持开挖，并派孙在丰前往督工。随着开浚海口工程施工在即，朝廷中也展开了对靳辅是否有罪的辩论。经过九卿的反复讨论，康熙帝宣布将靳辅革职，仍戴罪督修河工。

康熙二十五年底，孙在丰在经过一番勘察之后，要求关闭所有减水坝，以便开浚下河。靳辅担心此举会引起更大的决堤危险，所以上疏坚决反对。

康熙二十六年，也就是1687年，康熙帝当着朝中百官的面，要求靳辅将上游闸坝全部关闭，靳辅无奈，只得同意。至此，开挖下河的工程已经进入了准备阶段，但随即暴露的问题使开挖工程无法正常进行。令靳辅没有想到的是，对治河方略的坚持，让自己卷入了朋党案中。

御史郭琇迎合康熙帝的旨意，上章参劾以明珠、余国柱为首的朋党。靳辅因一向得到明珠和余国柱的支持而受到牵连，被郭琇称为靳辅与明珠、余国柱等人糜费银两，大半分肥。自铲除鳌拜集团以后，康熙帝对结党营私深恶痛绝。

明珠倚势弄权、贪赃枉法，受到康熙帝的惩处，是罪有应得。但因靳辅与明珠的朋党案有关，康熙帝就认为靳辅抗阻开浚下河，是另有图谋。康熙帝对靳辅的处理还算是理智，他在肯定靳辅治河功绩的前提下，令靳辅再次就开挖下河的问题与于成龙辩论。靳辅仍然坚持原有意见，朝中大臣迎合康熙帝意图，请旨处罚靳辅。

康熙二十七年三月，靳辅成为党争的牺牲品，再次被革职，王新命继任河道总督。后经康熙帝多方考察以及他自己的耳闻目睹，证明靳辅的坚持是正确的，遂于康熙三十一年再次起用靳辅为河道总督。可惜的是，靳辅不久就病逝于任。

随后继任的多位河道总督中，唯有张鹏翮得到康熙帝的赞许。张鹏翮，字运青，四川遂宁人。康熙八年，也就是1669年，考中进士，选为庶吉士，当时张鹏翮二十一岁，在翰林院中年纪最小，但读书最勤，他既不奔走权门，也不追逐浮华，终日与人讲学不倦。

张鹏翮是康熙亲自发现和提拔上来的才学之士，很有“清官”之名，深得康熙欣赏。康熙曾经盛赞他的情操说：“从前清官惟宋文清一人，近日张鹏翮可以与之媲美。”又说，“张鹏翮一介不取，天下廉吏无出其右矣。”

张鹏翮鉴于以往的治河经验，一上任就提出三项要求：

1. 撤销协理河务徐廷玺，以专总河之任。
2. 工部与河臣事关一体，请敕部臣，不要凡事从中阻挠。
3. 撤销河工随带人员，以节省开支。

康熙表示同意，说：“过去河工之无成者，一应弊端起于工部，该部掌管河工钱粮，每借机勒索贿赂，贪图肥己，以致河工总无成效。自后河工经费直拨总河，无须经过工部，使其不能掣肘。”手续多一道，就扒一层皮。人多不干正事，不如减员以省开支。张鹏翮固然不能根除腐败，但是这三条改革措施，也使他自由了许多。

此番张鹏翮治河，康熙给予了大力支持。他谕令工部、户部、内阁等，对治河所需物资、人力、银两，满足所请，及时拨给，不得有误。由于有皇帝亲自监督河工，各部门都不敢怠慢和作弊。

因张鹏翮治河殚精竭虑，不辞辛劳，又廉洁自持，由吏、工二部议叙奖励，加太子太保衔。康熙书榜赍张鹏翮之父张烺，并赐他御制《河臣箴》和《览淮黄成》诗，恩宠有加。以后，康熙每隔二年南巡一次，视察河工，对治河提出具体指导，康熙见河水清畅，高兴地说："真是太出乎我的意料了！此二十年所仅见也。"

张鹏翮及其以后数任河道总督治河依照靳辅成法，使黄河大堤得到进一步治理，从靳辅治河始，一百多年间黄河从未出现过大患，黄河下游，农业连年丰收，治效之好是历史上所仅见的。

北巡塞外巩固边防

北巡是指康熙帝巡幸塞外蒙古，以及至承德避暑、围猎，这也是康熙帝一生出巡次数最多的地方，共计四十五次。蒙古是清朝的政治同盟，与其关系的亲疏远近，直接影响到清政权的稳定。

康熙帝历次北巡塞外，都把抚慰、笼络蒙古王公、贵族作为重要的出巡内容。每次至热河避暑山庄，他都要召见蒙古王公贵族，并给予其大量赏赐。

若遇有灾荒，更是派遣理藩院官员或其他朝廷官员，及时地予以赈济。同时，他还派专人到蒙古地区指导当地牧民从事农业生产，以保证其生计。康熙帝用实际行动感化了蒙古王公及普通牧民，他们倾心归附于清王朝，从此出现了长城内外皆一家的和平局面。

北巡的另一重要内容就是围猎习武。清朝向以“国语骑射”作为民族特征，但入关后，随着天下逐渐晏安，加之汉民族儒家文化的熏染，很多宗室及普通八旗子弟已渐疏骑射。

为使旗人不忘满族的尚武传统，康熙帝就以围猎的方式来训练军队，演习武艺。历次的围猎，均是以行军的纪律来要求。每次北巡围猎活动的安排也多过其他事项，最多达二十七次。

巡幸西安，康熙帝经直隶、山西，抵达陕西西安。在清朝，山、陕地区是至关紧要之区，因其与塞外蒙古接壤，一直是清朝重兵防守之地。康熙朝，山、陕地方督抚、布按官员，只选用满洲旗人。至雍正朝，始改为满洲、蒙古、汉人兼用。

康熙三十六年，也就是1697年，康熙帝出师塞外时，曾至山、陕及宁夏地区。但是当时军情紧急，他并未亲莅西安。康熙四十二年，也就是1703年，在陕西督抚及河南巡抚等地方大员的恭请之下，他决定巡幸西安等地。

康熙四十二年，也就是1703年，农历十月十一日，御驾启程，皇太子胤礽、皇三子多罗贝勒胤祉、皇十三子胤祥随驾。离京后，巡幸队伍先后驻跸涿州、安肃县等地。十四日，康熙帝出行宫，率诸皇子、善射侍卫等射箭。十七日，驻跸新乐县，再次率诸皇子及侍卫等演习武艺。二十五日，至太原府，文武官员及绅衿士庶等跪迎圣驾。

二十六日，召见山西巡抚噶礼，表明此次巡幸之意图，其言：因陕西、河南地方官恳请西巡，遂于冬时农闲季节，由晋及秦，观风问俗，考察民生。他在嘱咐噶礼要劝导百姓崇尚节俭的同时，又将康熙四十三年以前山西所属州县未完银两米草，尽行蠲免。

同日，太原城百姓闻知康熙帝将起驾，齐集行宫前，恳求圣驾再留数日，康熙帝勉允再留一日。二十八日，御驾自太原起行，继续前行，驻跸徐沟县南。二十九日，至祁县郑家庄，康熙帝于行宫前阅太原城守官兵骑射，赏罚不等。

十一月四日，御驾至山西洪洞县城南，遣官祭女娲氏陵。十一日，康熙帝一行抵达黄河岸边。康熙帝率诸皇子射箭，又令山西官员及扈从各官射。随后，御驾由阔河渡黄河，至潼关。陕西绅衿士庶等，跪迎圣驾。同日，遣官祭西岳华山。

十三日，至渭南县城西，康熙帝率诸皇子及善射侍卫等射箭，继令固原提标官兵等演习武艺。十四日，至潼县温泉，遣官祭汉文帝陵。十五日，御驾终于抵达西安。阖城官兵及绅衿士庶等，皆跪迎圣驾。除了当地官员前来迎驾外，青海和硕亲王扎尔巴图尔、鄂尔多斯多罗郡王董罗布、松阿喇布、多罗贝勒纳木扎尔额尔德尼、厄鲁特多罗贝勒巴图尔额尔克济农、喀尔喀台吉哈嘛尔戴青、青海台吉盆苏克等，都前来朝见。

十六日，至城内教场，率诸皇子及善射侍卫等，演习武艺，并赏罚有差。十七日，康熙帝恩旨蠲免陕西及甘肃康熙四十二年以前各项积欠钱粮。若四十三年直隶各省咸获丰收，即免秦省四十四年正供钱粮。随后，与诸皇子、侍卫等再次至城内教场射箭。

十八日，康熙帝再次至西安府城外教场，检阅西安驻防八旗满洲、汉军及绿旗官兵军容。火器前锋、马步兵丁俱穿盔甲，各按队伍列阵，康熙帝率诸皇子及内大臣、侍卫等，亦披甲乘骑，遍阅各军。青海和硕亲王扎尔巴图尔等、鄂尔多斯多罗郡王董罗布、厄鲁特多罗贝勒巴图尔额尔克济农、喀尔喀台吉哈嘛尔戴青等，随圣驾后，见官兵整齐、队伍森严、甲胄鲜明，无不互相叹异。

十九日、二十日，康熙帝连续两天率诸皇子及侍卫等，分别至教场及箭亭射箭，以演练骑射。经过多天的巡视，康熙帝对西安军容甚为满意，他在临行之前对将军博霁说，江南、浙江、盛京及乌拉等处八旗，远不及西安兵丁之武艺娴熟，嘱咐其“勿令其变易”。

二十二日，自西安回銮，驻跸临潼县温泉。在回程的二十八日，特命皇三子及侍卫等，前往视察三门底柱。十二月二日，康熙帝一行至孟津渡河。历半月有余，十九日，回至京师，至皇太后宫问安毕，回宫。

康熙帝在其执政生涯中，先后东巡、南巡、北巡、西巡，其足迹几乎遍历大江南北。康熙帝有言：“古人之君，居深宫之中，不知民间疾苦者多，朕于各处巡行，因目击之故，知之甚确。”可见，出京巡视，已成为他体察吏治民生的重要途径。

实际上，这种治国方式也确实有其实在的意义，产生了深远的政治影响。通过亲历地方，康熙帝观风问俗、考察吏治、检阅军容、游历山川、笼络蒙古。

正是因为有亲身的勘察经历，所以在关键时刻，他能够因地制宜，做出正确的决策，解决实际问题，避免了封建官场中的图务虚文的弊端。这种孜孜以求的治国理念，在提高了行政效率的同时，也造福于无数百姓。

在巡幸的过程中，康熙帝不断亲自或遣官祭奠历代帝王陵寝及岳渎，并召见经过地方的儒家名士。他以实际行动表明了对汉民族传统、儒家文化以及历代汉族帝王的尊重，并因此赢得了汉族尤其是广大汉族知识分子，政治与民族的双重认同。

康熙帝的为政风格与治国理念，对其后继者雍正帝与乾隆帝，产生了深远的影响。清朝也正是在他们的带领下，走向了封建社会的最后一个盛世——“康乾盛世”。

大兴文化工程

如果说经济是一个封建王朝得以存在的物质基础，那么文化则是这个王朝能够在历史长河中传承的精神符号。满族在建立政权前，长期从事游牧渔猎活动，并无文化积淀，甚至连属于本民族的文字都没有，只能借用蒙古文字。

后金国成立以后，在军事上攻城略地，所向披靡。但其思想文化，仍然落后于汉族。尤其是在清朝入主中原后，如何统治文化先进、人口众多的汉族，是其亟须解决的问题。他们不能只用军事力量来治理天下，而是迫切地需要得到汉族知识分子的支持，这对于一个少数民族政权来说，具有深远的意义。

清初的统治者们很快就意识到了问题的关键所在。为了缩小与汉族间的文化差距，他们不仅尊孔、祭孔，汲取汉族儒家的政治思想，以其作为治国的基本理念，而且修书、译书，大兴文化工程，极力争取汉族知识分子的认同。

清入关之初，以多尔衮为首的满族统治者就开始举行尊孔、祭孔仪式，并封赏孔子的嫡系子孙为衍圣公，给予他极其尊崇的政治地位。康熙帝即位后，继续遵循这一文化政策，且远超前代，在中国历史上留下了名垂千古的文化盛事。

（1）尊重孔子及儒家文化，兼及汉族的传统习俗。

康熙帝亲政以后，随着知识的逐渐积累，他比前辈更加清楚地认识到尊重儒学，对汉族知识分子的深远影响。康熙十七年，也就是1678年，时值吴三桂之乱，当清朝的形势由被动转为主动，康熙帝就开始强调儒学的重要性，阐发经史，召开博学鸿儒科，以备顾问之选。他说得很明确，“思得博学之士，用资典学”。

在不长的时间里，就有一百八十余人的名单上报朝廷。康熙帝并不急于开始这场特殊的考试，由于冬季白天较短，不利于答卷，于是将考期延后，改在第二年的春天举行。他还命令礼部等相关部门，安排好参考人员饮食起居，每人发银、发米，以令他们无衣食之忧。

至康熙十八年三月，这场准备了半年之久的博学鸿儒科才在紫禁城里的体仁阁开始，试题的题目是《璇玑玉衡赋》《省耕诗·五言排律二十韵》。考试结束，康熙帝与阅卷之大学士李霨、杜立德、冯溥，翰林院掌院学士叶方蔼等人阅完试卷后，决定录取彭定遹、汤斌、朱彝尊等二十人为一等，李来泰、毛奇龄、施闰章等三十人为二等，共计五十人被录取。

未被录取之人，康熙帝也作了妥善处理，现任官仍归原职，候补者仍令候补，未入仕者回籍。通过对儒学之士的尊重，康熙帝成功地缓解了汉族知识分子在民族情感上对满族的排斥。

除开博学鸿儒科吸引汉族知识分子外，康熙帝还亲自拜祭孔子，以博得明朝遗民、山林隐逸之士对清政权的认可，化解他们的敌对情绪。康熙二十三年，康熙帝在巡视完河上之后，驾幸曲阜，亲自到孔子的故乡朝拜。

十一月中旬，康熙帝御辇，排全副仪仗，自曲阜南门行抵孔庙，在

奎女阁前下辇，由甬道旁步行至大成殿，在孔子像前行三跪九叩大礼。礼毕，康熙帝在大成殿前，挥毫泼墨，书“万世师表”四个大字，令人悬额于殿中，用以尊崇儒教，垂视将来。

然后，又令大学士明珠宣布谕旨：“历代帝王到阙里致祭，多把金银器皿留在此处。今朕既然亲到此处，必要有异于前代，特将所有御用曲柄黄盖，留在孔庙之中，以示尊崇之至意。”朝拜孔庙之后，康熙帝又亲自到孔林，在孔子墓前跪祭酒三爵，并作《过阙里诗》一首。康熙帝的举措，把孔子抬高到无以复加的地位。

他用自己的行动表明，孔子是“至圣之道”，帝王要借鉴其治国之思想原则，公卿百姓也要学习其“以仁为本”的道德伦理思想，以达到修身、齐家、治国、平天下的根本目的。

康熙帝不仅尊崇孔子，而且还把汉民族敬仰的英雄关羽尊为神，封为“关圣帝君”，每年四五月派官致祭一次。除“关圣帝君”外，其他如“太岁之神”“城隍之神”“先农之神”等汉民族敬仰的神祇，也被康熙帝奉若神明，每年都按时遣官祭祀。

甚至历代帝王，也被其提升至神明的地位，给他们专设神位。在他们的神位面前，康熙帝表示出敬意，以后继者自居。凡此种种都说明，康熙帝尊重汉族文化与传统，并希望通过这种方式来消除汉族知识分子的疑虑，淡化他们对满族统治的排斥心理；从文化心理上，消除满汉两民族之间的隔阂。

（2）兴建学校，培养人才。

培养人才、选拔人才，是国家昌盛的重要人力保障。清初，戎马倥偬，国家大部分的财政支出都用于战争，无暇顾及学校体系的建立与完善。至康熙朝，时任弘文院侍读的熊赐履就曾向康熙帝上疏，陈述当时学校之制的败坏情况。学校制度完善，是一个时代文明进程的标志，也是统治者对文教重视程度的反应。

康熙帝即位之初，先是鳌拜专权，后有吴三桂叛乱，学校的凋敝之状并没有得到根本的改观。他亲政以后，大力提倡教育，采取各种措施，在中央及地方掀起了办官学的热潮，初步形成了从中央到地方的学校体系，并分为中央与地方官学两个系统。

中央官学，主要是指设在京师的国子监，又称“太学”，是清朝最高的学府，属礼部直接管辖。国子监的学生有两种来源：一是贡生，通过岁贡、恩贡、拔贡、优贡、副贡、例贡等形式，从全国选拔出成绩优异、品学兼优的学生送到国子监学习；一是监生，通常情况下，中央文官四品以上，外任文官三品以上、武官二品以上的职官，均得到朝廷的特殊照顾，可送一子入国子监读书，又称“恩荫”。若三品以上官员死于国事，也可送一子入监读书，此称“难荫”。中央除国子监之外，还设有专门培养宗室子弟的宗学，凡年满十岁以上未得封的宗室子弟，均送到宗学读书，接受教育。

地方官学，则是指设有全国各级行政区划中的府学、州学、县学。省级行政区划中设学政，掌一省之教育，主持每届的科举考试，并负责考核师生的优劣。经考试合格之后，入学受教育的士子称“生员”，俗称“秀才”。未入学之前的士子称“童生”。

地方官学所学内容，都是皇帝钦定的经书或皇帝主持编纂的图书。在府学、州学、县学上学的生员，还受到朝廷的优待，可免赋税徭役。甚至可以说，还享有一些特权，如拜见地方官时，可以不跪拜。府、州、县学的生员，可以通过乡试考取举人，再通过会试进入仕途；品学兼优之人，也可被推荐到国子监继续学习。

为了弥补偏远乡村的教育空缺，还在城镇设置社学。据学者统计，康熙时，仅安徽徽州一地，就有社学五百六十二所、县塾五所；书院则有五十四所，其中就有较著名的紫阳书院。

中央、地方各级官学的普遍设立，为国家培养了大批人才。人才乃治国之本，历代封建王朝的有治之君皆注重对人才的培养与选拔。清朝虽然是少数民族入主中原的王朝，但非常注意总结历代的成功之处以及经验教训，即尊重汉族文化传统、汲取儒家思想中的治国之道，以化解汉族知识分子的民族排斥心理，并为其所用。历史最终的发展进程也证

明，在这一方面，清朝统治者是成功的。

（3）修纂书籍。

康熙帝在开设博学鸿儒科的同时，也认识到这种单一的途径在召集山林隐士方面，有一定的局限性。他希望通过更加广泛的途径，取得更多汉族有识之士的认同与支持。大量编纂图书、刊行儒家经典之作，是吸引知识阶层，发挥他们作用的不可缺少的重要举措。

修纂《明史》，在康熙朝初年是最引人瞩目的文化盛事，也是最能满足明朝遗民故国之思的有效之举。因而，它比博学鸿儒科更加具有号召力。

其实，早在顺治二年，也就是1645年，清朝统治者就继承了新兴王朝为前朝修史的传统，设置史馆，组织史官编修《明史》。清初统治者希望通过编修《明史》，向汉民族昭示：明朝已经结束，满族人开辟了新的历史纪元。

但由于当时清朝与南明诸政权的战争仍在继续，短时间之内难以集中全国的优秀人才，且很多明朝的史料又毁于战火，一时不易搜集，故修史一事也就中途告止。

到了康熙朝，编修《明史》一事再次被提上日程。康熙四年，也就是1665年，山东道监察御史顾如华疏请重开史馆。为成一代信史，顾如华建议，要广征海内“弘通之士，同事纂辑”。

康熙帝以政治家的敏感，非常重视顾如华的请求，下旨搜集明朝天启朝以后之事，以备纂修《明史》。但在筹备过程中，吴三桂兵起南土，修史一事再次被搁置。康熙十七年，也就是1678年，康熙帝在开博学鸿儒科之时，命再次开史馆修《明史》。

康熙十八年，任命内阁学士徐元文为《明史》监修总裁官，掌院学士叶方蔼、右庶子张玉书为总裁官。先前经博学鸿儒科被录取的彭定遹等五十人，都被康熙帝任命为史官，参与《明史》的修纂工作。与此同时，监修总裁官徐元文还向康熙帝推荐了著名的学者黄宗羲、万斯同、刘献廷等人。

尽管黄宗羲以母老及个人身体原因拒绝了康熙帝的召请，但他还是同意了朝廷派人到他家抄录他的明史著作及其收集的相关资料。他的学生万斯同，也是博古通今，尤熟明代掌故之士。当初，他拒绝了参加博学鸿儒科，但在要写出高质量《明史》的强烈愿望的驱使下，在与其师黄宗羲商量之后，他还是与其侄子万言一起进京。

当时的监修总裁官徐元文立即奏请康熙帝，授万斯同翰林院纂修官一职。万斯同拒绝了徐元文的好意，表示不入史馆，不受官衔，不要俸禄，只以布衣身份参与修史工作。他身居徐元文家，凡《明史》所成之草稿及相关史事的分歧，都由万斯同审校裁定，他已成为《明史》实质上的总裁官。

继任徐元文的总裁官王鸿绪、陈廷敬仍旧请他居家审稿，最后万斯同竟客死王鸿绪家中。万斯同进京后不久，黄宗羲最终没能拒绝朝廷的邀请，还是派自己的儿子黄百家到北京，参与修史的工作。此间，与王夫之等互为师友的大学者刘献廷也被万斯同引见至京，参与编修《明史》。

如此一来，修史就不仅是文化事件，还是笼络明朝山林隐逸之士的文化手段。康熙帝以内阁重臣主持《明史》的编纂工作，以明朝名儒为修书的主力，这些举措博得了很多士大夫的拥护和赞许。康熙帝自己对修史也表现出了很大的热情，散布于民间的稗官野史和私人著作，都借修史之机被搜集并送至京师。

《明史》开馆后，康熙帝还多次下令不拘忌讳，奖励进呈书籍的举动，并令地方官采访求购。于是，大量的图书资料源源不断地送入京师，为修史提供了充足的资料来源，保证了《明史》的修纂质量。

《明史》的编修工作，历四十余年。康熙帝去世前，全部书稿已完成。经雍正朝再修订，乾隆朝初年始定稿刊行。客观地说，在中国的二十六史中，《明史》的修纂水平是相当高的，可算是上乘之作。康熙帝也通过修《明史》这一文化事件，获得了政治上的成功。

除纂修《明史》外，康熙帝还编纂经史、文学方面的书籍。在紫

禁城内，康熙帝设置专门的修书处，并各有专职：蒙养斋专修天文、历数、音律等方面的书籍，佩文、渊鉴二斋专修经史、文学方面的书籍，清经馆则专门翻译满文、蒙古文等少数民族文字的书籍。康熙一朝，文化盛事繁多，不胜枚举。列其要者，以观其概貌：

康熙十八年，以镇国公苏努为总裁官、大学士勒德洪等六人为副总裁官，纂修《玉牒》。《玉牒》是清朝皇室之家谱，不论是宗室还是觉罗，出生之子女系由何人、何年、何月、何日、何时所生，系第几男第几女，均须上报宗人府，以备编修《玉牒》之用。《玉牒》不仅记载皇室成员的出身，而且还记其婚嫁情况，是研究清朝宗室人口及联姻问题的重要参考资料。

康熙二十一年，康熙帝刊布《御制诗》，并亲自为序。同年，又以大学士勒德洪等为总裁官、内阁学士阿兰泰为副总裁官，纂修《平定三逆方略》《平定海寇纪略》《平定罗刹方略》《平定朔漠方略》等书，分别记载平叛吴三桂之乱、降服台湾、反击沙俄入侵、平定噶尔丹之乱等重大军事事件的全过程，为研究清朝军事战争史提供了宝贵的原始资料。

康熙二十三年，康熙帝命大学士勒德洪、明珠、李霨、王熙等人为总裁官，内阁学士麻尔图、阿哈达、王鸿绪、汤斌等人为副总裁官纂修《大清会典》。一代之兴必有一代之典，康熙帝命各总裁官将太祖、太宗、世祖三朝的典章制度汇集成书，以备后世子孙永远遵行。

《大清会典》自康熙二十三年至二十九年，历六年时间始告成。康熙帝亲自作序，阐明修纂《大清会典》的意义所在。康熙朝所修之《大清会典》作为清朝历史上第一本专门记载典章制度的书籍，不仅为清朝后世帝王制定、修改典章制度提供了参考，而且也为现代学者研究清朝典章制度的沿革提供了原始依据。

《大清会典》告成之后，礼部等衙门又请求纂修《三朝国史》。康熙帝命大学士王熙为监修总裁官，大学士伊桑阿、阿兰泰、梁清标等人为总裁官，尚书张英、张玉书，左都御史陈廷敬等人为副总裁官，令这些人督率在馆诸臣，博采掌故，编修此书。历十余年，终成此书。

康熙二十六年，康熙帝诏修《大清一统志》，著名学者刘献廷和著名地理学家顾祖禹、黄仪，均接受总裁官徐乾学的邀请，到其府下参与其事。

为提高满族尤其是满族王公贵族的文化修养，尽快通晓儒家的思想宗旨，康熙帝亲自挑选经书，组织翻译成满文。正是在这一宗旨的指引下，康熙三十年，满文版的《通鉴纲目》告成。康熙帝甚爱读此书，认为该书有助于治道，遂亲自裁定，并为之作序。

康熙四十九年，康熙帝开始组织编修《康熙字典》。该书是张玉书、陈廷敬等人奉康熙帝谕旨而编修的汉字辞书。《康熙字典》采用部首分类法，按笔画排列单字，全书分为十二集，以十二地支为准，每集又分上、中、下三卷，并按韵母、声调及音节分类排列韵母及对应的汉字。从康熙四十九年至五十五年，历时六年，始修成此书。

《康熙字典》以明朝《字汇》《正字通》为蓝本，有所增订的同时，对《字汇》《正字通》二书中存在的错误，也进行了考辨与修订。《康熙字典》的历史意义就在于，它规范了汉字的读音，是汉字研究的主要参考文献。

至康熙四十九年，用康熙帝自己的话说，如《朱子全书》《佩文韵府》《渊鉴类函》《广群芳谱》等书相继告成。

据统计，康熙帝主持编纂的典籍达六十种之多。康熙帝组织修纂、翻译汉文典籍，加速了汉族传统文化在满族中的传播，促进了满汉两民族的融合。他在文化事业上的一系列作为，都有利于社会走向安定。康熙帝主持的文化工程，提高了满族的文化素质，也缓和了满汉两民族间的矛盾，使社会走向安定，为清王朝的发展注入了新的活力。

倡导务实富民措施

康熙倡导务实、实事求是的作风，痛恶浮华不实之风、虚词掩饰之习。他说："朕孜孜图治，也都是崇尚实政，不尚空谈。这才是安身立命、齐家治国应持的基本态度。"康熙不仅说到了，而且做到了，在河工问题上如此，在富民问题上也同样如此。

康熙登基时财政亏空，入不敷出，在这种情况下，他采取与民休养的政策，等到社会肌体从病困中恢复过来之后再索取，而不是竭泽而渔。康熙养民的措施有：用各种办法鼓励百姓垦荒，放宽起科年限，减免百姓应缴的钱粮，重视救灾，取消人丁税等。

在明末清初，中国大地经历了数十年的战争，社会经济受到严重的破坏。在顺治十八年，也就是1661年康熙登基那一年，全国的耕地总面积在五百八十万顷左右，比明朝万历年间少了二百万顷。康熙从他父亲手中接收的是一座十分空虚的国库，不仅无积蓄，而且每年入不敷出，缺饷四百万两。

为了巩固江山，镇压分裂割据势力，有时不得不继续增加人民的赋役负担，但增加赋役绝非长久之道，康熙在位期间采取各种措施奖励农耕，想方设法鼓励百姓垦荒，恢复和发展残破的社会经济，从根本上达到了强国富民的目的。

康熙即位后，河南道御史认为，产权不稳和起科征税太急是影响垦荒事业发展的两大障碍。过去无人承种的荒地被开垦耕熟之后，往往有人来认领，引起诉讼，结果开垦的人劳而无功。过去对新开垦的地，开种就要起科，承担杂项税收，所以百姓对开荒没有积极性。

康熙认真分析之后，批准采纳了河南道御史的建议，明确了开荒的产权，延长起科年限。首先，康熙决定永远革除“废藩名色”，改变废藩田产的所有权，归耕种者所有。

在明末农民大起义中，封建地主土地所有制受到了毁灭性的打击。各家藩王、显贵、豪绅及大大小小的地主，大多遭到农民起义军的镇压，或者逃死他乡，不少土地落到了广大农民的手中。在这些土地中，尤以明朝藩王土地为多，分布直隶、山西、山东、河南、湖北、湖南、陕西、甘肃等八省，共约十七八万顷。

清朝建立后，这些废藩田产的所有权转归国家，垦种者按藩产租额缴租，同时要按民田额赋纳粮，负担沉重，积极性不高，垦种效果也不好。

康熙七年，也就是1668年，十月，清朝政府下令改变废藩田产所有权，归耕种者所有。然而清政府在推行这一规定时又留了一个大大的尾巴，下令农民必须用钱购买那些已归农民所有的废藩田产。当时，广大农民极其贫困，国家正项钱粮都难以缴纳，哪里还有钱来购买田地？因此，藩产变价的措施受到了人民的激烈反对。

为了安定社会秩序，发展农业生产，康熙决定撤销藩产变价的命令，把土地无偿分给耕种之人。这种改入民户的废藩田产叫“更名田”。承认这部分土地归垦种者所有，有利于鼓励人们垦荒，对发展农业生产无疑是一大促进。

有些地主将土地撂荒，一旦农民将它们开垦后，地主便以产权所有者的身份前来索要，或干脆不许农民开垦了。针对这种情况，康熙于是明文规定：

凡地土有数年无人耕种完粮者，即系抛荒，以后如已经垦熟，不许原主复问。

同时，康熙采取官贷、放宽起科年限等措施，奖励荒地开垦。连年的战争，使大量的土地撂荒，无人耕种。顺治年间虽然也采取了一些奖励垦荒的措施，但短时间内效果并不显著。到了康熙初年，全国的荒地仍然十分广袤。

四川是李自成和张献忠余部李来亨、李定国等坚持抗清达二十年之久的重要战场。由于清军惨绝人寰的屠杀，一直到康熙十年，也就是1671年，还是“有可耕之田，而无可耕之民”，大量耕地撂荒。

东南沿海一带，人民抗清斗争最为激烈，清朝统治者进行了残酷的屠杀，以至于康熙初年江南仍然一片萧条。此外，在两湖、两广、云贵、浙闽、江西等地，情况也无不如此。显然，垦荒已是发展社会经济、保障人民生活、进而稳定封建统治的急务。康熙认识到了垦荒的重要性，采取了一系列措施加以提倡和鼓励。

首先是官贷牛、种。康熙五十三年，也就是1714年，农历十月，为安插甘肃流民，康熙下令将荒地查出，无业之民给予口粮、种子、牛具，令其开垦。其次是放宽起科年限。抛荒田地从开垦到成熟，一般都需要两三年甚至更多的时间。农民开垦出荒地后，政府立即“起科”即征收钱粮，就会使农民所得甚少，甚至所获不敷所征，影响农民的垦荒积极性。因此，历代统治者往往放宽荒地开垦的起科年限。

进入康熙时期，随着大规模军事行动告一段落，政治形势渐趋稳定，垦荒积极、踏实，放宽起科年限才有了可能。康熙元年，也就是1662年，农历三月，清朝政府允准河南南阳、汝州二府领垦荒时一应杂差“候五年后起派”。

康熙十年，也就是1671年，农历六月，康熙同意将浙江温、衢、处三府投诚兵丁所垦荒田，比照山东、山西二省之例，三年之后再宽限一年起科。

另外，康熙在大力提倡内地垦荒的同时，也十分重视对边疆的开发，在他的关心下，康熙朝前期，结合抗击沙俄、保护东北边疆，在黑龙江南北进行了大规模的军事屯田活动。康熙朝后期，西北边疆各地的屯田活动也次第开展。

在康熙的大力提倡下，全国民田总数从顺治十八年也就是1661年的五百四十九万顷，到康熙二十四年也就是1685年增至六百零八万顷，这里还不包括将近四十万顷的军漕屯田、十七万顷的内务府官庄和八旗庄田，以及各省的“在官地亩”“学田”等。

从康熙朝中期起，不少人在山区荒岛从事开垦，更有大批农民从山东、河北、山西、陕西等省到内蒙古和东北地区开垦荒地。因此，康熙朝后期，全国田地总数实际已达到甚至超过明代万历初年的规模。

耕地面积迅速增加，流移农民与土地重新结合，使破残的小农经济结构得到恢复。

中国是一个大国，各地的地理、气候等自然条件很不相同，风、水、旱、虫、雨、雹、霜、雪等自然灾害发生的频率特别高。中国自古又以农业立国，农业的发展对气候等的依赖性特别强，而广大农民抵御自然灾害的能力又特别弱，因此，每遇自然灾害发生，农业收成必受影响。

康熙在位时，曾蠲免了受灾百姓大量的钱粮。这其实是一种“养民”的做法，是不与民争利的思想。暂时地给百姓喘息的机会，人民手里宽裕了，才能缴得起赋税。

所谓蠲免钱粮，就是封建国家把应该向人民征收的赋税减少及至免除征收，以减轻人民的负担。一般说来，此举是建立在封建国家财政充裕或者人民有实际困难、赋税征收难以进行等基础之上的。自古以来，有远见的封建皇帝都尽可能地蠲免钱粮，减轻人民负担，以缓和社会矛盾，稳定封建统治。

17世纪40年代后期至50年代初，康熙蠲免战乱地区大量税粮。在未受农民战争和征服战争影响的地区，税额也从未高于明万历初年的水平。每逢灾年，一般都有蠲免。

康熙二十二年，也就是1683年后，天下太平，蠲免税粮达到极大幅度。康熙曾自豪地指出，从他登基至康熙四十年，也就是1701年，蠲免的税粮共九千万两以上，至康熙五十年，也就是1711年，免税的总额已超过一亿两。

清朝除地丁钱粮以外，又在山东、河南、江南、浙江、湖广等地征收一定数量的米、豆等物，从水路运到京师，以供皇室、贵族、官吏以及戍守北京的兵丁之用，这部分粮食称为漕粮。一般说来，漕粮都是当年征收，当年起运，不能有丝毫耽误，也概不蠲免。

康熙六年，黄河泛滥，江南桃源县受害尤甚，江宁巡抚韩世琦上疏，请求将该年桃源县的起运漕粮，分两年补征带运。康熙七年，也就是1668年，农历二月，康熙批复同意。

然而，因为灾荒日益加重，至康熙九年，也就是1670年，农历二月，两年期满，非但补征未果，反而越欠越多。新任江宁巡抚马枯遂上疏请免带征漕粮。康熙指出，按照惯例漕粮是不能免的，但是该巡抚既称桃源等处屡遭水灾，民生十分困苦，与别的地方情况不同，于是就允准了其要求。

实事求是是做事的基本要求，而要做到“实”而力避“虚”，做到所学与所行合一而非脱节，关键在于实践。首先要有求实的态度，凡是要有弄明白的决心，不稀里糊涂地得过且过。其次要调查研究、亲自实践。在这方面，康熙堪称古代皇帝第一人。

康熙自少年时代起就喜欢看人种庄稼，而且自己也把各类种子种到地里，以观察收获的多少。他的这种兴趣一直坚持到老。康熙六十多岁时写过一篇《刈麦记》，其中说：

在收获的时节，看到苍颜老农欢庆秋收，黄口孺子不再愁饿肚子，这才是我真正的快乐！

康熙注重发展农业生产，是从治国安邦、富国强兵的需要出发的。他经常考虑长城外寒冷地区农业的发展问题，每到关外巡行，便研究当地的土壤、气候等问题，虚心向有经验的老农请教，并嘱咐督耕的大臣："你们必须向当地人请教，适宜种什么作物，才会易得收获。……朕曾问老农，都说将雪拌种，可以耐旱，你们应该试一试。"

康熙并让臣僚向农民宣传自己研究的种植技术："边外耕种，必先试培其苗，观其田土性寒，而风又厉之变化。如有草苗勿令土压，若草重发芽，则有妨田禾生长。以及种植不可过密，若过密，田禾虽觉可亲，但所获实少；若稀疏耕种，所抽之穗既好，而且所获甚多……"如此等等，反复叮嘱。

康熙十分注重实践，最能体现在他培育良种的事情上。他于西苑建丰泽园，辟稻畦数亩，植桑树十余株，进行实验。某年的六月下旬，水稻刚出穗子，康熙见一棵高出众稻之上，果实已饱满，便将其收藏，留作种子。第二年进行试种，看它是否还早熟。第二年，果然又是六月成熟，较一般水稻早两三个月。"从此生生不已，岁取千百"，终于用"一穗传"的育种方法，培育出早熟新稻种。因其长自西苑的田中，故名"御稻米"。

"御稻米"色微红而粒长，气香而味厚。由于生长期短，适于北方，南方可一年两熟。种植成功后，不仅宫廷内食用都用此米，而且推而广之。

康熙五十三年，也就是1714年，他决定向大江南北推广，欲发展双季稻。他首先把一石御稻种发给苏州织造李煦、江宁织造曹頫，令他们试种双季连作，但因下种太晚，没有取得成功。第二季结实甚少，或根本未能成熟。

康熙仍然不灰心，第二年，他派专人去苏州指导，提早于三月插

秧，结果获得成功。第一季亩产与其他稻种相当，第二季亩产二石一二斗至二石七八斗，亩产量大幅度提高。康熙打破了南方水稻双季以糯和粳连作的传统，实现了同种粳稻双季连作。御稻种深受欢迎，两年以后传播到江苏、浙江、安徽、江西等地。

康熙还摸索了在北方大面积种植水稻的经验。后来，在北京西郊玉泉山种植水稻成功，后逐步推行，成为有名的“京西稻”。北方试种水稻成功并大面积推广于长城内外，此为康熙朝农业的创举。

中国自古以农业立国，经济发展，财政好转，乃至治国安邦，均离不开农业。圣明君主无不重视农业的发展。因此康熙在农业方面，特别注重从实际出发。他认为：自然条件差的地区要从实际出发，应因地制宜，多方发展经济，不一定都要以粮为主，尤其不要搞一刀切的计划性种植。

康熙五十五年，也就是1716年，农历三月，康熙对大学士们说：“现在天下太平，人口增多而土地未增，士商僧道等不从事农业生产的人口日益增多，不知内地实无闲地。所幸的是现在口外种地度日的人也多了起来。我理想中的养民之道，也是百姓在本地区相互养育，彼此发展。”

康熙还以陕西等地为例说：“如果土地实在不可以耕种，就在有水草的地方，学一学蒙古人的生活方式搞一搞牧业，则民尽可度日。”

在大力发展农业生产的同时，康熙还努力改进地丁银征收办法，尽一切可能使赋役平均，以减轻人民负担，安定生活，发展生产。

过去人民负担过重，主要来自两个方面：一是国家索取太多；二是贪官污吏营私舞弊。对于前者，康熙主要以减免钱粮的方式来解决；后者，除澄清吏治外，还通过改进地丁银征收办法来平均赋役负担，防止不法官吏舞弊。

康熙采取措施，宣布实行“滋生人丁永不加赋”的制度，这样把全国丁银总额基本固定，从中央到地方都不得随意增加，使广大农民负担相对稳定，减少逃亡，有利于生产。

西汉时对三岁以下的男女儿童征人头税时，贫民常常以杀死自己新生的男女婴儿来对付，结果起征年龄不得不提高到七岁。由于明代地税和劳役负担特重，或由富户转嫁到穷人头上，不幸的农民只能逃离家园，有时一村一地完全废弃。清初的百姓与他们的祖辈相比，看来是幸运得多了。

清朝的地方赋税，沿袭明朝制度，地税、地丁银实行分征制。在这种情况下，田赋蠲免不等于丁银减轻。虽然丁银也屡次调免，但由于人丁并没有进行彻底清查，各州县均仍以明朝万历年间的丁额分担丁银。丁银少时，人民不免受包赔之苦；丁银增加，若超过了明朝万历年间的丁额，仍按原数申报。这样不但对国家不利，而且丁役负担也不减轻。

康熙年间，随着各项政策的调整、战争的减少和结束，人口大大增加。但大量人丁不入户籍，被隐瞒下来。康熙南巡时发现一户有五六丁，只一人交纳钱粮；或有九丁、十丁，也只按二三人交纳钱粮。其实，对这些不纳粮的人丁，地方官也不会放过他们，只是瞒报朝廷。

康熙五十一年，也就是1712年，皇帝以五十年也就是1711年的丁额为基础，诏令此后滋生人丁，永不加赋。换言之，全国的总丁额就照1711年的额数永久冻结。有人盛赞这是一扫“二千年之政”的盛举，“而额外之户口惠无穷”。从此，穷人及无地者就很少或完全不负担丁税。

据当时各地给朝廷的奏报，长寿已不是罕见的现象。在康熙二十五年，也就是1686年，当全国刚进入和平和繁荣时期，各省上报有169830人年逾八十，9996人年逾九十，21人百岁以上，年过七十者已极普通因而已不劳各省上报朝廷了。

纳兰性德才华横溢，他生动地描述老人们应邀出席康熙的千叟宴的欢悦景象：

圣朝建都燕山，民物日富。八九十岁翁，敦茂龙颜，朝廷优之，徭役弗事，岁时得升殿上上皇帝寿。百官朝服鞠躬以

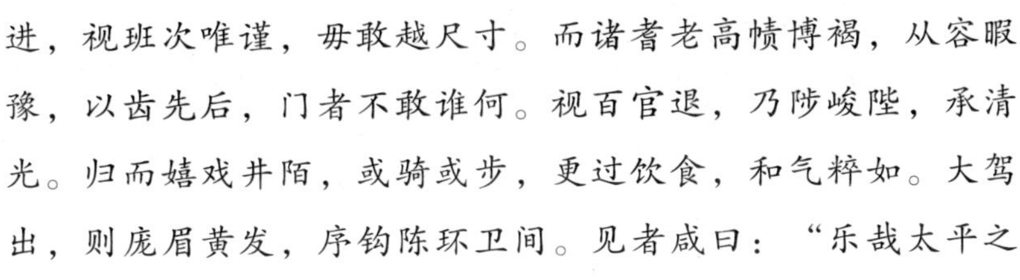

进，视班次唯谨，毋敢越尺寸。而诸耆老高帻博褐，从容暇豫，以齿先后，门者不敢谁何。视百官退，乃陟峻陛，承清光。归而嬉戏井陌，或骑或步，更过饮食，和气粹如。大驾出，则庞眉黄发，序钩陈环卫间。见者咸曰："乐哉太平之民也！"

康熙扭转了农业生产凋敝、国库亏空、财政困难、民生贫苦的状况，恢复和扩大了农业生产，调整了社会负担和分配关系，使社会进入发展的轨道，功绩卓越，意义重大：

首先，其各项措施都有利于把人力、物力、财力用于恢复和扩大农业生产，从发展生产入手解决财政问题，增加了社会财富，提高了社会生产力。

其次，在生产恢复和发展的基础上，增加了国家财政收入，国库丰盈，国用富饶，在不断大量蠲免钱粮的情况下，到康熙四十一年，也就是1702年以后，户部存银已达到了五千万两，为盛世打下了坚实的物质基础。

整顿官场不良风气

历史上，任何一个朝代的清官都没有康熙朝多，并不是康熙朝的官员真的廉洁，而是因为康熙采取了褒奖清官、树立典型的做法，从而使这个时代涌现出了一批非常著名的廉吏，形成了特有的清官现象。

对于皇帝来说，最难治的不是百姓，而是官员。历史上，帝王和官员之间一直在玩猫捉老鼠的游戏，无论软的硬的，官员统统不吃。明朝初年大杀贪官，其残酷令人发指，但贪风不但没有消除，反而越来越重。康熙一直重视对官员的监管，通过加大奖惩制度，来确保官僚体制的正常运转。

康熙初年，吏治败坏，贪贿成风。但康熙并没有和明太祖一样，一味采用“杀”字诀，依靠严刑峻法来防止腐败。他非常清楚，只要有利益驱动，贪官是杀不尽的。他更多地采用了奖励清官的做法，以此来激励百官，澄清吏治，从根本上改变官场风气。康熙很注重官员的选拔，大多数清官，都是他亲自调查发现并最终提拔起来的。

于成龙居官非常清廉，在任期间，从不携亲带故，从不接受亲友及他人的礼物，去世的时候箱中仅有一件绨袍，床头只有几碟盐豆豉。康熙赞扬道："朕博采舆评，都称于成龙可以当得起'天下廉吏第一'。"还为他亲笔题了"高行精粹"的大字匾额。

知县陆陇其为官廉洁，离任时"惟图书数卷及其妻织机一具"，康熙将他破格提拔。因为廉洁得到康熙赏识重用的，还有格尔古德、汤斌、郭琇、张鹏翮、彭鹏、李光地、徐潮等。这些人也举荐了很多为官清正、能力超群的官员，从而带动了整个官场由浊返清。

康熙对这些清官，不但经常破格提拔，而且对他们的建议，大多言听计从。这些清官死后，他命令都要追赠谥号，以凸显他们的德行。如张伯行死后被谥"清恪"、李光地谥"文贞"、赵申乔谥"恭毅"、吴琠谥"文端"、格尔古德谥"文清"、于成龙和陈瑸谥"清端"、徐潮谥"文敬"等，在谥号中对他们清正廉洁的生平进行了总结。这种荣誉虽然没有实际利益，却有很大的激励作用。

对清官的子孙，康熙也都破格重用。如汤斌的孙子汤之旭，康熙四十五年，也就是1706年，中进士，官至左通政；张伯行的儿子张师载，以父荫补为户部员外郎；郝浴的儿子郝林，康熙二十一年，也就是1682年进士，也以廉正著称，官至礼部侍郎；于成龙的孙子于准，受祖父荫得授山东临清知州，因其清正有操守也被"举卓异"而任刑部员外郎，后又任浙江按察使、四川布政使、贵州巡抚等职；徐潮的儿子徐杞，康熙五十一年，也就是1712年进士，官居甘肃布政使、陕西巡抚。

康熙通过表彰清官，为大小官员树立榜样，养成一代清廉的吏风，也借清官监督、揭发、打击了贪官。这种做法的效果要比单纯依靠严刑峻法明显得多。从他亲政开始三十多年里，整个官场的贪贿之风受到了遏制，政治渐获清明，呈现出清官辈出的局面。这也成为康熙盛世的一个重要标志。

康熙对贪官的痛恨，不亚于明太祖，所以他也绝没有放弃对贪官的惩罚。他从亲政开始，就加大了对贪官的打击。康熙二十三年，也就是

1684年，康熙下令编制《大清会典》，把贪酷列为考察官吏“八法”的第一条，从法律上规定对贪官污吏从严惩处。他第一次考察官员就惩治了贪官污吏一百三十三名。据《清圣祖实录》统计，康熙朝内知府以上官员因贪污罪被流放和处死刑者达十五人。

康熙宣传清官，鼓励官吏们争当清官，是对广大官员的鞭策和期望。然而实际上清官不仅数量少，其活动、作用均受局限，不可能改变当时官民对立的基本状况。所以，还必须惩治贪官。

康熙三十六年，也就是1697年，山西蒲州府发生民变，百姓逃入山中，康熙急忙派人招抚。同时于五月十二日将山西百姓极为痛恨的原巡抚温保及布政使甘度革职，严拿赴京，交与刑部治罪。事后，康熙对众大学士说：“今噶尔丹已平，天下无事，惟以察吏安民为要务……朕恨贪污之吏，更过于噶尔丹。”到七月二十三日，又将甘肃巡抚郭洪革职交刑部，问拟枷责，命发黑龙江当差。

这样，康熙在短短半年时间，将山西、陕西、甘肃三地巡抚及部分布政使、按察使予以撤换，以惩私派，安定民生。这三地的督抚藩臬全部是由满人担任的，如此大批处置满洲高级官员，表明了康熙察吏安民的决心之大。

继蒲州民变之后，康熙三十六年也就是1697年、康熙三十七年也就是1698年两年间，广东、云南、山西、直隶等地，又相继发生多起民变。这些小规模民变虽然不久即被镇压或招抚，但却使康熙感到不安，康熙知道，民变的根源在官不在民，从而采取严格措施约束官吏，进一步推动了察吏活动。一旦发现地方官有虐民劣迹，不待激变，就予以撤换。

山东饥荒，老百姓饥寒交迫，巡抚李炜竟不奏闻，康熙以“不知抚恤百姓”罪，将其革职。奖廉与惩贪、扶正与抑邪是相辅相成的。在社会风气败坏的社会，清官往往遭到贪官的嫉妒、压抑乃至陷害，因此康熙认为，只有惩治贪官，清官才能成长并施展其才智。

康熙五十年，也就是1711年，江苏省乡试，考官与总督噶礼受贿

舞弊，发榜之后，苏州士子哗然，千余人抬着财神爷游行至孔庙，供奉于明伦堂，以示抗议。此事使人想起顺治朝的士人哭庙抗议贪官事件，那次事件以金圣叹等人被杀头而告终。一时，贪官污吏，大受鼓励，三尺小儿，皆叹不平。康熙命户部尚书张鹏翮会同总督噶礼、巡抚张伯行以及安徽巡抚梁世勋共审此案。但由于有噶礼牵涉在其中，却迟迟不能定案。

康熙五十一年，也就是1712年，正月，张伯行愤而疏参噶礼，告他在科场案中，以白银五十万两，徇私贿买举人，并专门打击刚正不阿的清官，包庇秽迹昭彰的逢迎趋附者。但是，噶礼反而倒打一耙，参张伯行“七大罪状”。康熙将此案先后交由尚书张鹏翮、总漕赫寿、尚书穆和伦、张廷枢审理。

结果，除张鹏翮外，其余三人皆袒护噶礼。因为他是满洲正红旗旗主，清朝开国功臣、八大“铁帽子王”之一何和礼之孙。本来无德无能，之所以做到两江总督，是因为满洲贵族子弟的身份。

由满洲贵族子弟把持大权是清廷为了保证大清的江山不被汉人夺走的一项基本措施。一般来说，满汉官员发生矛盾，汉人总是不对。噶礼在山西巡抚任内，即因贪得无厌、私征加派、虐吏害民而屡遭御史弹劾，但弹劾他的御史则往往以诬告罪被革职。

有前车之鉴，官员们当然袒护噶礼，打击张伯行，照老规矩办就是了。如果换了另一人与噶礼互参，一定是自讨苦吃，可是这个张伯行与众不同，他是一位有名的清官，康熙下江南，降旨命督抚荐举贤官能员，张伯行未被荐举，康熙亲自考察了他的政绩，知道他为官清廉，盛赞张伯行为“江南第一清官”。他对官员们说：“你们为何不保举张伯行？朕来保举，将来居官好，天下人以朕为明君；若贪赃枉法，天下人笑朕不识人。”

张伯行之所以敢于参劾他的顶头上司，也许正是因了康熙的这句话。如果康熙这次再袒护噶礼，就是自己打自己的耳光了。四位尚书、总督大人都没有看透这一层，因此康熙很不满意。

于是，康熙亲自站出来明确表态了，他说："噶礼的操守朕是不信任的，若无张伯行则江南地方必受其盘剥一半了。比如苏州知府陈鹏年稍有声誉，噶礼久欲害之，曾将其《虎丘诗》二首，奏称内有悖谬语，可是朕阅其诗，其中并无谬语。他又曾参中军副将李麟骑射俱劣，李麟护驾时，朕试他骑射俱好。若令噶礼与之比武，定不能及。朕于是已心疑噶礼，二人互参一案，朕初次遣官往审，为噶礼所制，不能审出，再遣大臣往审，与前次无异，尔等应能体会朕保全清官之意，使正人君子无所疑惧，天下太平。"

然而大臣再议时，仍不愿承认偏袒了噶礼，为了平衡就把张伯行拉来陪绑，两人一起革职，理由是：二人相互讦参，有污大臣职。当张伯行罢官之日，扬州士民罢市聚哭，万人空巷来送张伯行回苏州。苏州等郡的士民也举行罢市抗议。

当时，有百姓送果菜给张伯行，他坚持不收。士民哭道："公在任，止饮江南一杯水；今将去，勿却子民一点心。"为了安慰百姓，他收下了一块豆腐干和一束鲜菜。张伯行由水路回苏州，沿江数万人护送，到了苏州，百姓又纷纷送来蔬菜水果。

不得已，康熙亲自干预此案："命张伯行仍留原任，噶礼依议革职。"最终使清官得以扬眉吐气。江苏士民闻讯，奔走欢呼，如逢节日，家家贴红幅，皆书"天子圣明，还我天下第一清官"。

康熙爱护清官，惩治贪官，是尊重民意的体现。他对噶礼的人品始终怀疑，有一次他向噶礼的母亲询问噶礼的情况，噶礼的母亲揭发了儿子贪赃枉法的罪行，噶礼丧心病狂，竟然要用毒酒杀害老母。事发后，噶礼被康熙赐命自尽。问题还不止于督抚，其根源在部院大臣。因为京官无法直接向人民搜刮，但手握官员任免权与钱粮奏销权，可借助权势向京外官员勒索贿赂。

康熙亲政之后洞察官场种种弊端，十分重视对高级官吏的考察。起初，他对外官与京官勾结行贿纳贿的事进行教育、警告，明令禁止。但"未见悛改……在外文武官，尚有因循陋习，借名令节生辰，剥削兵

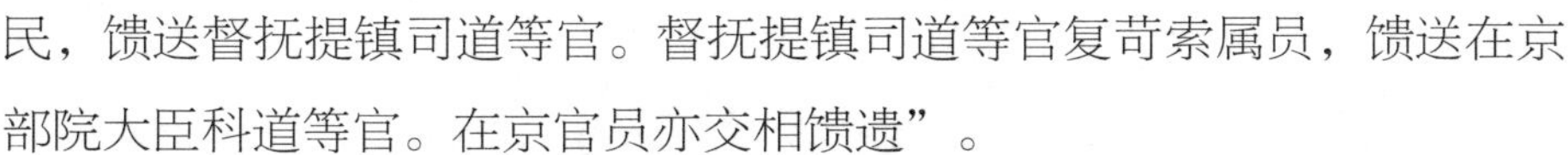

民，馈送督抚提镇司道等官。督抚提镇司道等官复苛索属员，馈送在京部院大臣科道等官。在京官员亦交相馈遗”。

康熙认为，兵民日渐困乏，原因就在这里，所以严加制止，谕吏部、兵部：“今后有仍蹈前辙者，事发之日，授受之人一并从重治罪，必不姑贷。”

为割断督抚与部院大臣的非法联系，康熙特别规定：凡督抚司道官员与在京大臣各官，彼此谒见、馈送，因事营求，以及派家人“问候”、来往者，将行贿者及受贿者“俱革职”；官员本人不知其事者降二级，但将经手此事两家家人“俱正法”。即使这样，问题仍未解决。贪官污吏们以权谋私，用“合法”手段继续作恶。

当时，各省地丁税课各项钱粮，在本地支销兵饷、驿站、俸工、漕项等，每年用银约两千余万两，由皇帝将督抚奏请报销的题本交户部审核，办理报销。但是在履行报销手续时，户部往往借端挑剔，反复多次难以通过。这时督抚只好向户部行贿，那就是“内外使费”。之后，即使报销的题本上有问题，户部也能让其顺利完结。

还有，外省向中央解送钱粮的时候，若不足量，户部有权令其补送，称之为挂平。户部大员手中有权，不分青红皂白，硬是以不足量为借口，强令补送，而且让解送的数量相当大，数量每年大约占解送钱粮总数的百分之三四。如果解送钱粮的官员事先与掌库的户部官员讲明，每十万两银两给户部四千两“好处费”，便可以免去“挂平”。仅此一项户部每年可得非法收入三四十万两。这可谓是皇帝眼皮底下的结伙贪赃枉法。

不止这些，漕督之官与户部大吏互相勾结侵吞国家财富的事也时有发生。这些均是办理公事过程中，以公事“公办”面目出现的行贿受贿、贪污钱粮的例子，它比私下收受贿赂要高明得多，危害也更大。

经济上结伙贪污，政治上就很难秉公从事。如九卿会推官员，不能做到至公至正。有的草率从事，有的立议争胜，极力推荐自己中意之人、亲朋、同乡、门生。这样官员间往往结成党派，互相包庇，徇私舞弊。

康熙对督抚与部院堂官营求结纳，分树门户，处理政务放弃原则的弊端深恶痛绝。山西巡抚穆尔赛，贪酷至极，罪恶昭著。当康熙向大学士、九卿等询问此人为官称职与否，满族大学士勒德洪等竟不据实陈奏，企图包庇。康熙震怒之下，将勒德洪等各降两级，满族九卿科尔坤等各降三级，穆尔赛拟绞、监候秋后处决。

康熙还发现，治理河工的大臣，一有水灾冲决堤坝，就只考虑从中获利，这样造成治河拖延多年，费了不少人力、物力，但治河上没有一点起色，他认为问题的根子在工部。他亲自主持，经数年清查，终于查实了工部从尚书、侍郎以至分司官员，组成了一个大贪污集团。他分别给予惩处。

康熙也从这件事情中，进一步看到了察治部院大员的重要性。因为高级官吏身居要职，直接影响下级官吏，或带出一批清廉贤吏，或养成一群庸劣、枉法之徒。他们还左右重大朝政，包括财政、人事、立法等，决定着国家能否按正确制度行事，可谓事关重大。

康熙对满尚书、侍郎等说：

> 天下之民所倚依为生者守令也。守令之贤否系于藩（布政使）臬（按察史），藩臬之贤否系于督抚，督抚又视乎部院大臣而行。部院大臣所行果正，则外自督抚而下，至于守令，自为良吏矣。

康熙四十二年，也就是1703年，正月，康熙第四次南巡途经济南时，参观了趵突泉，并由感而发，书写了匾额“源清流洁”四字。他将“源清流洁”的思想用于吏治，把严格约束和考察高级官员作为吏治之第一要务是英明的。

严厉打击朋党势力

康熙在政治上，多年来对臣下尽量实行“宽仁和平”的措施，但是，他对于朋党的打击，从来都不会手下留情。康熙一向乾纲独断，尤其是将用人、行政大权牢牢掌握在自己的手中，对于朝臣中的朋党现象，他大力整肃，利用一党打击另一党，再回手收拾剩下的这一党，使皇权永远处于绝对的权威地位。

在封建专制政治中，官僚之间结为朋党是一种普遍现象，他们以故吏、师生、同年、同籍、姻戚等亲情关系为联系的基础，形成以一人或数人为核心的集团势力，为了共同的或相近的利益而相互攀缘、相互扶持，并赖此得以立身晋级。

这些有关系的官僚之间，虽然没有任何组织形式的约束，但是临事却往往有相同的立场、相同的认识，并采取相同的措施，其势力所结，自上而下，如同一张遮天蔽日的大网。因而，朋党势力的强大，不仅造成了吏治的腐败，且直接危害到封建专制统治的稳固，为历代封建统治者所不容。

明王朝因朋党竞争激烈，最终进一步削弱了统治力量，导致自毁长城之势。及至清代，伴随大批汉人官员进入清政府，各党类派系的纷争也以一种惯习流行。

清初顺治时，有所谓南北党之争，两党势同水火，互相攻讦，以至于影响到朝政。作为满汉地主阶级的联合政权，清朝的党争，不仅体现了不同的官僚集团之间的利益冲突，也时时处处体现出满汉官僚集团之间的利益冲突。康熙朝也有党争，但康熙能抓住症结，果断处理，因此没有产生更大的威胁。

康熙对明末党争尤有更深刻的认识，因此康熙反复强调官僚大臣要出以公心，结党营私不仅误国，而且害己。他说："明末时，从师生、同年起见，怀私报怨，互相标榜，全无为公之念。虽冤抑非理之事，每因师生、同年情面，遂致掣肘，未有从直秉公立论行事者，以故明季诸事，皆致废弛。此风殊为可恶，今亦不得谓之绝无也。"

康熙二十七年至二十八年，朝廷中所发生的几起弹劾案，首先是靳辅下河工程屯田案，这之中又发生了明珠、余国柱结党纳贿案。因这几起弹劾案所涉，被罢革、降级者达数十人。

靳辅是在康熙十六年，也就是1677年，农历二月，由安徽巡抚授河道总督的。靳辅到任后，向康熙系统地阐述了其"束水攻沙"的治河思想，而后即"大治淮黄堤坝"。

经过六年的努力，至康熙二十二年，也就是1683年，取得"河归故道"的成就，康熙称其治河卓有成效。只是，靳辅治河虽使漕运得以畅通，但其筑减水坝的措施，仍未阻止淮扬一带的下河沿岸频频发生水患。

康熙二十四年，也就是1685年，康熙特命安徽按察使于成龙经理海口及下河事宜，听靳辅节制。于成龙是汉军旗人，以实心任事为康熙所重。十一月，在如何治理下河的措施上，于成龙与靳辅产生了分歧，并引发了长达四年之久的争议。

当时，于成龙力主开浚海口故道。此前，候补布政史崔维雅视察河工之后，写出了《河防刍议》《两河治略》二书，进呈康熙。二书全盘否定了靳辅的治河功绩，他建议拆毁全部治河工程，重新再修。康熙也提出了挑浚黄河入海口的方案。

但靳辅却据理力争，认为下河低于海潮五尺，疏浚海口则会引潮水内侵，故请于高邮、宝应诸外县下河外筑长堤，束水注海，则下河不浚自治。

在于成龙和靳辅两人的意见中，康熙是倾向于于成龙的开浚海口之议的，而大学士们则支持靳辅的筑堤束水之议，因此在对下河的治理上，皇权与相权产生了分歧。

以明珠为首的大学士、九卿、靳辅等治河官员组织了一场从上到下抵制皇帝开浚下河方案的运动。抵制态度的坚决出乎康熙的意料。从讨论、定案甚至动工之后，明珠一派都在不停地上疏反对。朝中仅有极少数几个人同意于成龙的方案。

朝廷大员的一致反对不仅仅是由于技术上的原因，事实上许多朝臣对河务并不真正了解。问题出在康熙不同意由靳辅兼理“海口”工程，而另派于成龙督理。靳辅是由明珠举荐的，抛开技术上孰是孰非不谈，而把河工与朝臣的利益连在一起，这是不言而喻的。他们在向康熙答辩之时，常常隐去反对意见，形成朝中舆论一边倾斜的局面。由于在廷议中，支持靳辅者为多，特别是明珠等重臣也反对挑浚河口，于是拟用靳辅之策。

康熙看到自己的意见频频被否决，他震惊了，借所谓工部尚书萨穆哈等赴江南就治河方案民调失实案，明确了自己支持开浚海口的态度。朝廷中闻风者立即转而支持于成龙。于是，康熙命工部右侍郎孙在丰前往督修。

伴随靳辅之议的被否决，九卿在遵旨商议对靳辅的处置时，转而议将靳辅革职。对此，康熙敏锐地指出：“这是大臣等挟私意，纵偏论。”因此，康熙坚决反对将靳辅革职，仍令其督修。

然而，康熙二十五年，也就是1686年，农历十二月，由孙在丰主持的下河挑浚工程实施在即，又出现新的意见分歧。为挑浚下河，孙在丰提出要趁水势稍减之时，将上河滚水坝尽行闭塞。但靳辅不同意，说：“惟高家堰之坝断不可塞。”由于河员多为靳辅旧人，只愿听命于靳辅，孙在丰事事孤立。

康熙这次则完全站在了孙在丰一方，认为靳辅是在有意阻挠河工。因此，康熙二十六年，也就是1687年，农历三月，康熙令大学士、九卿就此事商议，说：“就因为孙在丰是汉人，所以不能约束靳辅他们。”明确指出了官僚们在治河问题上的朋党行为，及当时所存在的满汉官僚之间的矛盾。

而后，康熙虽不断诏询下河事宜，但总因靳辅与于成龙均各执前议、互不相让而未果。靳辅的固执使康熙颇为恼怒，他认定其中必有情弊，遂于十月特命户部尚书佛伦、侍郎熊一潇、给事中达奇纳、赵吉士，与总督董纳、总漕慕天颜会勘河道。

但是佛伦是靳辅的支持者。当年十二月，佛伦回奏称：“我们察看了高家堰地势，应如靳辅原议。”而总漕慕天颜、侍郎孙在丰则为于成龙之党，故与佛伦意见相左，又出现了两议相持不下的现象。

靳辅的支持者之所以敢于屡次逆上意，其原因在于，靳辅有大学士明珠为后盾。靳辅出任河道总督，乃明珠所荐。在靳辅与于成龙就下河治理争执不休之时，靳辅始终得到了朝中多数人的支持，其中一个重要的原因就是靳辅有朝中重臣大学士明珠为其撑腰。

靳辅与于成龙意见不合，争至面红耳赤，是因为双方都有倚傍大臣，故敢如此。这种以朝廷权臣结成政治核心，进而擅决朝政的现象是康熙所不能允许的。

明珠，满洲正黄旗人，几年时间由侍卫升至兵部尚书。明珠于康熙十二年也就是1673年兵部尚书任上，以“力主撤藩”为康熙所信重，康熙十六年，也就是1677年，授予武英殿大学士，跻身于辅臣之列。

明珠的为人相当机智灵巧，很会讨皇上的欢心。当他得知康熙将到

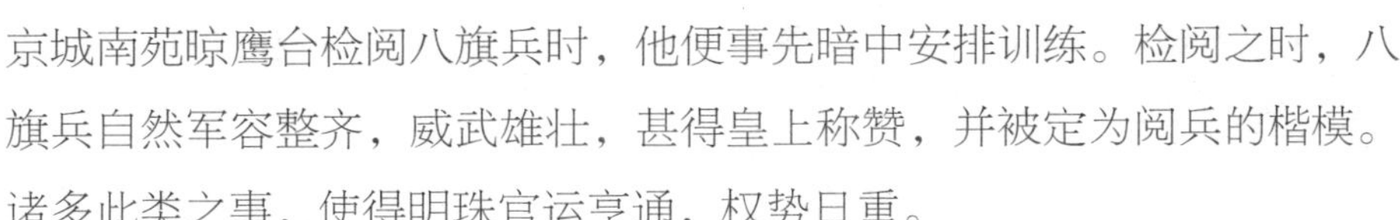

京城南苑晾鹰台检阅八旗兵时，他便事先暗中安排训练。检阅之时，八旗兵自然军容整齐，威武雄壮，甚得皇上称赞，并被定为阅兵的楷模。诸多此类之事，使得明珠官运亨通，权势日重。

当时，另一个权臣索额图已居首辅，二人为争权夺势，在朝廷内外各结党羽，互相倾轧，可谓势均力敌。索额图出身显贵，生性刚愎自用，有不依顺自己的就当面斥责，在朝中唯独与李光地关系很好。

而明珠则生性谦和，轻财好施，以招来新进。对异己则用阴谋来陷害。二人为树立门户，均不分满汉、不论新旧，于官僚集团中广为朋比交结，于朝政各执一端。

总的来说，索额图的追随者多为满洲八旗将领，而明珠的党羽多为朝中大臣。内阁大臣会议已被明珠控制，内阁中文件起草和批示皆由明珠指挥，轻重任意。

在康熙朝，君主专制政治呈不断强化的趋势，官僚之间的党争往往围绕着固宠展开，而最终的结局也总是体现出君主的意愿。索额图曾因有“撤藩激变，请诛建议之人”的奏议，为康熙所斥，明珠则是力主撤藩之人，故二人专宠的结果也就不言而喻了。明珠由此得以总揽朝政。

明珠并未因索额图失宠而有所收敛。除去异己之后，明珠党更是遍布朝野，且皆居高位，如大学士余国柱，尚书佛伦、科尔坤、萨穆哈，侍郎傅剌塔，督抚靳辅、蔡毓荣等。显然，这是一个以满人为主体的官僚集团，他们以明珠为核心，上下沟通，互相援引，败坏法纪，在朝廷中影响极大。

明珠还示恩立威，笼络人心。凡是皇帝谕旨称不好的人，他就说：“这是皇上不喜欢，我一定尽力挽救。”凡是皇帝谕旨称赞的人，他就说，这是他极力推荐的结果。他身边因此聚集了一群党羽。每当明珠上朝完毕，出中左门时，他的心腹们便拱立以待，围在一起窃窃私语，朝中一切机密大事俱泄无遗。

对专制君主而言，大臣纳贿、结党，必然在客观上造成官僚群体与皇权的对峙，危及皇权的绝对权威，故防止大臣朋党，是其加强专制政治的重要内容之一。所以，明珠与康熙发生冲突的最主要的原因在于他“欺蒙揽权”。

当时，满大学士只有勒德洪和明珠二人，汉大学士有王熙、吴正治、宋德宜。内阁大学士序班，当以勒德洪为首，但因明珠最得帝宠，而实居首辅之位，把持朝政，凡是于己有利或为己所用者，明珠都要插手其中。

康熙发现了这种现象，曾怒斥大学士等人：“你们所承担的都是朝廷重务，岂可专为一身一家之计……今满大学士凡有所言，汉大学士但唯唯诺诺，只是为了自保禄位，并不辩论是非。”

勒德洪虽地位崇贵，却诸事逊让明珠。所以，康熙所指的“满大学士”即是明珠。也就是说，汉大学士等但知有满大学士，唯唯诺诺，等于无视皇帝的存在。

明珠随着权势日重，在用人的问题上也常常与康熙意见不一。康熙二十六年，也就是1687年，六月，康熙欲给皇太子挑选“谨慎之人”为师，称“达哈塔、汤斌、耿介三人皆有贤声，朕欲用之”，令明珠等人传问九卿。

但明珠却借达哈塔、汤斌二人的自谦予以反对，回奏康熙说：“达哈塔自称‘庸愚’，何能当此重任？汤斌也自称‘今年已六十外，诸事健忘’，衰老之人，岂能当此重任？”

康熙十分不快，转问九卿，九卿同奏：“此三人皇上用得极当。”康熙于是在九卿的支持下，令这三人在皇太子前讲书。

在那场历时三年的治河方案的讨论中，就是以明珠为后盾，支持靳辅对抗康熙的命令，令康熙大失君威。由此，一场因河工而起，却暗藏着打击权臣的风暴，便由康熙发动起来了。

康熙二十七年，也就是1688年，正月二十三日，御史郭琇上《特参河臣疏》，率先参劾靳辅。郭琇说，皇上爱民，开浚河口，靳辅专信幕客陈潢之言，百般阻挠。

后来，郭琇又参劾大学士明珠、余国柱等人结党营私，是靳辅的后

台。参劾明珠那日，正值明珠寿诞，大宴百官，郭琇忽然从袖里掏出弹劾奏章，当众宣读，然后饮大杯酒自罚，说：“郭琇无理。”随即昂然而出。郭琇参明珠奏疏中的内容是经由康熙过目并为康熙钦定的。这表明，康熙除去明珠之意已决。

康熙览过郭琇的奏疏后，一反以往的做法，既不让大臣讨论处理办法，也不调查所奏是否属实，而是给吏部下了一道长长的谕旨，列举了目前吏治败坏的种种表现，特别强调明珠、佛伦等背公营私之状，最后宣布：“明珠、勒德洪革去大学士官衔，令大学士李之芳休致回籍，大学士余国柱革职，满吏部尚书科尔坤以原品解位。”

这样，在当时五位内阁大学士中，除两朝元老王熙外，全部被革职或勒令休致。不久，支持靳辅一派的尚书佛伦、侍郎熊一潇、给事中达奇纳、赵吉士均相继被解任。

明珠下台后，靳辅遂成众矢之的。见诸臣连日间交章弹劾靳辅，康熙意识到在其背后不无交结倾陷的因素，他明确指出：“近因靳辅被参，议论其过者甚多……众皆随声附和。”意欲加以制止。但随着河工之争一直没有结果，诸臣之间的相互攻讦却有增无减，日趋激化。

康熙二十七年，也就是1688年，农历二月二十七日，靳辅奉旨入觐，即向康熙面陈于成龙与慕天颜、孙在丰等朋比相结。靳辅说：“于成龙久与结拜弟兄慕天颜互致殷勤……慕天颜与孙在丰结婚姻，因于成龙倡开海口之议，故必欲附成龙以攻臣而助孙在丰。郭琇与孙在丰为同年，陆祖修为诸生时，拜慕天颜为师，他们都是江南人，故彼呼此应。”

不难看出，以于成龙为首的汉军旗人和部分江南籍的汉人，的确存在着盘根错节的社会关系。对于双方攻讦的现象，九卿诸官却皆缄口不言。因为无论是靳辅还是于成龙，均为朝廷中的实力派人物，人们不敢对之贸下结论。

诸臣缄默还有一个更重要的原因，即康熙对靳辅与于成龙之间的河工之争再次做出了明确的裁决。他说：“屯田害民，靳辅纵有百口亦不能辩，开海口乃必然应行之事……海水倒灌，无有是理。”从而否定了靳辅之议。

三月二十四日，九卿等奉旨议复河工一案的应革人员，康熙诏命将靳辅革职，幕宾陈潢革去佥事道衔。慕天颜、熊一潇、赵吉士也分别以居官不善、庸劣、行止不端被革职。佛伦、孙在丰、董纳、达奇纳分别降级留任，对一应人员作出处置。显然，康熙虽有各打五十大板之意，但实际上，以于成龙为核心的汉军旗人党明显占了上风。

当明珠倒台，靳辅罢黜时，许多人又跳出来反戈一击。为了撇开同靳辅的干系，有的人竟不顾事实诿过他人。在这场围绕河工及屯田的争论中，慕天颜所持之议始终与靳辅相对，且态度愤激，并于二月五日先有奏疏参劾靳辅、佛伦等。而后，靳辅被指控，明珠被罢，慕天颜有变本加厉之势。所以，康熙认为其中必有官僚朋谋之事，方致其有恃无恐，于是将其下狱审讯。审讯中发现，慕天颜与于成龙等确有朋比之情。

康熙同样也不允许另一派大臣借河工之争进而打击报复。自己还特别褒奖过靳辅的治绩，如果靳辅全错了，自己岂不也错了吗？现在他要反过来整肃于成龙的支持者了。康熙在对靳辅等做出处分的同时，又诫谕诸臣曰：“凡为臣子者，怀挟私意互相陷害，自古有之。不但汉官蹈此习俗，虽满洲亦然。尔等宜竭诚秉公，变此习俗。”

康熙还发现，一贯支持自己的于成龙，并不真正了解河务，而是为了辩论也道听途说，结盟作假。为了防止于成龙等借端构陷，康熙又颁旨肯定靳辅的治河成绩。

康熙先任命王新命为河道总督，又派出兵部尚书张玉书、刑部尚书图纳、左都御史马齐等人，对靳辅主持的河工进行全面审查。康熙特别嘱咐他们对实际情况要作出客观评价。他说：“尔等到彼处，宜从公详看，是曰是，非曰非，据实陈奏。”显示了公平的姿态。

康熙二十七年，也就是1688年，农历四月，康熙又谕旨全面肯定靳辅开浚中河，明确指出于成龙挟私报复，阻挠河务。康熙说：“如果说靳辅治河全无裨益，不只是靳辅不服，朕于心也不安。”

封建官场上的是与非，在很大程度上取决于君主的意愿。康熙并不想使事态演变成一方压倒另一方的情势，形成新的朋党势力。所以，虽然于成龙有结党倾陷之私，但康熙在于党中选中了官声不佳的慕天颜，借机严惩，以儆效尤。

虽然于成龙是慕天颜背后的主使之人，朝中大臣廷议时建议削其太子少保，降调。但康熙的处置却出人意料，诏曰：“于成龙巡抚直隶，居官甚优，我看仍然让他任职。慕天颜居官不善，素来行事乖张，仍然拘禁，等将来看情况定夺。”

康熙对官僚朋党的处置历来从轻，大都不从重治罪，似乎缺乏专制君主的必要手段。这一方面与康熙不为“狭小苛刻”，不行“事事推求”的宽容性格有关，他追求的是要官僚们自知罪责，痛加省改；另一方面，这与他对官僚朋党问题的认识有关。

在朋党这一问题上，康熙受宋人欧阳修的影响较大。欧阳修的理论是：“君子有君子之党，小人有小人之党……君子同道为朋者，是又不可以朋党论也。”但是，在现实中谁为小人、谁为君子，却很难找到一把公平合适的尺子。

此外，处理朋党问题的宽大，还与康熙一贯对重大事件谨慎处置有关。康熙中期官僚中的党争主要在三个集团之间展开，即以明珠为代表的满族官僚集团、以于成龙为代表的汉军集团以及徐乾学、高士奇等人所结成的江浙集团。他们之间既有矛盾，又有联合，其分裂组合则完全取决于个人的利益，或者说利害关系。但从中却不难看出，满汉关系仍是一个十分突出的问题，也是当时官僚朋党之风炽烈而复杂的原因之一。

河工一案，从其党争阵营的分野中可以看出，靳辅的支持者明珠、佛伦、科尔坤、萨穆哈、葛思泰等皆为满族，而于成龙的支持者慕天颜、孙在丰、董讷等多为汉军旗人和汉人，这其中固然有各种复杂的因素，但不可否认的是官僚集团中满汉之间的民族隔阂仍是其产生矛盾的一个症结。

而康熙在处理官僚朋党的问题时，凡触及满汉关系均相当谨慎。康熙二十九年，也就是1690年，农历五月，于山东巡抚佛伦奏折内朱批曰："孙光祀居官有年，门生熟人极多，有山东地方为首恶劣乡宦。前年，郭琇刚刚大参满洲为首大臣明珠、科尔坤等。现在立刻将孙光祀列款参劾，必将属实，国法难容。我虽无私心，但在众汉人心中，或以为我降旨使参，或以为参劾为满洲报仇，反而近乎画虎类狗，投鼠忌器之言矣。暂且略加观察。"

康熙二十八年，也就是1689年，康熙三次南巡，三月，阅视河工后又说："我听说江淮诸处百姓及行船夫役，都称颂原任总河靳辅，感念不忘。且见靳辅疏理河道及修筑上河一带堤岸，于河工似有成效，实心任事，不辞辛劳。以前革他的职可能属于过分了，可以让他恢复其从前的官职。"这场围绕河工及屯田所展开的论争似乎暂告一个段落。

康熙虽然是天下之主，但靠他一个人的力量来治理亿万百姓是不可能的，必须依靠大臣。而康熙管理大臣无非是软硬两手，恩威并用。施恩不外乎赏赐，树威莫过于惩罚。另外，他在打击朋党的时候还注意了平衡，同时打击两派大臣。

康熙就是靠这一番功夫，既树立了自己的权威，又让臣子们心服口服。

谨慎使用刑狱处罚

康熙一直强调以“仁”来治天下，他说：

> 仁者无敌，此是王道。与其用权谋诈伪无稽之言，不若行王道，则不战而敌兵自败矣。王道二字，即是极妙兵法。

康熙在多年的执政生涯中，一直对潜在的容易引发变乱的因素格外注意。他知道：“民富怀安，民乏思乱，人民贫困无业，就要生乱。”所以他对灾荒、流民、民族矛盾、严刑酷法等易激起民变的事，总是尽量以和缓、宽大的手段去处理。

康熙熟谙历史与国情，“前史民乱，率起于饥”，历史的经验不容忽视，何况“国家赋税皆出于农”。所以康熙体察民情，对灾荒向来重视，把救灾视为“养民”之举。

康熙牢记明朝末年官员匿灾不救，以致农民饥饿而造反的历史教训。他要求及时报告灾情，最痛恨地方官员匿灾不报，认为“自古弊端，匿灾为甚”。他不止一次地告诫各地督抚：“地方遭受了灾荒，应该立即题报，使朕得以预筹救赈之策。……凡报灾迟延者都要受到处罚。”

康熙三十年，也就是1691年，陕西西安、凤翔等地旱灾，地方官员未呈报，救不及时，致使大批灾民流离他乡。康熙深感忧虑，决定“大沛恩施”，蠲免其康熙三十一年也就是1692年的应征银米，并从山西拨银二十万两，派人前去赈济。

康熙还不放心，接着，他又决定调拨宁夏仓粮十五万石、襄阳仓粮十万石，送到潼关；从山西再拨银十万两，接济陕西军需民食。流落四方的饥民，均就地赈济，“令各得所”，然后将赈济过的流民人口数目造册题报。同时，对于在这次灾荒中隐瞒灾情、防救不力的官员尽行革职。

康熙三十六年，也就是1697年，甘肃自西和至陇西等州县皆遭受严重灾害，农业歉收，百姓流离失所。作为甘肃巡抚的喀拜对此竟不上报。这年七月，康熙巡行塞外，得知当地灾情严重，十分气愤，立即下令办赈，并将喀拜革职。后因为隐瞒灾情不报而受罚的督抚屡见不鲜，甚至有的因此降五级调用。

次年四月，康熙为吸引流民回原籍，再次下令动支户部库银一百万两，送到陕西供应军需和赈济饥民。如此大力赈济，情况还未根本好转，康熙倍感焦虑，决定停止元旦筵宴，以表挂念陕西灾民之意。

康熙很关注流动人口，他谕令各省督抚稽查越省的游僧、游道、行医人等，并对大学士们说：“要设法防止人口流动，及早着手，如果任他们随意来去，结成团伙，像滚雪球一样越滚越大，越聚越多，这样就会搞抢掠活动，损害地方治安，就难以治理了。”因此，康熙设法通过改革赋役制度来控制流动人口。

康熙五十一年，也就是1712年，农历二月二十九日，康熙采取果断措施，毅然宣布实行滋生人丁永不加赋制。康熙为此对大学士、九卿等

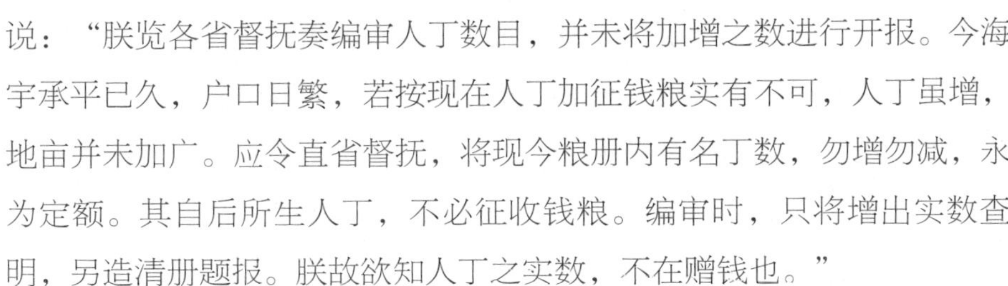

说："朕览各省督抚奏编审人丁数目，并未将加增之数进行开报。今海宇承平已久，户口日繁，若按现在人丁加征钱粮实有不可，人丁虽增，地亩并未加广。应令直省督抚，将现今粮册内有名丁数，勿增勿减，永为定额。其自后所生人丁，不必征收钱粮。编审时，只将增出实数查明，另造清册题报。朕故欲知人丁之实数，不在赠钱也。"

康熙谕令地方官，将往来种地民人的年貌、姓名、籍贯，查明造册，移送该抚，对照名册稽查，以限制百姓任意流动。通过改革赋役制度、赈灾等措施，调整了各阶级的关系，人民负担相对减轻，既照顾了地主阶级利益，巩固了清王朝统治的阶级基础，也在一定程度上改善了农民的处境，从而有利于社会生产的发展和阶级矛盾的缓和。

康熙不但慎重对待百姓中潜在的不安定因素，通过积极的措施把危险消灭于萌芽之中，而且，涉及个体的生命，康熙也很慎重，不因自己高高在上掌有生杀大权而草菅人命。康熙认为人生下来就有生存的权利、生活的权利，不能随便将人置于死地，对男女老少皆如此，甚至对在押的犯人也不例外，该死按法处死，不该死也不能虐待致死。康熙常讲人命攸关、人命至重、人命关系重大，所以不可轻忽，不能等闲视之，即寓有此意。

康熙亲政后，于康熙十二年，也就是1673年的一年中发布了三道有关人命问题的谕旨。清朝殉葬之风亦很盛行，八旗官员的家奴都陪葬，皇帝更不待言。康熙的父亲顺治二十四岁驾崩，下葬时由一等阿达哈哈番即轻车都尉、侍卫官傅达理，随世祖章皇帝陪葬，谥号忠烈。

康熙十二年，也就是1673年，农历六月十七日，发布第一道命令，禁止八旗包衣佐领下的奴仆随主人殉葬。

八月二十日又发布第二道谕旨，下令禁止主人逼死奴婢。康熙多次强调说，人命关天。旗下的奴仆，如果抚恤得好，怎么能够愿意轻生自尽呢？嗣后传八旗人家，对家奴要注意爱养，不允许逼迫责骂而导致身亡。

第三道发布于十月十三日，下令禁止遗弃婴儿。时有科臣上疏：京城内外，时弃婴。康熙命令户部研究这一问题。同时指出：凡是民间因为贫穷不能养活而遗弃亲生儿子，或者为乳主人的孩子而放弃自己的孩子的人，都应当全部包养，使其健康成长。有人扔掉孩子而不管者，一律制止。通饬八旗并包衣佐领及五城御史，一体遵行。

三道命令，一个宗旨：救人活命要紧，给人以生存之权。

顺治年间，许多反对高压政策的官员及家属，因"科场"和"奏销"等案牵连的士人、江南富室以及一些抗清斗争失败者，一批一批被流放到东北的铁岭、尚阳堡、吉林、宁古塔等荒寒之地，给当地驻防"新满洲"为奴，受尽了凌辱和折磨。

康熙亲政不久，就命令刑部改变原来发遣流犯的时间，他说："十月到正月，都是非常寒冷的季节，所要流徙的罪人大多是穷苦人，穿得很单薄，没有用以御寒的衣物，他们的罪行还没大到被冻死在路上的地步，太可怜了！从今往后，流徙到尚阳堡、宁古塔的罪人，从十月到正月以及酷热的六月，都不要再遣送了。"

康熙二十一年，也就是1682年，因为平定了"三藩之乱"，康熙前往东北祖陵告祭，目睹了流放犯人的艰难困苦，非常震惊地说："这些流徙到宁古塔、乌拉的人犯，我向来不了解他们的苦楚，现在因为拜谒祖陵来到这里，亲眼看到才知道原来是这样的。这些人既没有栖身的房屋，又没钱财和能力耕种，差役还那么沉重。何况南方人身体弱，来到这苦寒之地，寒风凛冽，这里又远离他们的家乡，不通音信，实在令人怜悯。虽然他们是自作自受，然而遣送到辽阳这些地方，也足以抵消他们的罪行了。这里还有土地，可以让他们耕作用以维持生计，再让他们盖些房舍用以避寒吧。"

几天以后，康熙又对刑部下令说："这些流犯，既然已经免掉其死罪，原来是为了让他们活下去，如果仍旧流放到苦寒荒芜的地方，最后还是要受尽折磨而死，这就不是法外宽容他们的本意了，我感到很不忍心。以后，对那些免掉死罪或减刑的犯人，都发放到尚阳堡；而应当发往尚阳堡的，则改为发放到辽阳。至于反叛罪案中应当流放的犯人，

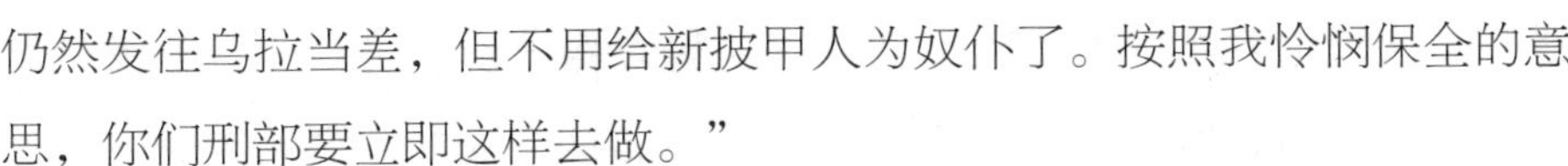

仍然发往乌拉当差，但不用给新披甲人为奴仆了。按照我怜悯保全的意思，你们刑部要立即这样去做。”

康熙针对执法中的审案草率、偏私含糊，甚至收受请托、用刑逼供、株连牵扯、稽迟拖延、玩忽职守等弊端，曾多次对官员们加以痛斥。为了说明自己对法制的认识和表明自己“慎刑轻狱”的思想，康熙又特意写了一篇论文《慎刑论》。

他认为古代圣人治理天下是既用刑罚也用礼教的，为此他说：“礼教是劝导人民从善为善，刑罚是用来禁止人民胡作非为的。我希望人们能够人人向善，以至于刑罚最好都派不上用场。之所以设立刑罚，是圣人实在无可奈何啊！刑罚一施，轻者伤其肌肤，重的就要杀害他的生命，天下最惨痛的事情，要数施加刑罚了。虽然即使是圣人当世，也未必能够使社会上没有一个受刑之人，但是千万不要滥施刑罚，而多施教化之功，用刑该怎么样就怎么样，让人民不多受无谓的困苦，这就得到了慎刑的精神实质了……我曾经说过，要使天下得到大治，必须使刑狱之事少了再少，就是因为这个原因。”

康熙三十七年，也就是1698年，康熙下令除对当时逃匿的首犯继续通缉外，其余全部宽免，准许其开荒种地，输纳钱粮，子弟也可以参加科举考试。不仅如此，对那些各地作乱的乱民、山贼，康熙虽然也进行镇压，但还是指示地方对胁从和因生存无着而附乱的一般民众进行赦免，妥为安置。

另外，在许多重大节庆需要“恩诏”时，康熙几乎都会考虑到许多因民间纠纷而在押的人犯，将那些关押多年的人减刑或赦免。这在他执政期间进行了无数次，当然有所谓“十恶”和贪官是难以得到宽宥的。

康熙不仅对执法作出许多指导性的指示，而且有时候还对一些较为复杂的案件亲自调阅审案记录，参与裁决。有时甚至亲自嘱咐刑审官不许乱用夹棍，告诫刑部木枷枷孔不许有大小、厚薄之分。即使对在押人犯，他也多次命令御医给予药物，治疗那些有病的人，并对治病不积极的官员严加批评。

从“平定三藩”之乱以后，国内形势慢慢地稳定了，社会矛盾虽然仍很复杂，但犯罪率已呈明显下降趋势。后来，随着经济的逐渐恢复和治理工作的展开，到平定噶尔丹叛乱之时，国内形势更加乐观。

康熙三十七年，也就是1698年，农历十一月，大学士以朝审情实案四十八人请旨，康熙对判案反复审查，最后仅勾决处死三十五人。康熙四十五年，也就是1706年，农历十一月，在上报的七十名死刑名单中，康熙反复审阅，仅勾决二十五名。

康熙五十一年，也就是1712年，在上报的五十名死刑犯中，他逐一详阅刑部重刑名册，反复审定，最后勾决三十二人。康熙五十四年，也就是1715年，全国秋审勾决的只有十五人，并建议因勾决人犯较少，还可以考虑停刑。康熙在一个总数当时已达一亿数千万人口的国家里，每年处决的罪犯只有二三十人左右，这在古代史上是罕见的。

他曾在康熙四十一年，也就是1702年，对刑部谈了自己的想法：“我爱惜人民的生命，希望他们多得生路。每次刑狱部门奏上判决书以后，我都一定要连看几遍，看是否能找到让罪犯生存的理由。即使他的罪名属实，我也不忍心立即将他处决，而是改成斩监候缓决，以便来年再观察观察。因为罪犯一知道不立即处死，就会希望能够存活下去。”

康熙认为，国家之兴亡，并非定于天命，而是系于人事。民心即天意，若要社稷久远，江山永固，唯有经世济民，非以一己之威加于天下，作威作福，而是以天下为己任，谨终如始，防微杜渐。

知人善任选择良才

治人之首在治吏。用贤才国家兴，用贪蠹之庸才，国家危殆，百姓遭殃。因此，官吏的清廉节俭与否，对国家关系甚重。康熙被称为贤明的标志之一是选用有德有才的官吏。

康熙选择官吏的标准，首先是清廉的人，其次是理学名臣。但康熙用人的标准并不苛刻，他既有识人之明，又有容人之量，极高明而又中庸，严中有宽，动中有静。康熙把清廉作为选择官吏的第一条标准，他说："居官既廉，办事自善。……考察官吏，以奖励廉洁为要。"

清朝初年，清官迭出，尤其是康熙一朝，康熙面对满朝大臣多为贪官这一基本事实，努力澄清吏治，大力推行奖廉惩贪的察吏考官制度。康熙着意发现清官并加以保护和培植，而其中他最赞赏的清官是于成龙。

于成龙，字北溟，山西永宁人，被授任广西罗城知县时，年已四十五岁，当时亲朋好友都劝他不要去那个穷乡僻壤赴任，上任前他在寄友人书信中表明心迹："此行绝不以温饱为念，所自信者，'天理良心'四字而已。"然后，变卖家产，凑足盘缠上路了。

罗城县是一个贫困山区，人民生活困苦，于成龙下令废除苛捐杂税，以身作则不要"火耗"。于成龙在生活上安于淡泊。他住在败屋之中，没有厨房，只在案边设灶，晚上头枕钢刀而卧，以防野兽袭击。

百姓见于成龙生活窘迫，反过来周济他。某次，有人送数吊钱给他，他问："这是何意？"

那人说："大人不要火耗，不谋衣食，难道不买酒吗？"于成龙嗜酒，于是只留一壶酒钱，多余的奉还。

清朝奖廉制度，把清正廉明，不搞加派、勒索，政绩突出的州县官吏，定选为"卓异"。当时的两广总督卢兴祖，特别推荐了于成龙。

有一次廉官秋试，众廉官都穿着光鲜的衣服，骑着高头大马，带着家奴而来，唯独于成龙布袍破旧，携一老家人而来。众人相互寒暄，不屑于理睬于成龙。巡抚却早闻其贤名，特意要与他亲近，看见他敝衣垢褛，说："此人必罗城令也！"后见于成龙处理政务，甚有章法，与之谈古论今，无不说中要旨，对他大为敬服。

于成龙在出任湖北黄冈州同知时，黄州遇灾，百姓受饥寒之苦，于成龙及时赈济灾民。上船前他买了几十斤萝卜放在上面，有人笑话他："这种便宜货，何必带许多？"他说："我一路上吃菜就是这些。"

康熙知道之后感叹说："在平常人看来，千里带萝卜是可笑之事，认为清官只要为人民多做好事即是大恩大德，又何必在饭菜上节省呢？殊不知，在口腹之欲上不节俭，又如何能在政务大事上秉公办理呢？那些从早到晚都在筵席上吃喝不休的官吏，哪有心思去为人民办事？"

康熙十七年，也就是1678年，于成龙因为政绩卓著迁福建按察使，主管刑狱和官吏考核。清政府对廉能的官吏，提出表扬，康熙多次要群臣推举廉能。"廉能"是与"卓异"相似的一种荣誉称号。福建巡抚吴兴祚，推荐于成龙为"廉能第一"，于成龙因此被擢升为福建布政使。

康熙十九年，也就是1680年，于成龙迁直隶巡抚。京畿之地，八旗豪强横行不法，当地官员不敢管，官场中流传一句话：京兆尹难当，所以皇帝特意将他放在这个位置上。

在任上，于成龙支持清官廉吏，打击贪官污吏，八旗豪强也不敢不收敛，他把直隶治理得井井有条。次年，康熙在懋勤殿亲自召见他，表彰他是“当今清官第一”，赏赐白金、良马等，以此嘉奖他的廉能。

于成龙每次提出免税和赈灾的要求，都能得到康熙的同意，这也是康熙鼓励清官的一种作为。

官场中，人们必须相互攀缘，结党营私，走门路，讲交情，请客送礼，才能官运亨通。然而，于成龙却完全依靠自己的才德和皇上的明鉴，做到了一品大员的位置。这在盛世或中兴时代是比较典型的，皇帝重用清官，自然国泰民安；反之，国计民生就成问题。

康熙对众臣说：“设官分职，目的都是为了百姓。地方得一良吏，则百姓才得安生。今观各官，虽有品行清洁者，只是因为畏惧国法才这样，像直隶巡抚于成龙这样真实清廉者甚少。观其为人，天性忠直，并无交游，惟知爱民……直隶地方百姓旗人无不感戴称颂。如此好官，若不从优褒奖，何以劝众？着加太子少保衔，以为廉能称职者劝。”

于成龙病逝后，署中官员去他家吊念，看到他家中的遗物只有床头一个破箱，里面有一套官服、官靴，以及瓦缸中粗米数斛，粗盐豆豉数罐而已。康熙对此十分感慨，称于成龙为“天下廉吏第一”，加赠太子太保，予谥“清端”，安排他一个儿子入朝为官，并御书“高行清粹”四字为祠额，以及楹联赐赠。

熊赐履为于成龙撰写了墓志铭，称他是“性善吃苦，诸人所不能堪者，一处之如饴，为学务敦实行，不屑词章之末，尝曰‘学行苟识得道理，埋头去做，不患不到圣贤地位’”。

百姓闻听于成龙病死，罢市聚哭，家家绘像设案进行祭祀。康熙叹息说：“于成龙因在直隶为官的时候名声很好，我特意选他出任江南总督。听说上任以后，他变得不如从前好了。至病故后，始知他居家清廉，甚为百姓所称道，或许于成龙向来所行耿直，与之不合之人挟仇陷害，造谣污蔑，是不屑之徒嫉妒也，居官能如于成龙者有几人？”

康熙考察官吏的标准，是百姓的口碑，而不是属下和上司的评语，可见其颇具洞察力。在康熙的执政生涯中，理学是康熙的思想根基和决策指南，他努力钻研儒家经典，并求得融会贯通，还坚持不懈地把理学的理想原则一步步运用于现实之中。

在前代各种对儒学的阐发中，他谙服程朱理学。朱熹强调三纲五常，礼之大体。认为君仁、臣忠、父慈、子孝，朋友有信，各有定矩。朱熹学说进一步为统治阶级提供了思想武器。

康熙五十一年，也就是1712年，康熙对大学士等下谕说：“朕自幼好读书，诸书无不览诵。每见历代文士著述一字一句有不合于义理的，就会被后人指摘。只有宋儒朱子注释群经，阐发道理，凡所著作及编纂之书，皆明白精确，归于大中至正。经今五百余年，知学之人，无敢疵议。朕以为孔孟之后朱子之功最为宏巨。”

为此，康熙下令把朱熹升配大成殿东序之第十一哲。之后，各省府、孔庙都照此办理。第二年，康熙又颁布命令，把刻成的《朱子全书》《四书集注》发行全国。康熙服膺理学，身体力行，清心寡欲，唯以安定民生作为自己的本分，提倡养民与爱民。而养民与爱民是要通过官吏去具体实行的事情，所以吏治问题是一个关键的中间环节，事关国运的长久。

而吏治的核心是“实心为民”。康熙说：“选用一个官，如果他心中没有百姓，不念民生，便是我用人不当。”他下令九卿各官把“有真实留心性理正学之人”推荐上来。

康熙深刻认识到吏治与民生的因果关系，他说：“自古帝王治理天下，惠育百姓，必先澄清吏治，而后才能谈得上民生安泰。”康熙非常赞同唐太宗李世民所说“得贤能之臣，为国家之大瑞”的观点，称之为“千古名论”。

康熙与当时一些理学大师朝夕相处，并与李光地、熊赐履等结为深挚的伙伴，他延请张英、熊赐履教授性理诸书。康熙精心培植了一批

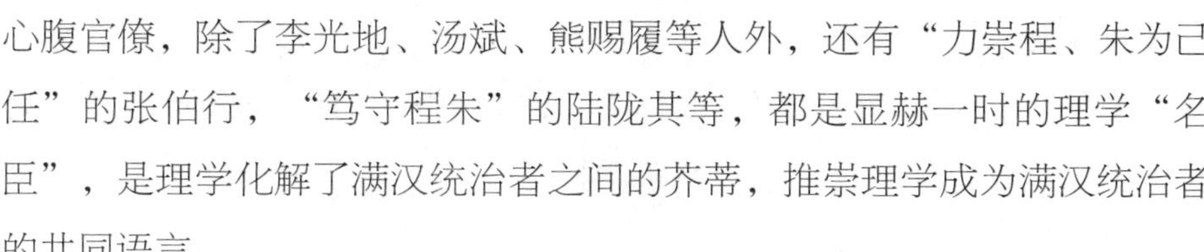

心腹官僚，除了李光地、汤斌、熊赐履等人外，还有“力崇程、朱为己任”的张伯行，“笃守程朱”的陆陇其等，都是显赫一时的理学“名臣”，是理学化解了满汉统治者之间的芥蒂，推崇理学成为满汉统治者的共同语言。

康熙扶持清官，不仅赞赏他们的政绩，而且赞同他们的操守。而程朱理学在培养人的操守、加强人的修养方面有固本强基的作用，所以康熙重视理学名臣。在康熙培养的理学名臣中，汤斌、张伯行、宋荦三人都是河南人，故被时人誉之为“中州三贤”。

康熙二十三年，也就是1684年，五十七岁的汤斌迁升内阁学士兼礼部侍郎，同年四月，江苏巡抚出缺，部议提名康熙不满意。他对明珠说：“理学之可贵，贵在身体力行，见诸事实。现在讲理学有名的人很多，仔细考究，大都言行不一致，只有汤斌是内外一致的，说的话是这样，做的事也是这样，操守极好，江苏巡抚就叫他去。”

有一年大旱，康熙下旨百官议抗旱之法。灵台郎董汉臣应诏疏言十事，话语中冒犯了内阁，得罪了明珠。有的大臣附和明珠，讨论将董汉臣斩首。这时，汤斌仗义执言，他说：“汉官应诏直言，没有定死罪的道理。大官不敢讲的话，小官讲了，我们做大官的应当深自反省。”

康熙听取了汤斌的建议，赦董汉臣无罪。汤斌却因此更加遭明珠、余国柱的嫉恨，他们一直想置他于死地，因为他远在江南，不容易下手，他们故意先向皇上夸他学问好，推荐他为太子的老师，把他调回北京，然后又在康熙面前挑拨是非，一些势利小人也趁机弹劾汤斌，建议夺去他的官职。

康熙心里清楚，又爱惜清官，所以仍然将汤斌留任。汤斌在京城租住一套普通的房屋，冬天只穿一件老羊皮袄御寒。入朝时，宫中卫士不论认识与不认识，都知道穿老羊皮袄的人是谁，说：“穿老羊皮袄的就是汤尚书了。”

康熙去拜祭皇陵，由遵化南下，直隶巡抚于成龙在霸州接驾，趁无人之时，他说：“如今明珠、余国柱必欲置汤斌于死地而后快，若非皇上保全善类，天下将无正人好官。”

康熙见于成龙神色悲愤，大惊之下追问原因。于成龙大胆揭发了明珠的罪行，说明珠结党营私、贪赃弄权、声名狼藉。康熙对这些其实也早有耳闻。

有一次他旁敲侧击地对明珠说：“如今做官像于成龙那样清廉的人非常少。做十全十美的人确实很难，但是，如果把‘性理’一类谈修养、正人心的书多少看一些，就会使人感到惭愧。虽然人们不能全照书上说的那样做，但也应勉力而为，依理而行才好。”

宋荦，字牧仲，河南商丘人，也是清初理学名臣，他任江西、江苏巡抚时期，以提倡文教风雅而名重一时。古代官署衙门口，常高悬匾额，上面写着：清、慎、勤。清是不贪污，慎是断狱明，勤是多调查。

在当时的情况下，没有发达的新闻传媒，官与民之间要相互了解实在很难，官要了解民生疾苦，不微服私访，大概也没有其他更可靠的办法，由此可以推断，不搞微服私访者，可谓不勤，必不是好官。不搞微服私访者，一是无视人民疾苦，二是贪生怕死，他们轻民生如草芥，重己命如泰山，居住则深宅大院，出行则武弁随从如云，即使这样还觉得不安全，又怎么肯微服私访?

有一天，宋荦身穿布衣在街头走访，路遇县太爷的轿子从街上迎面而来，百姓纷纷躲避，宋荦不躲，结果被拉到轿前问罪。县令一看是巡抚大人，惊得屁滚尿流，跪在地上请罪。

宋荦也不责怪，只是叫他换上便服与自己一同走走。他们来到城外一家酒店，宋荦与县令坐下饮酒，宋荦问店主人：“生意如何？官府收税如何？”

店主人说：“生意还好，就是新来的县太爷太凶横，欺压小民，收税繁重，百姓实在苦啊。”

出了酒店，宋荦见县令神色不安，便安慰他说：“不必介意，百姓骂官府本是正常的，以后只要爱护百姓，约束下属就行了。”

两人分手之后，宋荦却不回府，而是又去了那家酒店，当夜就住在

店里，穿上店主人的衣服躺在外面木柜上。半夜，宋荦被破门而入的差役捆绑起来，押进县衙。县令一看，怎么又把巡抚大人抓来了，下堂来磕头如捣蒜。

宋荦道："白天酒店主人骂你，我并未深信，现在证明百姓所说不假，此事我不难为你，只需你把大印交给我，我交布政使便是了。"

第二天，布政使衙门口贴出告示：某县着令开缺，罢官回籍。百姓见了告示，拍手称快。

康熙四十二年，也就是1703年，康熙南巡，对宋荦大加赞扬，说："朕到此，无一人说你不好，你真是好官，深得大臣之体。"

中国历史上如康熙这样具有民本思想的帝王是不多见的，康熙常说："知人难，用人不易，致治之道全在于此。"其实，如能尊重民意，知人就不难。

张伯行，字孝先，河南仪村人，一生研究程朱理学，康熙进士。因为功绩卓著、做官清正，被康熙授补济宁道。

张伯行注重修身，一丝不苟，为了表明心迹，他曾写下禁止馈送檄文："一丝一粒，我之名节；一厘一毫，民之脂膏。宽一分，民受赐不止一分；取一分，我为人不值一分。谁云交际之常，廉耻实伤，倘非不义之财，此物何来？"

康熙强调"学问无穷，不在徒言，要惟当躬行实践，方得益于所学"。封建官场腐败成风，即使是反腐败，也往往成为官吏之间相互倾轧的一种手段，而不是为了政治清明、民众幸福，故此做清官极不易，非有深厚的道德修养、坚强的意志不可。

于成龙、张伯行等清官之所以备受康熙赏识，正在于他们的穷理知性与伦理涵养是与实践紧密联系在一起的。以如此之真知灼见去指导治理地方的工作，自然会收到实际成效了。如一切学问道德一样，理道之学也有真假之分，不能因为有假道学，就将真道学一概否定。

康熙选拔官吏的方式，首先是科举考选。但这是他不喜欢的方式，他说，科举人才多是只会"记诵之学，文词之末"，对于国计民生往往一无所知的书生。武举也是只能得到弓马娴熟的一介武夫罢了。这只是一种低级的选才方式。

康熙更喜欢亲自明察暗访，因此他更青睐于一种方式，那就是保举，他说："我一个人观察人的识见，毕竟精神有限……天下之官员，我一人何能周知？只有依赖于左右大臣。"

通过保举，既避免了一人不能周知的局限，又给康熙提供了一个考察官吏是否结党营私的机会。如果这个人所举之人俱是庸劣不堪者，他自己必是结党营私、用人唯亲、裙带襟连的污吏；而他所举之人皆是公忠为国的清官，他自己必是"实心为国无私之贤臣"；如果他所举之人良莠不齐，他自己可能是一个见识不精、才力有限的人。

要用好人、用对人，关键是要"明"。要有识人之明，对于下属要能明察秋毫。所以对于大臣或地方官推举的人才，康熙还要亲自面试，才能发现真正的人才。

在治理黄河的过程中，由于有专臣在治河前线专理，加之治水的专业性很强，所以涉及评判治河臣工的业绩时，不好妄下断语。康熙为了不"失明"，不变成深宫中任人欺骗的瞎子，特别注重调查研究。

当有人对治河工作提出异议时，康熙先任命王新命为河道总督，又派出兵部尚书张玉书、刑部尚书图纳、左都御史马齐等人，对靳辅主持的河工进行审查。康熙特别嘱咐他们对实际情况要做出客观评价，他说："你们应该从公正的角度检查，是就是，非就非，据实陈奏。"

康熙二十八年，也就是1689年，正月初八日，康熙第二次南巡，靳辅、于成龙、王新命随行。康熙看到新开挖的运河十分狭隘，认为不可靠。王新命也说，这样一来洪水不利于排泄。其实这段漕运以前是借用黄河的一百八十里的一段，非常危险，所以靳辅新开这段运河挖得狭隘是为了蓄水，有利于航行和刷沙敌黄。

康熙对靳辅的做法颇为怀疑，于是他详细考察了这段运河，并询问商民和官吏，反复听取意见。商民们说行船很安全，随行大臣们也认为挖这条河是有益的，他才对靳辅的做法表示赞同。

康熙又阅视了七里闸、太平闸、高家堰一带坝，认为很坚固，减水坝也修得好。沿河官民及商人船夫都盛赞靳辅的功绩，使康熙大为感动。回京之后，他下谕表彰靳辅。

康熙四十三年，也就是1704年，正月，康熙第四次南巡，视察河工，由于张鹏翮认真贯彻皇上的意图，治河大有成效，康熙很是满意，他见到洪泽湖水势，顺畅地从黄河、淮河与大运河的交汇口排泄出去，高兴地对随行大臣说："向来黄水高于淮水六尺，淮河不能敌黄河……今将六坝堵闭，洪泽湖水升高，力能敌黄，运河不致有倒灌之患，此河工之所以能告成也。"

以后，康熙每隔两年南巡一次，视察河工，对治河提出具体指导，康熙见河水清畅，十分高兴，说这是二十年未见的奇迹。他又不断督促张鹏翮，及时纠正他的错误，有时张鹏翮表现得十分懒散，安居署中，数月不出，凡事委派下人，康熙告诫他要时时巡视河堤，不避风雨，以勉恪尽职守。康熙用人讲究公平原则。他说："为政之道在于用人，用人之道在于公平。公平才有说服力，才能真正收揽人心为己所用。"

吴三桂从一开始作乱，就很善于拉拢盟友，一些汉族官吏纷纷投入反抗清廷的斗争，某些大清贵族因此愈加猜忌和打击汉族官吏，其结果是大大地帮了吴三桂的忙。

康熙及时纠正了他们，采取重用汉军绿营兵的办法，使战争向有利于朝廷的方面发展。清军三路进兵云南，新任云贵总督赵良栋提出一个由湖广、广西、四川三路进兵云贵的方案，受到康熙的赞赏。

赵良栋，字擎宇，甘肃人，行伍出身，很富韬略，原来在洪承畴手下任副将，曾受到吴三桂的荐举，但他早就对吴三桂的野心有所警觉，知其必反，拒绝了他的拉拢，险些被吴三桂杀掉。后来，赵良栋就任天津总兵官。

良禽择木而栖，人生在世，慎选安身立命之所是很要紧的，不可糊涂。私欲重的人，无非是以名利来衡量，名利之所在，就如蝇逐臭而至，吴三桂就是这类人，无论对于明朝还是对于清朝，他都不忠，只因为他立身处世以名利为归宿，贪心不足，最终也没有落好下场。

赵良栋看出了高官厚禄后面的陷阱，于是远远躲开吴三桂。当初，康熙苦于无将可用，想到起用赵良栋，朝中满臣认为他是陕甘人，不可靠，反对任用他。这些人被吴三桂“反清复明”的口号迷惑住了，对汉人普遍不信任。

为此，赵良栋向康熙请求暂且把自己的眷属留在北京当做人质，而自己率兵前往陕甘剿灭叛军。这下朝廷对他就可以放心了。封建制度下，上司对下级的态度，无论表面上是赏识还是轻慢，在本质上则只有“利用”二字，一个人才与一匹良马的价值是相同的，所谓“伯乐识马”，正反映了这种对人的态度。

康熙发现了赵良栋，提拔他为宁夏提督。他在平叛战争中大展雄才，夺密树关、略阳，占领进川要道阳平关，康熙闻讯，无限欣慰，立即部署进川事宜。

康熙十八年，也就是1679年，农历十一月，赵良栋、王进宝会师宁羌州，疏请两路进兵，康熙当即批准，并授赵良栋为勇略将军，负责西线军事指挥。赵良栋得遇伯乐，信心倍增，跃马横刀，浮水渡江，大破叛军，收降无数。康熙十九年，也就是1680年，正月，顺利收复成都，康熙擢升他为云贵总督，加兵部尚书。

由于满兵粮足，绿营兵无粮故不宜久围，因此赵良栋建议，切断叛军水路，使其粮运受阻，然后速战速决。又建议，降者宜分别收养，不宜尽发满洲为奴。满将军们不以为然，以满语驳斥谩骂，赵良栋听不懂，直接向皇上奏报请示方略。

康熙闻奏，下谕：“悉照赵良栋之策，迅速攻城。”整个战争多亏了康熙遥控指挥得当，慎重缜密，大大加速了战争胜利的进程。赵良栋性情憨直，在四川时得罪了明珠的侄子——将军吴丹。赵良栋还多次参劾满族将军们纵兵掠民。满族将军们却反诬赵良栋纵兵掠民，故有功不赏，几乎被杀。康熙爱惜他是个将才，命他退休回家休养。

后来，康熙亲征噶尔丹路过赵良栋家乡，特意去访他，征询讨敌方

略。许多年后康熙曾对西北地方官员及将领们说："赵良栋操守颇好，恢复云南秋毫无犯，在武臣中可谓良将矣，尔等居官，俱当法之。"

康熙用人讲求中庸之道，体现为强调"廉"与"能"结合。他很强调清廉，但是光清廉而没有能力也不用。他说："督抚为地方大吏，操守为要，才干为用。大法而小廉，百姓则俱蒙福矣。为官不可过贪，亦不可过于廉刻。过于廉刻则不能和平宽宏以率下，操守虽然清廉却不利于办事。只有既廉洁又能行有益于地方民生之事者，才堪委任。"

所谓持平则不偏，不偏即是执中。康熙曾告诫漕运总督徐旭龄说："为官须廉洁，不可纵吏扰民。然而待属员不可过苛，下吏各有艰难之处，惟心平气和，则皆悦服矣。"

康熙致力于抑制腐败，提倡廉政，他肃清吏治的方式，是以优待清官为主，革除恶吏为辅，正面鼓励是其特点。康熙自己对待大臣一向是较为宽严适中的。做官之人如果不是贪污过分，他一般不纠，稍贪而又能办事就好。他说："君德莫大于有容，治道莫尚于能宽。"

有一回，某大臣在康熙面前揭发南书房侍讲高士奇，说他当初肩披棉被入京应试，现在只要问他有多少家产，就可知道他利用权力收了多少贿赂。其实康熙对这些情况早已了解，却不追究。他说："诸臣为秀才时，谁不是布衣步行？一旦做了官，便高轩驷马，前呼后拥，这些钱都是哪儿来的，都能问得清楚吗？"

康熙常常要求督抚大员用人行政之时"不必吹毛求疵，在地方务以安静为善"。康熙说："从来民生不安，在于吏治不清，官吏贤则百姓自安，官吏其能任事者甚难得。……我从不多生事，但穆然清静，处之以和平。……地方官要多行有益于地方民生之事，做清官尚须不生事扰民，于地方生事虽清亦属无益……或官虽清，一味生事更病于民。"

宽仁，不事苛求，施教安民；和平，不事喧嚣，清静无为，行事太平，才有盛世。用人是君主最重要的权力，也是最难的事情。一个君主是否是明君，只要看他会不会用人就知道了。康熙会用人，因为他既有知人之明，又有容人之量，还有用人之智与驭人之术。

争取汉族知识分子

康熙知道，知识分子是一个民族的灵魂，只有争取了他们的支持，才能保证统治的稳固和有效。所以，他改变了以前的统治策略，尽量争取不合作的汉族知识分子。

康熙亲政不久，就颁诏天下："命有关部门荐举才品优长，但又不愿出来为官的明朝遗老，聘请来京，以便重用，为国效力。"

陕西总督鄂善按照康熙的旨意，举荐了关中著名学者李颙，而李颙作为前朝旧臣，恪守不事二君的传统道德，自称废疾，长卧不起，坚决不受，让康熙碰了个软钉子。

康熙深感若能把李颙这样一大批德高望重、学识渊博的前朝知识分子争取过来，对帮助他治理天下、安定社会、繁荣文化等有着非同寻常的意义，于是努力争取，耐心等待，并不为一时的失败而自馁。尽管李颙借病推托，但康熙仍然安排鄂善等诸官大吏们不断地去看望他，以便见他病好之后即催促入京。

由于一心想赢得博学大儒李颙的合作，康熙让陕西的大吏们天天催，以至于后来省里官员见李颙依然固称疾病，就把他从家里一直抬到西安，陕西督抚大员亲自到床前劝他进京，李颙为此竟然绝食六天，水浆不进，还趁人不备取佩刀自刺，以死拒仕，被吓破了胆的督抚赶快奏报康熙。

康熙得知李颙如此刚强，并不生气，便吩咐下臣不要再逼他。后来康熙西巡到了西安，依然没有忘记李颙，让地方督抚转达自己尊崇当代大儒并打算亲自去拜访之意。李颙心里明白，这是康熙让他出山替清朝做事的最后手段，于是仍以有病无法接驾婉拒。

李颙没想到，康熙竟然表示说他接不接驾没有关系，并且真的来到李颙家乡的县城，捎信说要亲到李颙家探望病情。李颙十分为难，竟大哭道："我虽活着，其实和死差不多了呀！"终于感动，于是让儿子带着自己写的几本书去见康熙。

康熙见到李颙的儿子，得知李颙确实有病，为不使他为难，也就不再勉强去看他了。他勉励李颙的儿子说："你父亲读书守志，可谓完节。我有意题'志操高洁'匾额并手书诗帖以表彰你父亲的志气。"

当时就谕示巡抚鄂善说："周至县处士李颙，人好读书，明理学，屡征不出，朕甚喜之。你们一定要妥善照顾李颙，因为我是皇帝，不得不回京，而你们地方官守着李颙，早晚都可以向他学习，也实在是幸运。"

康熙这一招当然也有更鲜明的政治目的。他十四岁开始新政，统治了中国几十年，清朝天下在他手里才算安定下来。当时，中国知识分子中，反清复明的人太多了，如顾亭林、李颙、王船山、傅青主这一班人都是不投降的，尤其是思想上、学说上所做反清复明的工作，实在太可怕了。

李颙讲学于关中，所以后来顾亭林这些人就经常往陕西跑，组织反清复明的地下工作。康熙明明知道，他反而征召李颙做官，当然李颙是不会去做的。但康熙特别命令陕西的督抚，表示尊崇李颙先生为当代大儒，是当代圣人，并向外界表示一定要亲自去拜访李颙。

康熙很高明，他没有勉强去李家见李颙。否则，他到李颙家，万一李颙不顾情面地骂他一顿的话，则非杀李颙不可。杀了，引起民族的反感；不杀，又有失皇帝的尊严，下不了台，所以也就不去了。

康熙的这一番运用，就是把中国文化好的一面，用到他的权术上去了。康熙对大儒李颙如此尊崇，对其他学者亦然。著名学者顾炎武、黄宗羲、孙奇逢等也如李颙一样，名节甚高，地方官员备礼敦促，他们都坚卧不起。康熙虽然感到惋惜，但也没有计较。

不过越是这样，康熙越是求贤若渴。为了进一步笼络汉族士大夫，康熙十七年，也就是1678年，在实施恢复科举和捐纳制度、培植汉族青年知识分子计划的同时，康熙还特为带着潜在反清情绪的学界大儒开设博学鸿儒科，选拔才华出众之士，开局纂修《明史》。康熙对死不屈服的明朝旧臣并不灰心，不管来京与否都给予光荣的头衔。

康熙一方面沿袭常规之科举旧制，网罗汉族士子；另一方面又通过荐举之法，敦请名节之士出仕任职。必须抓住有利时机，采取特殊办法，才能达到目的。康熙为此降谕宣称：

> 凡有学行兼优，文词卓越之人，不论已仕、未仕，令在京三品以上及科道官员，在外督、抚、布、按，各举所知，朕将亲试录用。

大学士李蔚等遵旨荐举一百七十余人。各地名流学者、怀才不遇之士，皆在被荐之列。因丁忧、病故等因陆续至京者一百五十人左右。康熙推迟考期，每月每人给俸银三两、米三斗，让他们保证温饱，研练辞赋。

康熙十八年，也就是1679年，农历三月初一日，康熙在体仁阁亲自考试博学鸿儒一百四十三人。考完之后，吏部收卷，翰林院总封，进呈皇帝。次日，康熙至霸州，携卷亲阅，后交阅卷官大学士李蔚、杜立德、冯溥和翰林院掌院学士叶方蔼公阅，并商议录取人选。

康熙经过精心考虑，交代大学士们："凡在所必取之人，即使做诗出了韵，或用语犯了违碍，一律宽容，不做计较。"

此时清朝入关才三十五年，汉族知识分子中还存在着严重的满汉对立情绪，在这场考试中，许多人并不热衷在清廷做官，采取可有可无或心不在焉只凑热闹的态度，其中严绳孙在考试中只作了一首诗，有一个人故意把诗写得言词不通顺，李泰、施闰章等人的诗作不合韵律，康熙却网开一面，去伪存真，把他们都录用了。

浙江萧山人毛奇龄卷中有"天倾于北，岂炼石之可补"的句子，有影射的意味。康熙故作不知，没有挑剔其政治含意，只是问道："娲皇补天事可信吗？"

冯溥说："赋主要的修辞方法是铺张，古籍宜可用。"

于是毛奇龄仍被取中。

无锡百姓严绳孙，是明朝尚书严一鹏的孙子，考试那天借口眼睛有病，只作了一首诗。但康熙一直对他很欣赏，特谕阁臣说："史局不可无此人。"遂取为二等。

最后，从这些人中取中一等二十名，二等三十名。在取中的五十人中：江苏二十三人，浙江十三人，直隶五人，安徽三人，江西二人，陕、豫、鲁、鄂均为一人。

康熙经过与大学士们反复商酌，最后决定从优都以翰林用，根据其现任、候补、已仕、未仕等情况，分别授以侍读、侍讲、编修、检讨等职。另据康熙谕旨，在与试未中者间，择年高之布衣处士陕西孙枝蔚等7人，及来京后因年老未参加御试的太原傅山、定兴杜越，授内阁中书。

通过博学鸿儒科，清廷掌握了当时名流学者的基本情况。有些学者虽未能参加博学鸿儒科御试，朝廷仍设法聘请参与纂修《明史》。当时著名史学家万斯同应聘至京，但因辞入馆，不署衔、不受俸，仅答应以"布衣"身份参与修史。因他熟知明朝史事，故史馆对他极为倚重信任，请他复审所有书稿，历时十九年之久，实际上起了总裁作用。

名儒黄宗羲以老病不能就道，除允许录其所著书外，并令其子黄百家应聘入馆。通过博学鸿儒科试及《明史》之纂修，康熙与汉族士大夫特别是江南士大夫的关系更加密切了。

考取者不仅参与修史，而且其中汤斌、秦松龄、曹禾、朱彝尊、严绳孙等，曾被选任日讲起居注官；陆柔、朱彝尊等，先后入直南书房。严绳孙担任日讲起居注官后，一改往昔高傲态度，凡职所当尽者，无不夙夜兢兢，以报圣祖知遇之恩。

康熙不仅与这些鸿儒在任时密切交往，在他们离任返乡后，仍与他们保持友好关系。如汪琬，因修史时与别人意见不一，仅在馆六十天就告病返乡。时间虽短，康熙也没有忘怀，南巡时到达无锡时，前去探望，以其久在翰林，有文誉，居乡甚清正，"特赐御书一轴"。

康熙不仅团结了一大批名流学者，还把他们都组织起来为国所用，这充分体现了他博大的胸怀和重视人才的远见卓识。由于他的容人，许多发誓不为大清做事的知识分子被感动，成了清朝的忠实臣子。康熙则把他们作为国家最宝贵的财富来看待和使用，促进了统治的稳定和国家的繁荣。

康熙身上有着满族、汉族、蒙古族三个民族的优秀基因，因此他能站在全局的角度考虑问题，通过设立南书房等方式，提高了汉族官员的地位，得到汉人士大夫的支持，保持着满、汉大臣的平衡，有人曾评价说，康熙这一手，"极得驭汉人之法"。

学习西方先进科技

康熙在还没有亲政的时候，就已经养成了好学的习惯。康熙初年发生的历法之争，更让他认识到，作为君主，自然科学也要懂。因此他不但对中国传统文化有着浓厚的兴趣，与李光地、汤斌、熊赐履、高士奇、张英等理学大家为友，苦读四书五经，而且对自然科学也倾注了大量精力。

所以有人评价说，在中国历代帝王中，康熙是绝无仅有的从不间断学习的一位。他不仅政治成就大大超出以前的历代帝王，而且在中国自然科学发展史上也有着重要的地位。

明朝以来，由于长期袭用元朝科学家郭守敬制定的《授时历》，误差积累日益严重，节气推算也常常发生差错。为此，崇祯年间，崇祯皇帝采纳大学士徐光启的建议，聘请德国传教士汤若望主持改进历法并修成《崇祯历书》一百三十七卷，但是未及推行，明朝就灭亡了。

清朝入关以后，顺治二年，也就是1645年，摄政王多尔衮将此历改名《时宪历》，颁行于世。同时任用汤若望掌管钦天监。顺治去世后，四个辅政大臣掌权，对顺治时期的各项政策进行了大的改动。

康熙三年，也就是1664年，新安卫官生杨光先上疏，对汤若望所编新历加以指责。为此，四辅政大臣将汤若望逮捕下狱，改任杨光先为钦天监监正，废除《时宪历》，改行新历。但是，由于杨光先对此研究不深，历法推算连年出错，甚至还出现了一年两个春分、两个秋分的笑话，受到传教士南怀仁等人的批评。

康熙亲政后，为了弄清是非，在康熙七年，也就是1668年，农历十二月，命大学士图海等会同监正马祜监督测验立春、雨水、太阳、火星、木星。结果，南怀仁所指每一项都符合，杨光先所称每款都不合。康熙于是下令将杨光先革职，任命南怀仁为钦天监监副，恢复使用《时宪历》。

通过这次历法之争，康熙深深地感到，作为一个最高统治者，更要通晓科学技术，才能不被人蒙骗，更好地统治国家。后来他回忆当时情形时说：

> 你们只知道我算术之精，却不知我学习算术的原因。在我还小的时候，钦天监汉官与西洋人不睦，互相参劾……杨光先、汤若望于午门外九卿前当面测睹日影，但无奈九卿中无一知其法者，我暗想就连我也不知道，所以也不能责怪别人，于是发愤自学。

在这种思想指导下，亲政后不久，康熙就开始自己学习自然科学。

数学是一切自然科学的基础和工具，为了精通天文历算，康熙首先刻苦学习数学。中国古代的数学计算一直居于世界先进行列，但自宋元以后，由于统治者不加重视，数学科学不但发展十分缓慢，而且不少原已发明的计算方法也湮没失传。

与之相反，随着资产阶级的兴起，西方各国数学知识却迅速发展，

后来居上。有鉴于此，康熙就拜南怀仁、安多为师，学习数学。为了掌握数学知识，“三藩之乱”前两年左右的时间里，康熙以极大的热情专心致志地钻研，了解主要天文仪器、数学仪器的用法，学习了几何学、静力学、天文学中的一些基础知识。

后来虽因“三藩之乱”爆发，迫使康熙暂时中断了自己的学习，但是，出于对自然科学浓厚的兴趣，康熙一有空就复习已经学过的知识。康熙所处的时代，正是西方科学技术飞速发展的时期，康熙没有故步自封，而是以博大的胸怀，饱览群书，从数学、天文、地理到光学、静力学、重力学、农学，无不涉猎，他不仅是中国历史上最早学习外语的帝王，也可以说是当时中国学问最渊博的学者。

“三藩之乱”平定后，清朝统治日益巩固，社会进入了和平发展的新时期。由于紧急政务相对减少，康熙比以前更加热心地学习西洋科学。

为了这一目的，除南怀仁、安多之外，康熙又将西方传教士徐日升、张诚、白晋、苏霖等请入宫中，讲解天文历算等多学科的知识。

为了消除语言障碍，康熙还为他们专门配备满、汉教师，辅导他们学习满、汉文字。为了使讲课收到满意的效果，还下令内廷官员将他们讲课内容整理成稿，由传教士在讲课时口授文稿内容。在讲课过程中，康熙态度认真，不但聚精会神地听讲，不懂就问，而且还于课后认真复习。

与此同时，由于治国的需要，康熙对有关国计民生的各种自然科学知识如兵器制造、地图测绘、医学、农学等也都产生了广泛的兴趣。为此，他多次表示欢迎懂科学的西方传教士来中国。

康熙二十一年，也就是1682年，在康熙的授意下，南怀仁在致西欧耶稣会教士的一封信中呼吁道：“凡擅长天文学、光学、静力学、重力学等物质科学之耶稣会教士，中国无不欢迎。”

在康熙的招徕下，洪若翰、白晋、张诚、苏霖同时来华，供奉内廷。康熙三十六年，也就是1697年，康熙又派遣法国传教士白晋回欧招聘。康熙三十八年，也就是1699年，马若瑟、雷孝思、巴多明等人也应召来华。

就是在清朝政府因教规问题和罗马教皇严重对峙期间，康熙也没有放松争取西方科学人士来华的努力，并先后授意西方传教士沙国安、德里格、马国贤等致书罗马教皇，要他“选极有学问天文、律吕、算法、画工、内科、外科几人来中国以效力”。

后来，法国传教士白晋于《康熙》一书中，曾经记载康熙认真学习的详细情景：

> 康熙传旨，每天早上由上驷院备马接我们进宫，傍晚送我们返回寓所。还指派两位擅长满语和汉语的内廷官员协助我们准备进讲的文稿，并令书法家把草稿誊写清楚。皇上旨谕我们每天进宫口授文稿内容。皇上认真听讲，反复练习，亲手绘图，对不懂的地方立刻提出问题，就这样整整几个小时和我们在一起学习，然后把文稿留在身边，在内室里反复阅读。同时，皇上还经常练习运算和仪器的用法，复习欧几里德的主要定律，并努力记住其推理过程。这样学习了五六个月，康熙精通了几何学原理，取得了很大的进步，以至于一看到某个定律的几何图形，就能立即想到这个定律及其证明。有一天皇上说，他打算把这些定律从头至尾阅读十二遍以上。我们用满语把这些原理写出来，并在草稿中补充欧几里得和阿基米德著作中的必要而有价值的定律和图形。除上述课程外，康熙还掌握了比例规的全部操作法、主要数学仪器的用法和几种几何学及算术的应用法。
>
> 康熙令人难以置信地深切注意而且细心地从事这些研究工作。尽管这些原理中包含着极其复杂的问题，而且我们在进讲时，也不够注意礼节，但皇上从不感到厌烦。最初，我们解释的某些证明，皇上还不能理解，这可能是由于证明题本身确实

难懂，更确切说，也许是由于我们不能灵活地运用适当的词汇清楚地表达自己的思想。不论什么原因，一碰到这类证明题，皇上总是不辞辛苦地时而向这个传教士，时而向那个传教士再三垂问解决。遗憾的是我们往往不能像我们想的那样使皇上把这些问题理解得十分透彻。在这种情况下，皇上就要求我们改日再作解释。当时他约束自己专心致志地听我们讲课的情形，是非常令人钦佩的。有一天，皇上在谈到他自己时，曾经涉及这个问题。谈到刻苦学习的问题时，他说对于刻苦学习科学知识，他从不感到苦恼，并颇有感触地追述，他从少年时代起，就以坚韧不拔的毅力，专心致志地学习规定的一切知识。康熙充分领会了几何学原理之后，还希望能用满语起草一本包括全部理论的几何学问题集，并以讲解原理时所用的方法，进解应用几何学。同时，皇上旨谕安多神甫用汉语起草一本算术和几何计算问题集，它该是西洋和中国书籍中内容最丰富的。

皇上在研究数学的过程中，已感到最大的乐趣。因此，他每天都和我们在一起度过两三个小时。此外，在内室里，不论白天还是夜晚，皇上都把更多的时间用于研究数学。由于这位皇帝特别厌烦萎靡不振的、无所事事的生活，所以即使工作到深夜，次日清晨也一定起得很早。因此，尽管我们经常注意要早进宫谒见圣上，但仍有好几次在我们动身之前，皇上就已传旨令我们进宫。这有时只是为了让我们审阅他在前一天晚上所做的算题。因为每当学习到几何学中最有价值的知识时，皇上总是怀着浓厚的兴趣，把这些知识应用于实际，并练习数学仪器的操作。由此可见，康熙为了独立解决与我们以往讲过的相类似的问题，曾经做出何等努力，实在令人钦佩之至。

康熙一方面广揽人才，另一方面发愤自学，如饥似渴地投身于各种自然科学知识的学习和试验之中。

康熙出巡的时候，经常利用刚会使用的天文仪器，在朝臣们面前愉快地进行各种测量学和天文学方面的观测。他有时用照准仪测定太阳子午线的高度，用大型子午环测定时分，并推算所测地的地极高度。他也常测定塔和山的高度或是感兴趣的两个地点的距离。

农学和百姓的生存、国家的强弱息息相关，所以康熙很早就给予了关注，并做过深入的研究。他亲自培育过御稻米和白粟米两种优良品种。其中御稻米不仅气香味美，而且生长期短，北方也能种植，南方则可以连收两季。他还做过南北作物移植的试验，北京丰泽园、热河避暑山庄种有南方的修竹、关外的人参，山庄的千林岛遍植东北的稠梨，每到夏天，硕果累累。

对于医学，康熙也很有研究。为此，他还在宫中专门建立了化验室。对于一些先进的医疗技术，他还极力加以推广。如他发现点种牛痘，对于防治天花极为有效，在边外四十九旗及喀尔喀蒙古积极推广，收到了很好的效果。他还谕令西方传教士巴多明将《人体解剖学》一书以满汉两种文字译出。

至于兴修水利、兵器制造、地图测绘等项知识，因为这都和巩固统治关系极为密切，康熙更是十分关心。如对治理黄河，他不但对前代有关河务之书，无不披阅，而且还乘六次南巡之机，实地视察河工，同时又广泛咨询，经过十多年的努力，终于摸索出了一套治理黄河行之有效的方法，从而改变了黄河连年溃决的现状，出现了四十年安定的大好局面。

对于地理测量，康熙的态度也十分积极，每次巡幸或者出征，他都携带仪器。在此基础上，自康熙四十六年至五十六年，他又组织一批中西学者对全国进行实测，编制了《康熙皇舆全览图》。

康熙还重视军事科技的发展。在“三藩”叛乱期间，他曾命西方传教士南怀仁研制改制火炮，并亲至卢沟桥阅视新炮的实弹演习。“三藩”叛乱平定后，他仍重视并下令继续铸造，分别配备于全国的战略要地。

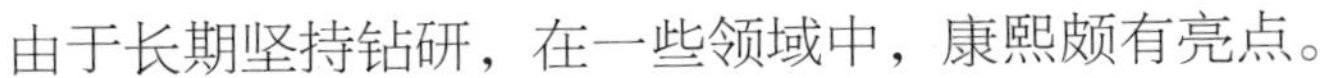

由于长期坚持钻研，在一些领域中，康熙颇有亮点。

康熙四十三年，也就是1704年，农历十一月，他根据实测结果认定据西洋新历推算本月初一日食时刻略有失误，因此怀疑可能是算者有误。康熙五十年，也就是1711年，康熙又根据实测发现当年夏至是在“午初三刻九分”，而不是西洋历推算的“午初三刻”。

康熙对于自然科学的兴趣始终不衰，学习自然科学成了他终生爱好。通过学习，康熙也使自己在自然科学领域内成为内行，取得了主动权，从而在决策的时候能分清是非，避免或少走了不少弯路。

康熙重视自然科学，还在一定程度上改变了长期以来人们轻视自然科学的错误倾向，产生了深远的影响。

明清时期，正是西方科技传入中国之际，东西方的政治文化观念相互碰撞。在这种世界背景下，如何对待这种碰撞，如何对待西方科技，是检验统治者是否成熟，是否有远见，是否有世界眼光的试金石。

康熙当时对科技产生了浓厚兴趣后，一方面积极向传教士学习各门科技知识；另一方面积极钻研，开掘祖国科技遗产，培养科技人才，鼓励科技人才脱颖而出。除了学习之外，康熙还亲自主持编辑科技书籍。

康熙曾说：“己不知，焉能断人之是非。”通过勤奋地学习，特别是学习西方先进的科学技术，他能够以更远大的眼光来引领国家的走向。

发扬“孝治天下”

康熙是历史上有名的圣君，以“仁治天下”是其鲜明的执政风格。但康熙对于孝道也有深刻的理解和体会。他说：“凡人尽孝道欲得父母之欢心，不在衣食之奉养，惟持善心行合道理以慰父母而得其欢心，这才是真孝。”

康熙深谙“孝”的观念而加以运用，将“孝”的精神推广到治理天下的层面，他说，人君以孝治天下，则臣下观感以作忠，兆民亲睦而成俗，真所谓至德、要道也。康熙认为：“如果把每一个青年都训练得听父母的话，那么又有哪一个老夫、老妪肯要儿子去做杀头造反的事呢？”

因此，康熙巧妙地运用了“孝治天下”的策略。而要天下人尽孝，皇帝自己应该是遵守孝道的楷模。康熙对于太皇太后孝庄的孝，是足以示范天下儿孙的。

康熙之所以能成为皇帝，孝庄起到了最重要的作用。孝庄一开始就把玄烨当作帝王来培养。由于母子不能同居一室，玄烨刚生下来就被送给保姆抚养，母子很难见面。而孝庄则不受这种制度的限制，作为祖母，她对玄烨的生活、学习无不精心关注，甚至经常亲自教导孙子。

康熙后来回忆说："我从幼龄刚开始学走路、说话时，即奉圣母慈训，不管是吃饭、坐立行走、说话，都要按规矩来。就算自己一个人独处的时候，也不能放纵自己，如果让祖母知道我有不合规矩的地方，她就要责罚我。其实老人家是希望我能成就大业。"

"俨然端坐"是皇帝举止修养最起码的功夫。为了让孙子养成这种习惯，孝庄经常告诫他："凡是行为坐卧，不可回顾斜视。"由此可见，孝庄是严格按着帝王的标准训练孙子的，为此，她还指派自己的密友苏麻喇姑亲自教导幼年的玄烨。

康熙很少能见到自己的母亲，又不被父亲重视，因此得到的父爱母爱很少，用他自己的话说是"父母膝下，未得一日承欢"，倒是从宽厚、慈爱而又有政治头脑的祖母身上，得到了源源不断的爱。爱是一个人生命的源泉。尤其是在他八岁和九岁之际，父母相继去世，他和孝庄祖孙二人相依为命，依恋更深。

在祖母的宠爱、眷顾下成长起来的康熙，也把自己的爱回报给了这位老祖母。康熙可以说是帝王中最孝顺的一位，他对祖母真是竭尽了孝道。这一点，天下人有目共睹，当时大臣们就说：

> 我皇上至德纯孝，侍奉太皇太后三十余年，极四海九州之养，尽一日三朝之礼，无一时不尽敬，无一事不竭诚。居则视膳于寝门，出则亲扶于雕辇。万机稍暇，则修温之仪；千里时巡，恒驰络绎之使。此皇上事太皇太后于平日，诚自古帝王所未有也。

康熙对孝庄的孝顺，是发自内心深处的，这从他一言一行的小事之中淋漓尽致地表现出来。不论政务多么繁忙，每隔两三日，他一定到孝庄所住的慈宁宫问安，向她汇报朝中的情况。如果时间允许，或祖母身体不适，便一连多日，每天前往探视，每天问候一两次、三四次不等。

这样，既可及时了解祖母健康状况，知道该为祖母做些什么，又可让祖母见到自己，以慰老人想念、惦念之心。在问安时间上，也经过精心安排，通常在上午八至十时，因为这时老人比较闲暇，精神状态也好，正好陪着说说话。

康熙十一年，也就是1672年，农历二月初六日晨四时左右，宫中驰奏：皇后赫舍里氏所生的皇长子、年方四岁的承祜，于昨日上午病逝。皇长子天性聪慧，康熙最为钟爱，听此不幸消息，康熙甚感悲痛。但八时左右仍到祖母行宫问安，瞒着爱子的死讯，对祖母“笑语如常”。

此后很长时间，康熙仍每日照常到祖母行宫问安，到祖母面前，他一直把丧失爱子之痛埋在心底，像什么事都没发生似的。扈从官员称赞康熙：“天性纯孝，古帝王未之有也。”逢年过节，康熙都要集合全家人，和祖母欢聚一堂，吃个团圆饭。有一年，康熙到关外祭奠祖陵，正赶上过端午节，为了不耽误和祖母团聚，他快马加鞭，特意在节前一天赶回京城，一回到宫中，就赶往慈宁宫问安。

康熙经常到外地出巡，为了不让祖母担心，他每隔几天就要派人送信，向祖母报个平安。还令人及时向他奏报祖母的情况。每次围猎获得野味，康熙也马上令人送回宫，请祖母品尝。

康熙二十一年，也就是1682年，康熙到奉天祭谒皇陵，多次回书向祖母问安，并派人送回当地土特产，问安书中说道：“孙儿来到盛京，亲手用网获得鲢鱼、鲚鱼，浸以羊脂，在山中野烧，味道很好；还有自落的榛子果及山核桃，朝鲜所进柿饼、松、栗、银杏，我让使臣送回京城给祖母尝尝，只要您吃了心里高兴，那孙儿也心里高兴。”

康熙二十三年，也就是1684年，农历九月，康熙第一次南巡，途中从黄河打捞的鲜鱼，也立即派人飞速送回京城。最能体现康熙孝心的，是他陪祖母出巡五台山。孝庄笃信佛教，而五台山是北方最著名的佛教名山，孝庄多年来就梦想到那里拜佛，但都没能实现。

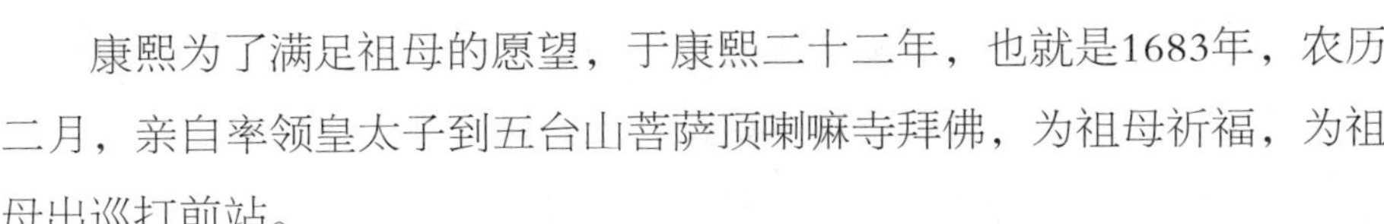

康熙为了满足祖母的愿望，于康熙二十二年，也就是1683年，农历二月，亲自率领皇太子到五台山菩萨顶喇嘛寺拜佛，为祖母祈福，为祖母出巡打前站。

当时，孝庄毕竟是七十多岁高龄的老人了，为了确保万无一失，康熙下令重新修建从北京去五台山的道路和桥梁。这一年的九月份，准备工作完成，康熙就和自己的哥哥和硕裕亲王福全、弟弟恭亲王常宁，一起陪同祖母去五台山。他自己率人先行探路，由福全和常宁随祖母在后面行进。

九月十九日，康熙先到了五台山菩萨顶，长城岭一带地势险峻，他让校尉们共同抬辇，试验是否平稳，结果校尉都很难站稳。二十二日，康熙命内大臣佟国维、公福善率侍卫等修整这一带道路，自己亲自回头迎接祖母。

康熙见到孝庄，向祖母汇报了详情。孝庄认为自己多年来的夙愿，不能半途而废，仍然坚持前行。到达长城岭后，因山路坎坷，乘车不稳，康熙请祖母改乘八人暖轿，并亲自指挥校尉搀扶着祖母上轿。

走了一段路，孝庄见校尉们在山路上抬轿步履维艰，于心不忍，坚持乘车。康熙劝请再三，祖母不允，只得从命。但他还是瞒着祖母，让校尉们抬着轿子跟在队伍后面，他自己则跟在祖母车旁，随时照应。

又走了几里路，车子颠簸得厉害，康熙怕祖母不舒服，就请改乘暖轿。孝庄为难地说：“我已经改乘车了，不知轿在哪里，能说要就到吗？”康熙回答说：“轿就在车后。”不一会儿，轿子就抬到了身前。孝庄非常感动，她抚摸着孙子的后背说道：“连车轿这样的小事你都想到了，实在是大孝啊！”

接下来的路更加险峻，孝庄毕竟年纪大了，她觉得不能再给孙子们添麻烦，于是决定就此而止，让康熙代她到佛前膜拜，完成自己的心愿。尽管这次没能登上菩萨顶，但她已经非常满足了。

康熙时刻关心着祖母的健康。每当孝庄身体不适，康熙一定要亲自探视，命人煎好汤药，亲自送去。蒙古族和满族有温泉疗养的传统，当孝庄身体欠安时，康熙都陪她到温泉疗养。一路之上，他亲自关照祖母的衣食住行，无微不至。吃饭时，都是先安排好祖母的膳食，自己才进膳。遇到坎坷不平的地方，他都要亲自护驾，有时甚至要下马步行，陪侍在车驾之侧。他的这些孝行，不但令孝庄感动不已，而且身边的大臣也无不感叹。

康熙二十四年，也就是1685年以后，孝庄身体每况愈下。这年九月，康熙正在塞外出巡，接到了祖母中风的奏报，心急如焚，马上启行，日夜兼程，赶回京城，亲自照顾。

康熙二十六年，也就是1687年，农历十一月，孝庄再次发病，卧床不起，康熙日夜不离，指挥抢救，用尽了一切办法，但孝庄仍不见好转。康熙希望能用自己的诚意打动上天，他在十二月初一，率领满朝文武，从乾清宫步行到天坛祭奠，祈请上天让祖母转危为安，情愿自己减寿来增加祖母的寿命。

孝庄的病情一天比一天严重，康熙为了亲自照顾祖母，决定暂停御门听政，寸步不离祖母身旁。暂停御门听政，在康熙在位数十年间，这是仅有的几次，可见他对祖母孝心的真诚。因为悲伤、焦虑和操劳，康熙在这些天也消瘦了很多，大臣们劝他早一点休息，按时进膳，不要过度操劳。

而康熙则说："我自幼蒙太皇太后抚养教训三十余年，无限深恩，难以报答。今见太皇太后病体依然不见好转，五内俱焚。当此之时，不竭尽心力，略微尽些报答之情，到时候虽然想依恋祖母，尽心尽孝，还有机会吗？况且太皇太后病势越来越重，我片刻难离，即使回宫，也放心不下，不如在病榻旁看护，心里反而更安定一些。"

后来康熙在给诸皇子的家训中特别提到了这一段经历，他说道：

昔日太皇太后圣躬不豫，朕侍汤药三十五昼夜，衣不解带，目不交睫，竭力尽心，唯恐圣祖母有所欲用而不能备。故凡坐卧所需以及饮食肴馔无不备具，如糜粥之类备有三十余

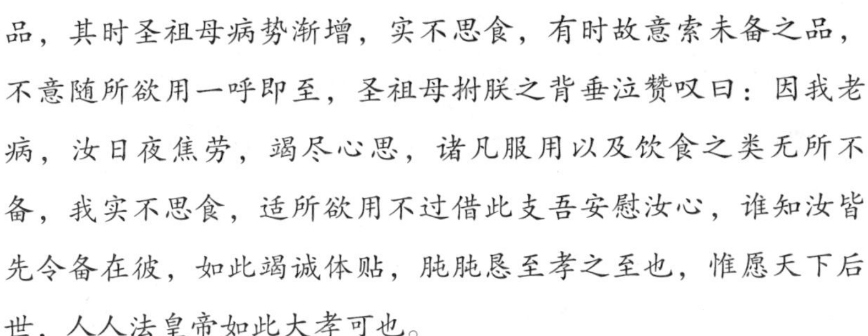
品，其时圣祖母病势渐增，实不思食，有时故意索未备之品，不意随所欲用一呼即至，圣祖母拊朕之背垂泣赞叹曰：因我老病，汝日夜焦劳，竭尽心思，诸凡服用以及饮食之类无所不备，我实不思食，适所欲用不过借此支吾安慰汝心，谁知汝皆先令备在彼，如此竭诚体贴，肫肫恳至孝之至也，惟愿天下后世，人人法皇帝如此大孝可也。

孝庄太皇太后共生三女一男。儿子与三女已不在人世。次女阿图，即固伦淑慧长公主，十二岁下嫁喀尔喀蒙古额驸博尔济吉特氏恩格德里之子索尔哈。顺治初年索尔哈亡。顺治五年，也就是1648年，阿图又嫁给蒙古巴林部辅国公博尔济吉特氏色布腾，故人称巴林公主。顺治七年，也就是1650年，色布腾晋封巴林郡王。不幸的是，康熙七年，也就是1668年，农历二月，色布腾也故去。

当时，阿图便被人认为命硬克夫，她不但忍受中年丧夫之苦，而且承受舆论的压力和折磨。次女巴林公主阿图经历坎坷，作为母亲，孝庄太皇太后时常为她的处境和归宿牵肠挂肚。而且，孝庄太皇太后特别喜爱这个女儿。

康熙十二年，也就是1673年，端午节时，康熙得知祖母想念姑母固伦淑慧长公主时，立即派乾清门侍卫武格，用御轿驰驿往迎。公主很快到来，于五月初六日到慈宁宫拜见母亲。孝庄太皇太后原本有些身体不适，但见到自己日夜想念的女儿，喜出望外，竟然精神好了很多，几乎跟正常时候一样了。

康熙二十六年，也就是1687年，夏，听说巴林公主居住的地方年景不好，流行牲畜瘟疫，马牛羊多“染疫倒毙”，庄稼颗粒不收，孝庄太皇太后挂念女儿的生活，不知女儿在遭受什么样的困苦。

康熙向祖母请安时，了解到老人的心事，又派人把姑母接进京城，并带去马驼粮米以救急。巴林公主的到来，给孝庄太皇太后以莫大的安慰。孝庄太皇太后已七十五岁高龄，钟爱的女儿和皇孙围绕在她的身边，其乐融融，使她在无比的幸福和满足中度过了人生最后的四个月。

孝庄把巴林公主托付给皇孙，算是对身后事的安排。康熙当着祖母与公主的面承诺："待姑母年迈时，我将她迎接到北京，凡一切应用之物，全部由孙儿承理，以终天年。"孝庄深知皇孙言而有信，她了却了心中唯一的牵挂，安然地走向生命的尽头。

康熙二十六年，也就是1687年，农历十二月二十五日午夜，孝庄病逝，享年七十五岁。康熙悲痛欲绝，几次昏迷，好几天都没有进膳。此后，一直到他的晚年，康熙都没有忘却祖母的养育之恩，每当想起来，都情难自禁而痛哭流涕。

康熙用自己的行为，实践了儒家的"忠孝"精神。"孝"这个字，对康熙来说，就是人生最重要的原则。他最喜欢的人是孝子，最痛恨的，便是不孝之人。康熙在位，很少杀人，但对不孝之人，从来都不手软。

噶礼虽然贪污巨大，康熙也没有重罚，但后来噶礼的老母告发他欲加害自己，康熙大怒，因其不忠不孝，下令他自尽。还有赵申乔之子赵凤诏，就因为他"不忠不孝"，康熙认为"不忠不孝之人，应当处斩"，因此毫不客气地杀了赵凤诏。

康熙"孝治天下"的非常高明之处在于，他将"孝"推广到臣子对君主的层面，说："由各人的孝父母，扩而充之爱天下人，就是孝的精神。果能尽心体贴君亲，凡事出于至诚，未有不得君亲之欢心的。"

多子多福的生活

康熙八岁即位，六十九岁驾崩，在位六十一年，是中国历史上在位时间最长的皇帝。他对这件事做过调查，说自秦始皇元年以下，称帝而有年号者二百一十一人，“在位久者，朕为之首”，为此感到无比欣慰。

康熙之后，清代诸帝在位时间也没有超过康熙的：雍正在位十三年，乾隆在位六十年，嘉庆在位二十五年，道光在位三十年，咸丰在位十一年，同治在位十三年，光绪在位三十四年，宣统在位三年。

其中乾隆本可与先祖比美，只因他不肯上同皇祖纪年，故在位六十年即传位嗣子，自己当了太上皇。所以康熙与以后诸帝比，也是在位最久的皇帝。

皇帝在位时间长短，由诸多因素促成。其中主要是御极早晚、政局如何、寿命长短三项。顺治帝早丧，选中康熙即位，康熙以八岁少年当皇帝。前数年，他实际上没有也无能力掌握政权。

不过，康熙亲理朝政是很早的，只有十几岁，属于政治上早熟。当时，客观急需，促使他少年老成，及早主持国事。所以康熙御极早，虽由其父所定，也是他本人有才能，有谋略，能够胜任。

康熙当政期间，虽然也出现过外来侵扰，内部阴谋、叛乱和储位之争，但并未酿成重大祸乱，没有大规模的农民起义，没有宫廷政变，没有造成国家危机的外患，政局基本上稳定。

大清帝国是强大无敌的，这与康熙的治理密不可分。康熙通过各项政策提升了国家的经济实力与军事实力，国用充足，兵强马壮，边疆巩固。不论内部还是外部敌人都望而生畏，这是最根本的问题。康熙的内政、外交刚柔适当。

刚，表现于常以敏锐的目光洞察事物，精明果断，不避艰险，勇于进取，国家的大权、大利不丢、不让；柔，则表现于对下属和人民比较宽和，政策较灵活，不做激化矛盾之举，尽可能息事宁人，让各阶层的人们或多或少地从皇帝的“仁政”中得到好处，能够过得去，活得下去。

康熙的作为，使他在全国赢得了崇高的威信。他“受到本国人民及邻国人民的崇敬。从其宏伟的业绩来看，他不仅威名显赫，而且是位实力雄厚、德高望重的帝王”。

人到七十古来稀。康熙在人们准备为他庆祝七十大寿的时候去世，已登古稀之年。古代皇帝长寿少，短命者多。康熙属于长寿者。他与一般帝王不同，从来不追求长生不老，也不幻想返老还童。他幼年时期，身体不算太好，吐过血，“常灸病”，直至多少年后，仍念念不忘灸病之苦，即“艾味亦恶闻”“闻即头痛”。

但他一生不消极保养，而是以积极态度从事骑射、狩猎和田园劳动，“或猎于边墙，或田于塞外”，增强身体素质，锻炼“勇果无敌”精神。

康熙五十八年八月十九日，他将自幼至今狩猎所获做了一个统计：“凡用鸟枪弓矢，获虎一百三十五、熊二十、豹二十五、猞猁狲十、麋鹿十四、狼九十六、野猪一百三十二，哨获之鹿凡数百。其余围场内随便射获诸兽不胜记矣。”

比方说野兔为小动物，不屑详计总数，但最高记录尚能记忆，最多时“曾于一日内射兔三百十八”，超过庸常人毕生所获。他认为“恒劳而知逸”，如果长期安逸，劳累就经受不住。

他一生读书、治理朝政向来不辞辛劳。并于日理万机之余暇，充满乐趣并心神宁静地潜修技艺，其兴趣、嗜好高雅不俗。生活上节饮食，慎起居；“不喜厚味”，喜“粗食软蔬”，所好之物不多食，不尚豪华，爱简洁。

这种良好的精神状态和习惯，使他避免了糜乱生活之害，因此始终保持了旺盛的精力，并健康长寿。他在迎接古稀之年作诗一首：

淡泊生津液，清虚乐有余。
鬓霜惭薄德，神惫恐高誉。
苦好山林趣，深耽性道书。
山翁多耄耋，粗食并园蔬。

康熙当时是就饮食一事书怀，其心境极为平和。但诗中涵义很深，既讲养身之道，又将养心、养性融合其中。

康熙很欣赏自己的健康和寿命，说，五十岁“方有白须数茎。”有人向他进乌须方，康熙笑而辞之，说：“自古帝王鬓斑须白者史书罕载。吾今幸而斑白矣。”“朕若须鬓皓然，岂不为万世之美谈乎？”

几十年间，他继承祖业，治理国家，不曾虚度时光。他非常满意地说：“赖祖宗积善累德之效，所以受无疆之福，得四海余庆，万类仁寿，使元元之众安生乐业。于此观之，可谓足矣。”这是就过去而言，康熙直到生命最后的日子里，也没停止操劳和思虑。康熙一生是充实而又硕果累累的。

康熙帝的妻子，从清东陵陵寝安葬者统计，共有四位皇后：孝诚仁皇后赫舍里氏、孝昭仁皇后钮祜禄氏、孝懿仁皇后佟佳氏、孝恭仁皇后乌雅氏。其中赫舍里氏为康熙四年册封，于康熙十三年生胤礽之日死。康熙十六年，册封钮祜禄氏为皇后。康熙二十八年册封佟佳氏为皇后。乌雅氏是雍正即位尊为皇太后的。

妃嫔等有敬敏皇贵妃章佳氏、怡皇贵妃瓜尔佳氏、悫惠皇贵妃佟佳氏、温僖贵妃钮祜禄氏、定妃万琉哈氏、顺懿密妃王氏、纯裕勤妃陈氏、惠妃纳拉氏、宜妃郭络罗氏、荣妃马佳氏、成妃戴佳氏、良妃卫氏、平妃赫舍里氏、慧妃、宣妃、通嫔纳拉氏、襄嫔高氏、谨嫔色赫图氏、静嫔石氏、熙嫔陈氏、穆嫔陈氏、端嫔董氏、僖嫔、布贵人、伊贵人、兰贵人、马贵人、袁贵人、文贵人、尹贵人、新贵人、常贵人、勒贵人、妙答应、秀答应、庆答应、灵答应、春答应、晓答应、治答应、牛答应、双答应、贵答应、瑞常在、常常在、尹常在、禄常在、徐常在、石常在、寿常在、色常在。共后、妃、嫔、贵人、答应、常在55人。

多妻必多子，据《清实录》载康熙子、孙、曾孙一百五十余人。多妻多子孙，是康熙家庭的一大特点。长期以来，中国是个体小生产经济占绝对优势地位的社会，家庭不仅是生活单位，也是经济单位。人们观念中子孙多是一大幸福，平民百姓如此，帝王将相更是如此。

其实不然。如果说贫苦劳动人民家庭成员之间同甘共苦，无所争夺，能享天伦之乐，皇帝则很难有这种幸福。争夺皇位就是一大不幸。康熙共生子三十五人，其中早殇没来得及齿者十一人，序齿者二十四人。

皇长子胤禔，康熙十一年生。母惠妃纳拉氏。据传教士白晋说："皇上特别宠爱这个皇子，这个皇子确实很可爱。他是个俊美男子，才华横溢，并具有其他种种美德。"

由于他在皇子中年龄居长，替康熙做事最多。征讨噶尔丹时，康熙任命裕亲王福全为抚远大将军，十九岁的他从征，任副将军，参与指挥战事。还衔命祭华山，管理永定河工程。二十六岁，被封为直郡王。因争储位，谋害太子，被康熙革王爵，监禁。雍正十二年，卒。

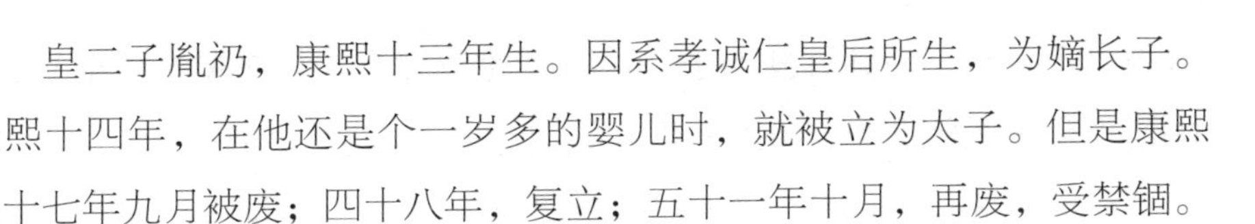

皇二子胤礽，康熙十三年生。因系孝诚仁皇后所生，为嫡长子。康熙十四年，在他还是个一岁多的婴儿时，就被立为太子。但是康熙四十七年九月被废；四十八年，复立；五十一年十月，再废，受禁锢。雍正二年，卒。

皇三子胤祉，康熙十六年生。母荣妃马佳氏。胤祉博学多才，成为康熙学术上的最有力助手。康熙征噶尔丹时，胤祉领镶红旗大营。二十一岁，被封为诚郡王；次年，降为贝勒；三十二岁，晋诚亲王。雍正即皇位，命胤祉守护景陵。雍正八年，被夺爵、囚禁；十年，去世。

皇四子胤禛，康熙十七年生。母孝恭仁皇后。康熙亲征噶尔丹时，胤禛奉命掌管正红旗大营。二十岁，被封为贝勒；三十一岁，晋雍亲王。康熙驾崩，胤禛继位，为雍正帝。

皇五子胤祺，康熙十八年生。母宜妃郭络罗氏。康熙认为此子心性甚善，为人淳厚。康熙征噶尔丹时，胤祺奉命领正黄旗大营。十九岁，被封为贝勒；时年三十岁，晋恒亲王。雍正十年，卒。

皇六子胤祚，康熙十九年生。母孝恭仁皇后。康熙二十四年，夭折。

皇七子胤祐，康熙十九年。母成妃戴佳氏。康熙夸他“心好，举止和蔼可亲”。康熙亲征噶尔丹时，命胤祐领镶黄旗大营。十八岁，被封为贝勒；二十九岁，晋淳郡王。后管正蓝三旗事务。雍正元年，封淳亲王；八年，卒。

皇八子胤禩，康熙二十年生。母良妃卫氏。少时为允母惠妃抚养。诸臣奏称其贤，康熙的哥哥裕亲王也在皇帝面前夸他“心性好，不务矜夸”。康熙自然喜欢，十七岁即被封为贝勒。后署内务府总管事。因争储位被夺贝勒，并受拘禁。胤禩获释，复为贝勒。雍正即位，为稳定其情绪，命总理事务，进封廉亲王，授理藩院尚书。雍正元年，命办理工部事务；四年，雍正以其结党妄行等罪削其王爵，圈禁，并削宗籍，更名为阿其那；同年，卒。

皇九子胤禟，康熙二十二年生。母宜妃郭络罗氏。二十六岁，被封为贝子。雍正命其驻扎西宁。后以其违法肆行，与胤禩等结党营私为由，于雍正三年夺爵，幽禁；四年，削宗籍，令改名塞思黑，卒。

皇十子胤䄉，康熙二十二年生。母温僖贵妃钮钴禄氏。二十六岁，被封敦郡王。康熙五十七年，奉命办理正黄旗满洲、蒙古、汉军三旗事。因党附胤禩，雍正元年，被夺爵拘禁。乾隆二年，得以释放，封辅国公；六年，卒。

皇十一子胤禌，康熙二十四年生。母宜妃郭络罗氏，与胤祺、胤禟同母。康熙三十五年，年幼夭折。

皇十二子胤祹，康熙二十四年生。母定妃万琉哈氏。康熙四十八年，封贝子。曾署内务府总管事务，办理正白旗满洲、蒙古、汉军三旗事。康熙御极六十年，派胤陶祭盛京三陵。次年，任镶黄旗满洲都统。雍正即位后，进封履郡王。乾隆即位后，进封履亲王。乾隆二十八年，卒。

皇十三子胤祥，康熙二十五年生。母敬敏皇贵妃章佳氏。康熙六十一年，雍正即位，封为怡亲王，命总理户部三库。雍正元年，总理户部。为人“敬谨廉洁”，雍正照例赐钱粮、官物，均辞而不受；对雍正“克尽臣弟之道”，总理事务“谨慎忠诚”，为雍正所赏识。

三年，从优议叙，复加封郡王，任王于诸子中指封。后总理京畿水利，多有建树。又办理西北两路军机。八年，卒。是雍正最知心、也得其协助最多的兄弟。

皇十四子胤禵，康熙二十七年生。母孝恭仁皇后。与雍正、胤祚同母。但党附胤禩，与雍正对立。康熙四十八年，封贝子；五十七年，任抚远大将军，征讨策妄阿拉布坦；六十年，率师驻甘州，进次吐鲁番。雍正元年，晋为郡王；三年，被降为贝子；四年，禁锢。乾隆即位后，下令释放，封辅国公。乾隆十二年，晋升贝勒；十三年，进封恂郡王；二十年，卒。

皇十五子胤禑，康熙三十二年生。母顺懿密妃王氏。雍正四年，封贝勒，命守景陵；八年，封愉郡王；九年，卒。

皇十六子胤禄，康熙三十四年生。与胤禑同母。因庄亲王死后无嗣，雍正命他袭封。乾隆三十二年，卒。

皇十七子胤礼，康熙三十六年生。母纯裕勤妃陈氏。雍正元年，封果郡王，管理理藩院事；六年，晋亲王；七年，奉命管工部事；八年，总理户部三库；十一年，授宗令，管户部；十二年，赴泰宁，送达赖喇嘛还西藏，沿途巡阅各省驻防及绿营兵；十三年，返回京城，协助办理苗族事务。乾隆即位，命总理事务，解宗令，管刑部。乾隆三年，卒。

皇十八子胤衸，康熙四十年生。与胤禑、胤禄同母。康熙四十七年，夭折。

皇十九子胤禝，康熙四十一年生。母襄嫔高氏。康熙四十三年，夭折。

皇二十子胤祎，康熙四十五年生。与胤禝同母。雍正四年，封贝子；八年，晋贝勒；十二年，命祭陵，称病不行，降辅国公。乾隆即位后，复封贝勒，守泰陵；二十年，卒。

皇二十一子胤禧，康熙五十年生。熙嫔陈氏生。立志向上，颇有文才。雍正八年，加封贝子，晋贝勒。乾隆即位，晋慎郡王。乾隆二十三年，卒。

皇二十二子胤祜，康熙五十年生。母谨嫔色赫图氏。雍正八年，封贝子；十二年，晋贝勒。乾隆八年，卒。

皇二十三子胤祁，康熙五十二年生。母静嫔石氏。雍正八年，封镇国公。乾隆即位，晋贝勒，后降镇国公；四十五年，复封贝子；两年后，晋贝勒；四十九年，加郡王衔；五十年，卒。

皇二十四子胤秘，康熙五十五年生。母穆嫔陈氏。秉性忠厚和平，有学识。雍正十一年，胤秘十七岁，被封为诚亲王。乾隆三十八年，卒。

康熙诸子，能文能武，多为奇英之才。康熙对皇子教育自幼年抓起，慎选教师，并亲自教诲督促，多方面严格要求。康熙谈起对皇子的教育，曾说："朕深惟列后付托之重，谕教宜早，弗敢辞劳，未明而兴，身亲督课，东宫及诸子以次上殿，背诵经书，至于日昃，还令习字、习射、覆讲，尤至宵分。自首春以及岁晚无有旷日。”

教育内容很全面，经、史、文、算术、几何、天文、骑马、射箭、游泳等，使用各种火器，还兼以书画、音乐。尤其注重教以治道，“上下千古成败理乱，已了然于胸中”。

康熙寄希望于子孙，要把他们培养成自己事业的优秀继承人。为了同一目的，皇子长到几岁或十几岁、二十几岁就开始跟随康熙外出巡视、谒陵，增长见识，了解各地风情、民间疾苦。尤其征讨噶尔丹之役，令十九岁的皇长子任副将军，率师随裕亲王出征，开创皇子领兵之制。

康熙三十五年亲征时，命太子坐镇京师代理朝政，皇三子、皇四子、皇五子、皇七子等分别管理镶红旗、正红旗、正黄旗、镶黄旗大营，从父皇出征，参与军事讨论，接受锻炼，称得上一次诸子接替朝廷大业的演习。康熙无意恋栈，渴望儿孙们尽快成长起来，肩负起清朝统治重任。

盛世暗藏危机

康熙召诸王大臣侍卫文武官员等齐集在行宫前，令胤礽下跪，然后发布谕旨，历数其罪状："胤礽不听教诲，目无法度，朕包容二十多年，他不但不改悔，反而愈演愈烈，实难承祖宗的宏业。"

康熙边哭边诉，竟至气得昏倒在地，被大臣急忙扶起。康熙下令，首先惩办了怂恿皇太子的官员，继而又废了皇太子，令胤禔监视胤礽。

这次废皇太子，在精神上对康熙刺激很大，致使他六天六夜不能入睡。康熙召见随从大臣，边说边哭，罗列了胤礽的罪状。群臣也为之伤感，泣不成声。康熙还将废皇太子胤礽之事宣示天下。

先后两次废立皇太子

晚年，康熙一直被皇太子的废立问题困扰着，诸子争夺嗣位的激烈斗争，使他心情抑郁，精力耗尽。历史似乎有个规律：雄才大略的君主晚年往往会为继承人问题苦恼，甚至成为困扰统治者的最大难题，也往往成为政治动荡的主因。

隋文帝杨坚晚年在立太子问题上几经反复，却选择了阴谋家杨广，不但自己死在儿子手里，创建的隋王朝也二世而亡；唐太宗晚年为立太子事常忽然如痴如狂，甚至在大臣面前引刀自尽，幸被救下，结果还是选了懦弱的李治；武则天晚年在立武立李的问题上犹豫不决，结果被李唐派所乘，在软禁中度过余生。

康熙不同于以往君主的是，他直至临终前始终能控制政局，给身后留下了一位励精图治、勤勉有为的皇帝。在复杂激烈而又特殊的立嗣斗争中，康熙的缜密帮助他直至终局而握有全盘。

康熙在早年就立下胤礽为皇太子。胤礽生于康熙十三年，也就是

1674年，他在康熙的儿子里原本排行第六，后因前五个哥哥有四个幼年夭折，不序齿，所以成为了二阿哥。他的生母是康熙的结发妻子孝诚仁皇后赫舍里氏，赫舍里氏皇后因生此子产后大出血而去世，康熙的爱妻之情就全都转移到了这个孩子的身上，自幼即被父皇钟爱。

康熙十四年，也就是1675年，康熙二十岁时就认识到立储是关系清朝统治是否能长治久安的重大问题，根据儒家立嫡立长的传统，他选中了刚刚一岁的胤礽为皇太子，皇帝亲自教他读书，六岁时又特请大学士为师。

而胤礽经过父亲和老师的指点，确实显露出几分聪明。他文通满汉，武熟骑射，加上一副仪表，着实惹人喜爱。康熙特在畅春园之西为胤礽修了一座小园林，赏他居住，出巡时也命他随侍左右。但后来，这位皇太子由于十分受宠，且被康熙批准具有特殊的权力，因而养成了过分骄纵和暴戾的性情，这些又引起了康熙的不满。

康熙二十九年，也就是1690年，康熙在亲征噶尔丹的归途中生了病，十分想念皇太子胤礽，特召他至行宫。胤礽在行宫侍候康熙的时候，竟然一点担心的神色也没有。康熙看出皇太子无忠君爱父的心思，实属不孝，大怒之下让胤礽先回京了。

康熙四十七年，也就是1708年，农历八月，康熙带皇太子胤礽、皇长子多罗直郡王胤禔、皇十三子胤祥、皇十四子胤禵、皇十六子胤禄、皇十七子胤礼等西巡。九月，康熙贵妃王氏所生的皇十八子胤祄因病而亡，年仅八岁。

康熙非常悲痛，众位皇子也都很悲哀，可胤礽却显出对其亲兄弟毫无友爱之意，这就更加深了康熙对他的厌恶。康熙对此深加指责，胤礽不但不反省还委屈地大声抱怨。在行军途中，每夜逼近父皇所居的帐篷，扒裂缝隙，鬼头鬼脑地向里窥视，不知意欲何为。这些举动使康熙日夜戒备，不得安宁。

而且，胤礽平时对臣民百姓稍有不从便任意殴打，其侍从肆意敲诈勒索，仗势欺人，也激起公愤。鉴于皇太子以往的恶行，尤其是他派人窥视康熙在行宫中的动静，使康熙深为愤怒。于是康熙召诸王大臣侍卫文武官员等齐集在行宫前，令胤礽下跪，然后发布谕旨，历数其罪状：

胤礽不听教诲，目无法度，朕包容二十多年，他不但不改悔，反而愈演愈烈，实难承祖宗的宏业。

康熙边哭边诉，竟至气得昏倒在地，被大臣急忙扶起。康熙下令，首先惩办了怂恿皇太子的官员，继而又废了皇太子，令胤禔监视胤礽。

这次废皇太子，在精神上对康熙刺激很大，致使他六天六夜不能入睡。康熙召见随从大臣，边说边哭，罗列了胤礽的罪状。群臣也为之伤感，泣不成声。康熙还将废皇太子胤礽之事宣示天下。

大阿哥胤禔起初在康熙诸子中排行第五，因为前面四个皇子均早殇，按封建礼法，在成年皇子中他的年龄最大，所以被列为皇长子。但是，他的生母惠妃那拉氏只是一位庶妃，远不及皇二子胤礽的生母皇后的身份高贵。胤禔表面上遵从父命，内心里对太子的地位是十分渴望的。胤禔在诸皇子中是比较聪明能干的，三次随康熙出征、巡视，都有所作为。

第一次是康熙二十九年，也就是1690年，年仅十八岁的胤禔奉命随伯父抚远大将军福全出征，指挥军队。第二次是康熙三十五年，也就是1696年，随康熙亲征噶尔丹，他与内大臣索额图领御营前锋营，参赞军机，这年三月被封为直郡王。第三次是康熙三十九年，也就是1700年，随同父皇巡视永定河河堤，任总管。三次都取得了康熙的信任。

胤禔一心想夺嫡继大统，他密切注视着康熙对皇太子胤礽的态度。从康熙二十九年，也就是1690年开始，直至康熙四十七年，也就是1708年，这近二十年中皇帝和太子之间发生的一系列事件以及随之引起的关系变化，胤禔看在眼里，记在心上。

他认为对他谋取皇储之位创造了有利的条件与时机。胤禔迷信喇嘛教“魇胜”巫术，企图以喇嘛巴汉格隆的邪术咒死皇太子胤礽，以便取

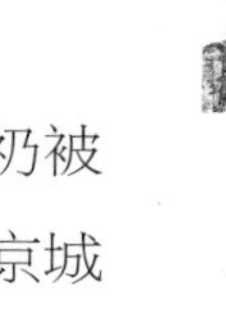

而代之。

康熙四十七年，也就是1708年，农历九月，在塞外行围时胤礽被废，胤禔十分得意。康熙器重胤禔，让他负责监视胤礽，从塞外至京城都由他看守。胤禔认为时机已到，便向父皇进言说："胤礽所行，卑污失人心，相面人张明德曾给八阿哥胤禩相面，说他后必大贵。如果您想诛杀他，不必出自皇父之手。"

康熙听了为之惊异。他暗自思忖：胤禔为人凶顽愚昧，不知义理，倘果同胤禩聚集党羽，杀害胤礽怎么办？但康熙不动声色，他一面仍令胤禔卫护自己、看管胤礽，私下却派侍卫暗地里保护着胤礽，防止胤禔暗害；另一面向诸子大臣宣布："朕命直郡王胤禔善护朕躬，并无欲立胤禔为皇太子之意。胤禔秉性躁急愚顽，岂可立为皇太子？"

随后，康熙令胤禔擒获相面人张明德，叫刑部尚书巢可托、都察院左都御史穆和伦等审讯。经查讯证实，胤禔、胤禩串通一气，利用相面人张明德图谋刺杀皇太子胤礽。废皇太子胤礽后不久，皇三子胤祉向父皇告发胤禔用喇嘛巴汉格隆魇术诅咒废皇太子之事。

康熙闻听此事，当即派人前往胤礽住处搜查，果然搜出"魇胜"，确信胤礽为魇术致狂。康熙对胤禔"不顾君臣大义，不念父子之情"气愤万分，斥其为乱臣贼子。康熙四十七年，也就是1708年，农历十一月将胤禔夺爵，在府第高墙之内幽禁起来，严加看守。

康熙四十八年，也就是1709年，农历四月，康熙在巡视塞外临行时又下了一道谕旨："胤禔镇魇皇太子及诸皇子，不念父母兄弟，事无顾忌，万一祸发，我在塞外，我三日后才能知道，何由制止？"

大臣们急忙商议，最后决定派遣八旗护军参领八人、护军校八十人、护军八十人在胤禔府中监守。康熙还不放心，又加派了贝勒延寿，贝子苏努、公鄂飞，都统辛泰，护军统领图尔海、陈泰，并八旗章京十七人，更番监视，还对这些官员下了一道严谕："如果谁玩忽职守，将遭到灭九族之灾。"胤禔夺嫡失败时只有三十七岁，他被囚禁在高墙内竟然长达二十六年。

康熙弄清胤礽是被魇至狂之后，立即召见胤礽，问及以前所作所为，胤礽竟全然不知，是魇胜之术真灵验还是现在装傻，只有他自己心里清楚。

康熙确信胤礽被害，群臣又纷纷建议复立皇太子，康熙经过反复思想斗争，于康熙四十八年，也就是1709年，农历三月，复立胤礽为皇太子，立太子福晋石氏为太子妃。

时过两年，康熙又发觉大臣们为太子结党会饮，于是将这些大臣分别谴责、绞杀、缉捕、幽禁。康熙手谕：

> 诸事皆因胤礽，胤礽不仁不孝，徒以言语发财嘱此辈贪得谄媚之人，潜通消息，尤无耻之甚。

康熙五十一年，也就是1712年，再次将皇太子胤礽废除，禁锢在咸安宫内。胤礽并不甘心，借医生为其妻石氏诊病之机，用矾水写信与外界联系，不料又被发觉。

自此，康熙加强戒备，凡大臣上疏立储者，或处死，或入狱。康熙认为《尚书·洪范》中记载的“寿、富、康宁、所好德、得善终”这五福中前四项比较容易做到，面对诸皇子争位，他时刻担心有被暗害的危险，所以对他来说，最难做到的是第五项。

康熙六十年，也就是1721年，农历三月在康熙庆寿之日，有的大臣上疏立皇太子之事，康熙对此置之不理；事过数日，又有十二人联名上疏立储，康熙怀疑这些人为胤礽同党，均给予处罚。

临终传位于四阿哥胤禛

康熙六十一年，也就是1722年，农历十一月十三日，康熙病重，临终前传位皇四子胤禛。胤禛将康熙朝两立两废的皇太子胤礽迁居到祁县郑家庄，派重兵严加看守。雍正二年，也就是1724年，农历十二月胤礽病死于囚禁之地，时年五十一岁。

太子被废之后，与胤禛争夺皇位的还有八阿哥胤禩。胤禩生于康熙二十年，也就是1681年，农历二月初十，在康熙诸子中排行第八。胤禩的生母卫氏出生于内管领下奴仆之家，是皇家的家奴，地位比较低微。但是他自幼聪明机灵，工于心计，不甘心因母家卑贱而屈居于众皇子之后，不但千方百计地讨得父亲的欢心，而且还尽量交结可资利用的各阶层人物。

同时，胤禩很善于与其他皇子搞好关系，并使其中的一些人成为自己的支持者。皇九子胤禟、皇十子胤䄉、皇十四子胤禵都党附于他，就连大阿哥胤禔也曾为其所用。在当时，胤禩在朝中被称为“八贤王”。

胤禩的目标很明确，他不想只做一个所谓的“贤王”，他瞄准的是太子的宝座。

然而，要实现这一梦想对他来说真不是一件容易的事情，因此，他只能慢慢网罗私党，积蓄力量，等待时机。对于王公大臣、各级官吏，甚至江湖术士，只要有利用价值，都是胤禩收买的对象。除此之外，胤禩还想方设法在社会上博得好名声，以为将来晋身获取更多的资本和舆论支持。

康熙四十七年，也就是1708年，农历九月，皇太子胤礽第一次被废，胤禩及其同党跃跃欲试。但是康熙对胤禩利用张明德相面为自己立嗣造舆论的行为深恶痛绝，导致胤禩在他心里的形象大损。不久，康熙召来满汉大臣，面谕他们除皇长子胤禔外，可从诸阿哥中推举一人为皇太子，实际上皇帝是希望大家给个台阶，让胤礽重登太子宝座。

康熙还特别提醒众大臣：“若议论时互相瞻顾，别有探听，都是不允许的。”这时，领侍卫内大臣阿灵阿、鄂伦岱及尚书王鸿绪私相密议，暗通消息，最后书写“八阿哥”三字于纸，交给内侍梁九功等转奏。

康熙得知诸王和满汉大臣一致请立当时被自己关在牢狱中的胤禩为皇太子，完全出乎他的意料，十分愤怒，暗自思虑，如以胤禩为皇太子，势必会出现一个自己所不能控制的权力中心，由此日后必乱。

康熙感到事有蹊跷，深疑其中有鬼，即令内侍梁九功等向诸王和满汉大臣传谕说：“立皇太子之事，关系甚大，你们应该凭着公心尽心详议。八阿哥未尝经历大事，近又获罪，且其母家亦甚微贱，你们再好好想想。”

后来，诸大臣奏说：“此事甚大，本非臣等所能定，诸皇子天姿俱聪明过人，臣等在外廷不能悉知……皇上如何指授，臣等无不一意遵行。”与此同时，康熙却暗自做出释放胤礽的决定，并为此做了大量准备工作。

康熙释放胤礽的同时，复封胤禩为多罗贝勒，以缓冲因废立太子

引起的激烈矛盾，稳定人心。然而，康熙对诸臣保举胤禩为皇太子这件事，仍耿耿于怀。他自谓听政四十九年以来，唯独对这件事特别愤懑，要追查幕后根源。康熙意识到，胤禩在朝中已经形成了自己的政治势力，如果不加以抑制的话，将来会危害到自身。于是对胤禩及其同党进行了严厉的打击。

康熙四十八年，也就是1709年，正月，康熙召来侍卫内大臣、满汉大学士、尚书等人，当场追查“首倡之人”。经康熙一再追问，有人供出由领侍卫内大臣巴浑德先发言保奏胤禩，康熙立即指出：“我知道了，此事必然是舅舅佟国维、大学士马齐以当举胤禩暗示众人，众人都畏惧他们，所以才出现了那种结果。”

又经追踪查问，才证实是由大学士马齐暗中喻人，互相传递所致。于是，马齐交代胤禩拘禁后，舅舅佟国维与胤禔、胤禩等结党，谋立胤禩为皇太子，康熙给予严厉斥责，不予追究。

由此，胤禩的个人威望和私党势力元气大伤，但胤禩本人并不肯认输，在康熙朝的最后十年里，他都没有放弃对太子之位的争夺。终于使得康熙痛骂他“系辛者库贱妇所生，自幼心高阴险，听信相面人张明德之言，大背臣道，雇人谋杀胤礽，与乱臣贼子结成党羽，密行险奸，因不得立为皇太子恨朕入骨，此人之险倍于二阿哥也”，并宣称与胤禩断决父子之恩。

经过废立皇太子一番激烈的、复杂的斗争，康熙自思身后托付之事，是关系着大清的基业安危的大事，康熙已决意生前不再预立皇太子。康熙五十二年，也就是1713年，农历二月，当大臣们向他陈奏立皇太子时，康熙深有感触地说：

> 朕自幼读书，凡事留意，纤悉无遗，况建储大事，朕岂忘怀，但关系甚重，有未可轻立者。

康熙追述了皇太子胤礽结党谋权及其骄纵的经历后，就向大臣们表白不复预立皇太子的心意。他说：

> 宋仁宗三十年未立太子，我太祖皇帝并未预立皇太子，太宗皇帝也未预立皇太子。汉唐以来，太子都很年幼，还能保全无事，而反观那些太子年纪大了的，其左右群小结党营私，很少有不发生事端的……我的诸位皇子学问见识都不输于那些人，但年俱长成，已经分封，其所属人员，没有不各拥护他们的主子的，即使立之，能保将来无事吗？

康熙不预立皇太子，却仍然在选择着合乎自己心愿的继位人。他说："太子为国本，朕岂不知，立非其人，关系非轻。……今欲立皇太子，必以朕心为心者，方可立之，岂宜轻举。"

这是康熙在与诸皇子交锋中逐步认识到的，作为皇位继承者的太子，直接关系着清朝的前途和命运，因此，康熙一直把他放在重要地位。他心目中的继位人，必须是"以朕心为心"的人，即是要按照他的意旨行事，并要像他那样，具有为清王朝的绵延不绝，竭尽心力，孜孜求治的人。

所以自康熙四十七年，也就是1708年，废胤礽后，他就立意从德才两方面对诸皇子进行长期考察，从中选择合适的继位人。该年十月，他对诸皇子及众大臣说："朕岂敢不慎重地把祖宗基业安置得如磐石般坚固？"

晚年，康熙还曾降过旨：

> 朕万年后，必择一坚固可托之人与尔等做主，必令尔等倾心悦服，断不至把麻烦留给诸臣。

自康熙四十七年，也就是1708年开始，康熙就将自己经历的事和他的想法，都一一记载下来，封固保存，尤其是继位大事，康熙绝不掉以

轻心。

到康熙五十六年，也就是1717年，农历十一月，在向诸子与大臣们剖白自己为巩固清王朝拼搏一生的心血与苦衷时，康熙曾说："十年以来，朕将所行之事，所存之心，俱书写封固，仍未告竣，立储大事，朕岂忘耶？"

就这样，康熙按"以朕心为心者"的标准，长期默默地甄选着最符合自己心意的继位人。同在立嗣斗争中失势的胤礽、胤禔、胤禩相比，皇四子胤禛则既努力经营自己的势力，又深藏城府，缜密从事。

在斗争中，胤禛一直隐于幕后，他对这场斗争知之甚悉，曾竭力站在康熙的立场上，而在背地里，却处心积虑时刻进行着有纲领有计划的经营。他结纳人才，笼络人心，积蓄实力，获取信息，然而又竭力不让别人把自己与结党营私联系起来。

为了让竞争对手们放松警惕，胤禛故意以富贵闲人的面目出现，给世人留下了一些充满闲适意味的诗句：

千载勋名身外影，百岁荣辱镜中华。
闻道五湖烟景好，何缘蓑笠钓汀沙。

为了把自己打扮成与世无争的逍遥派，胤禛还从诸多佛经中抄录许多名句，编成《悦心集》，用佛道的遁世思想来掩盖自己夺取帝位的图谋。这些做法确实起到了作用，不但迷惑了其他的兄弟，就连英明的康熙也被蒙蔽了。

胤禛夺嫡，与顺治出家、太后下嫁，并列为清初三大疑案，一直萦绕在人们心头，无法索解。胤禛在诸皇子中，算得上最有心机的。他生于康熙十七年，也就是1678年，农历十月三十日，一岁的时候，被抱给皇贵妃佟佳氏抚养。因为有了这个渊源，他后来才能认下佟贵妃的弟弟隆科多，而隆科多在胤禛即位的过程中起到了最关键的作用。

胤禛自幼高傲多疑，康熙曾说他"喜怒不定"，在诸皇子中，人缘不是很好，在相当长的时期内，也没有显露出来，康熙也从来没有正式任命他担任重要的固定职务。

在康熙四十七年，也就是1708年，农历九月废太子的时候，他还被拘禁过一段时间。可以说，康熙对他并没有给予较多的关注。胤禛则把自己打扮成“天下第一闲人”，暗地里窥伺着机会。他的门下人戴铎也为他出谋划策，提出了所谓的夺储密策。

康熙五十五年，也就是1716年，戴铎到福建担任知府，在给胤禛寄送土特产的盒子夹层中，暗藏了一封密函，函中称他在武夷山遇到了一位道士，戴铎就请他给胤禛算命，结果得的是“万字命”。胤禛读后，高兴不已，立即密令他“细细写来”。胤禛得到这个消息，更激起了夺嫡的野心。

戴铎也在为主子四处活动。康熙五十六年，也就是1717年，皇帝召在家养病的大臣李光地入京，戴铎认为这次可能涉及立太子的事情，于是就在李光地还没有动身的时候，就到李家拜访，刺探口风。李光地直言相告：“眼下诸王，只有八王胤禩最贤。”给胤禛当头泼了一盆冷水。

康熙五十七年，也就是1718年，胤禵被封为抚远大将军，率军入藏，一时朝野传出了皇帝将要立胤禵为太子的说法，这更刺激了胤禛。他比较康熙对自己和其他皇子的态度得出了自己不可能是继承者人选的结论。这样一来，他就只有用别的办法了。

胤禛的主要办法：一是继续韬光养晦，避免引起其他人的注意；二是竭力留在京城，等待机会；三是拉拢皇帝亲信，积攒力量。康熙几次要把胤禛派出，胤禛都想尽办法推托，待在皇帝身边。

胤禛拉拢的对象，一个是川陕总督年羹尧，他是胤禛原来的门下之人，其妹妹是胤禛的侧福晋，他手握重兵，可以监视十四皇子允禵。第二人是理藩院尚书、步兵统领隆科多，他也手握兵权，负责保卫京城宿卫和畅春园以及宫禁警卫，是个十分关键人物。此外还有武英殿大学士马齐等。

为了拉拢礼部侍郎蔡珽，胤禛命马齐联系，召其来见，蔡珽以身居学士，不便往来于王府辞谢。康熙六十年，也就是1721年，年羹尧入京觐见，再次推荐蔡珽，胤禛让年羹尧亲自去请，但蔡珽仍然不就召，胤禛十分气愤。

到了康熙六十一年，也就是1722年，蔡珽到热河行宫觐见康熙，正好胤禛也在，这才由年羹尧之子年熙引领晋谒了胤禛，从此成为胤禛的心腹，还把左副都御史李绂介绍给了胤禛。由此可见，胤禛在拉拢大臣方面下了多大的力气。

康熙五十七年，也就是1718年以后，康熙的身体是每况愈下，经常头晕目眩，手颤心跳。在康熙六十一年，也就是1722年，农历十月二十一日，他还到南苑打猎，十一月七日，回到畅春园。九日，他身体不适，命胤禛代替自己到南郊行祭天大礼，同时为以防万一，派人密召胤禵回京。

这对胤禛来说，是最后的机会。他利用隆科多的关系，很快控制了畅春园到皇宫的所有地方，实际上是把康熙软禁了起来。在十、十一、十二日三天中，都是胤禛派护卫、太监到畅春园请安，其他皇子根本没有面见康熙的机会。康熙本来身体就弱，一直处在感冒发烧状态，胤禛却进上参汤，如同火上浇油。因此康熙服用后，病情不但没有好转，反而越来越严重。

胤禛乘机逼宫，康熙连气带病，在十一月十三日晚上，就撒手人寰了。而胤禛选择了秘不发丧，利用这个时间伪造了所谓的康熙遗诏，称康熙临终传位于自己，然后在第二天下午宣布康熙驾崩的消息。所有康熙最后两天的消息，都是由隆科多和胤禛传出的，在这个新旧交替的时间里，充满了诡异的气氛。

在康熙帝统治的六十一年间，他在内政、外交、经济、科技、文化、军事等几乎所有领域，都有非凡的建树。他对中国历史和世界文明发展的巨大贡献，集中地展现了这位千古一帝的丰功伟绩。其八大贡献分别为：

（一）削平“三藩”，巩固统一；

（二）统一台湾，开府设县；

（三）抵御外侵，缔结和约；

（四）亲征朔漠，善治蒙古；

（五）重农治河，兴修水利；

（六）移天缩地，兴建园林；

（七）兴文重教，编纂典籍；

（八）吸纳西学，学习科技。

任何一个君主，如果做出了上面八项中的任何一项，都足以彪炳史册，而康熙帝励精图治，在这八个方面，都做出了非凡的贡献，确实做到了空前无人能及。在他统治下，清朝成为当时世界上最大的帝国，幅员最辽阔、人口最众多、经济最富庶、文化最繁荣、国力最强盛。

经过苦心经营，清朝的疆域，东起大海，西至葱岭，南达曾母暗沙，北跨外兴安岭，西北到巴尔喀什湖，东北到库页岛，总面积约一千三百万平方公里，为今天中国的版图奠定了基础。

附：康熙朝年表大事记

康熙元年，也就是1662年，八龄幼主承大统。1661年，郑成功率军渡过台湾海峡，在台湾南部登陆，攻克荷兰殖民者的巢穴赤嵌城。次年，荷兰总督投降，郑氏占领台湾。

康熙二年，也就是1663年，农历五月，诏天下钱粮统归户部，部寺应用，俱向户部领取，著为令。为慈和皇太后上尊谥孝康慈和庄懿恭惠温穆端靖崇天育圣章皇后。奉移世祖梓宫往孝陵，奉安地宫。

康熙三年，也就是1664年，农历四月，鳌拜奏内大臣费扬古之子侍卫倭赫擅骑御马，费扬古怨，被籍家弃市。诏令工部织染局归内务府。

康熙四年，也就是1665年，农历九月，册立辅臣索尼之孙女赫舍里氏为皇后；十月，康熙帝首至南苑校射行围。

康熙五年，也就是1666年，农历十二月，鳌拜矫旨杀苏纳海、朱昌祚、王登连。

康熙六年，也就是1667年，正月，封世祖第二子皇兄福全为裕亲王。六月，索尼病死。七月，康熙亲政。九月，命修《世祖实录》。

康亲王杰书议苏克萨哈罪。十一月冬至，祀天于圜丘，奉世祖章皇帝配享。

康熙七年，也就是1668年，正月，建孝陵神功圣德碑。加鳌拜、遏必隆太师。三月结束清初的历法之争，授南怀仁为钦天监监副。调整垦荒政策。

康熙八年，也就是1669年，农历五月，擒鳌拜。禁止虐待奴仆和人殉。

康熙九年，也就是1670年，正月，祈谷于上帝，奉太祖高皇帝、太宗文皇帝、世祖章皇帝配享。起遏必隆公爵，宿卫内廷。五月，加上孝康章皇后尊谥，升祔太庙。七月，奉祀孝康章皇后于奉先殿。十月，颁《圣谕》十六条。改内三院为内阁，复设中和殿、保和殿、文华殿大学士。谕礼部举行经筵。

康熙十年，也就是1671年，正月，封世祖第五子常宁为恭亲王。二月，命编纂《孝经衍义》。

康熙十一年，也就是1672年，农历二月，康熙帝至先农坛首次行耕籍礼。朝日于东郊。爱新觉罗·胤禔出生，是为皇长子。

康熙十二年，也就是1673年，正月，幸南苑，大阅八旗将士。此后或行大阅于卢沟桥，或玉泉山，或多伦诺尔，地无一定，时间亦不以三年为限。“三藩之乱”爆发。再次禁止虐待奴仆和人殉。准噶尔部内乱。

康熙十三年，也就是1674年，农历五月，嫡长子、皇次子胤礽生，皇后崩于坤宁宫，谥号“仁孝皇后”。十二月，康熙帝拟前往亲征“三藩”叛乱，王大臣以京师为根本重地，且太皇太后年事已高，力谏乃止。提督王辅臣在陕西策应“三藩”叛乱，杀经略莫洛。

康熙十四年，也就是1675年，农历四月，以上谕确立经筵的形式为侍臣进讲，然后皇帝复讲，互相讨论以达到对经义有所阐发。十二月，册嫡子胤礽为皇太子，诏告天下。

康熙十五年，也就是1676年，正月，以建储上太皇太后、皇太后徽号。因军需浩繁，民力唯艰，暂停仁孝皇后陵寝建造之工。十月，康熙帝命讲官进讲《通鉴》。耿精忠势穷而降，“三藩”叛域浙、闽、陕渐次平定。

康熙十六年，也就是1677年，农历二月，幸南苑行围。大阅于南苑，命内大臣、大学士、学士诸文臣亦俱披甲。皇三子爱新觉罗·胤祉出生。

康熙十七年，也就是1678年，正月，诏中外臣工各举博学通才之人，以备顾问，由皇帝亲试。大学士李霨等举荐曹溶等71人，命赴京齐集请旨。二月，制《四书讲疏义序》。皇后钮祜禄氏崩于坤宁宫，辍朝五日，谥曰孝昭皇后。十月三十日，皇四子爱新觉罗·胤禛出世。

康熙十八年，也就是1679年，正月，平定“三藩之乱”已取得阶段性胜利，康熙帝御午门宣捷。达赖授予噶尔丹博硕克图汗称号。

康熙十九年，也就是1680年，农历四月，以学士张英等供奉内廷，日备顾问，下部优恤，高士奇、杜讷均授翰林官。命南书房翰林每日晚讲《通鉴》。宗人府进《玉牒》。设武英殿造办处。谕：凡放匠之处，妃、嫔、贵人等不许行走，待晚间放匠后方许行走。

康熙二十年，也就是1681年正月，增置讲官。平定“三藩之乱”。皇八子爱新觉罗·胤禩出生。

康熙二十一年，也就是1682年正月，上元节，赐群臣宴，观灯，用柏梁体赋诗。上为制《升平嘉宴诗序》，刊石于翰林院。

康熙二十二年，也就是1683年，农历二月，康熙帝初次幸五台山。五月，设汉军火器营。皇九子爱新觉罗·胤禟出生；皇十子爱新觉罗·胤䄉出生。

康熙二十三年，也就是1684年，正月，命整肃朝会礼仪。首次纂修《大清会典》，自崇德元年至康熙二十五年。二月，以萨克素兵临雅克萨。四月，谕讲官，讲章以精切明晰为尚，毋取繁衍。九月，康熙帝初次南巡启銮。十月，开放海禁。南巡途径黄河，视察北岸诸险。十一月，南巡至江宁，谒明孝陵。回銮时次曲阜，诣孔庙，瞻先圣像，讲《日经》，诣孔林酹酒，书“万世师表”，留曲柄黄盖。是年，用施琅议，于台湾设府、县等，隶福建行省。

康熙二十四年，也就是1685年，正月，谕内务府总管大臣：将皇城外三宫女子养病之吉征房移至皇城内幽静处。谕享太庙时赞礼郎读祝文对御名可不避。试翰詹官于保和殿，康熙帝亲定甲乙，其不称职者改官。二月，谕满洲家奴及汉人太监家奴有逃走在外私自净身者，不宜内用。废除圈地令。收复雅克萨，签订《尼布楚条约》。

康熙二十五年，也就是1686年，正月，俄重据雅克萨。二月，重修《太祖实录》完成。皇十三子爱新觉罗·胤祥生。

康熙二十六年，也就是1687年，农历二月，命八旗都统、副都统更番入直紫禁城。三月，康熙帝御太和门视朝，谕大学士等详议政务缺失，有所见闻，应入陈无隐。十二月，孝庄太皇太后去世。

康熙二十七年，也就是1688年，农历二月，定宗室袭封年例。御史郭琇参奏明珠、余国柱等结党，明珠、余国柱免职，明珠之党遭罢免。四月，康熙帝躬送太皇太后灵柩奉安暂安奉殿。其后起陵，称昭陵。噶尔丹进攻漠北蒙古部。皇十四子爱新觉罗·胤禵出生。

康熙二十八年，也就是1689年，正月，康熙帝第二次南巡，临阅河工。二月，康熙帝抵达浙江绍兴，祭大禹陵，亲制祭文，书名，行九叩礼，制颂刊石，书额曰“地平天成”。七月初九，立皇贵妃佟佳氏为皇后，初十皇后去世，谥“孝懿皇后”。

康熙二十九年，也就是1690年，农历二月，谒遵化孝陵。三月，诏修三朝国史。康熙御驾亲征，一征噶尔丹。

康熙三十年，也就是1691年，农历三月，翻译《通鉴纲目》成，康熙帝制序文。

康熙三十一年，也就是1692年，农历九月，大阅于玉泉山，改玉泉山澄心园为静明园。十月，停直省进鲜茶及赍送表笺。十二月，召科尔沁亲王沙津入京，面授机宜，使诱噶尔丹。

康熙三十二年，也就是1693年，农历二月，因太监月钱领到随即花掉，以至衣衫褴褛，谕令照八旗之例，借给官银。策旺阿拉布坦遣使入贡，报告使臣马迪被害及噶尔丹密事。九月，修盛京城。

康熙三十三年，也就是1694年，农历二月，大学士请间三四日一御门听政。康熙帝曰：“昨谕六十以上大臣间日奏事，乃优礼老臣耳。若朕躬岂敢暇逸，其每日听政如常。”因康熙帝优礼老臣，谕六十以上大臣隔日奏事，故而大学士请问皇帝可否三四日举行一次御门听政，康熙帝不允。

康熙三十四年，也就是1695年，农历二月，太和殿修缮完成。五月，上巡畿甸，阅新堤及海口运道，建海神庙。六月，册封皇太子妃石氏。十一月，大阅于南苑，定大阅鸣角击鼓声金之制。

康熙三十五年，也就是1696年，正月，下诏亲征噶尔丹。于西苑蕉园设内监官学，以教授太监读书。二月，康熙帝亲统六师启行，二征噶尔丹。命皇太子留守，凡部院章奏听皇太子处理。妃赫舍里氏逝，追赠平妃。

康熙三十六年，也就是1697年，正月，上谕："朕观《明史》，一代并无女后预政，以臣凌君之事。我朝事例，因之者多。朕不似前人辄讥亡国也。现修《明史》，其以此谕增入敕书。"二月，康熙帝第三次亲征噶尔丹于宁夏，命皇太子留守京师。遣官祭黄河之神。四月，费扬古疏报闰三月十三日噶尔丹仰药死。康熙帝率百官行拜天礼。敕诸路班师。七月，以朔漠平定，遣官告祭郊庙、陵寝、先师。十一月，和硕恪靖公主下嫁喀尔喀郡王敦布多尔济。

康熙三十七年，也就是1698年，正月，康熙帝巡幸五台山。命皇长子胤禔、大学士伊桑阿祭金太祖、世宗陵。三月，封皇长子胤禔为直郡王、皇三子胤祉为诚郡王，皇四子胤禛、皇五子胤祺、皇七子胤祐、皇八子胤禩俱为贝勒。五月，裁上林苑。七月，命吏部月选同、通、州、县官引见。霸州新河成，赐名永定河，建河神庙。奉皇太后东巡，取道塞外。

康熙三十八年，也就是1699年，正月，发布南巡诏旨：一切供给，由京备办，勿扰民间。二月，第三次南巡启銮。闰七月，巡塞外。

康熙三十九年，也就是1700年，正月，阅视永定河工程。二月，亲自指示修永定河方略。命费扬古、伊桑阿考试宗室子弟骑射。

康熙四十年，也就是1701年，正月，以河伯效灵，封为金龙四大王。五月，御史张瑗请毁前明内监魏忠贤墓，从之。

康熙四十一年，也就是1702年，正月，诏修国子监。六月，康熙帝制《训饬士子文》，颁发直省，勒石学宫。

康熙四十二年，也就是1703年，正月，大学士诸臣祝贺康熙帝五旬万寿，进"万寿无疆"屏风，却之，仅收其写册。南巡，阅视黄河。

康熙四十四年，也就是1705年，正月，《古文渊鉴》成，颁赐廷臣，及于学宫。二月，康熙帝第五次南巡阅河。严禁太监与各宫女子认亲戚、叔伯、姐妹，违者置于重典。

康熙四十五年，也就是1706年，农历五月，巡幸塞外。建避暑山庄于热河，为每年秋狝驻跸行宫。六月，诏修《功臣传》。七月，驻跸热河。十月，行武殿试。

康熙四十六年，也就是1707年，正月，康熙帝第六次南巡。六月，巡幸塞外。皇三子胤祉迎康熙帝于自己邸园，侍宴，嗣是岁以为常。南书房翰林陈邦彦辑唐宋元明题画诸诗成，康熙帝亲为阅定成《历代题画诗类》一部。七月，驻跸热河。巡幸诸蒙古部落。

康熙四十七年，也就是1708年，正月，重修南岳庙成，御制碑文。四月，捕获明崇祯帝后裔，年已七旬的朱三及其子，斩于市。重修北镇庙成，御制碑文。六月，驻跸热河。《清文鉴》成，上制序文。九月，垂泪废太子。

康熙四十八年，也就是1709年，正月，召集廷臣，审问谁为首倡立胤禩者，群臣惶恐。乃问张廷玉，对曰“闻之马齐”，次日，列马齐罪状，宥死拘禁。后察其有诬，释放马齐。三月，复立太子。

康熙四十九年，也就是1710年，正月，皇太后七旬万寿，谕礼部：“玛克式舞，乃满洲筵宴大礼，典至隆重。今岁皇太后七旬大庆，朕亦五十有七，欲亲舞称觞。”命刊刻《渊鉴类函》四十四部。命修《满汉合璧清文鉴》。

康熙五十年，也就是1711年，免除全国钱粮，并带积欠。皇孙爱新觉罗·弘历出生。

康熙五十一年，也就是1712年，盛世滋丁不加赋。九月，废太子。

康熙五十二年，也就是1713年，农历二月，大臣赵申乔疏言太子国本，应行册立。上以建储大事，未可轻定，宣谕廷臣，以原疏还之予以否决。三月，六旬万寿节，举行千叟宴，此为千叟宴之创始。七月，诏宗人削属籍者，子孙分别系红带、紫带，载名《玉牒》。

康熙五十三年，也就是1714年，正月，命修坛庙殿廷乐器。二月，前尚书王鸿绪进《明史列传》二百八十卷，命付史馆。十月，命大学士、南书房翰林考定乐章。十一月，诚亲王胤祉等以御制《律吕正义》进呈。冬至，祀天于圜丘，奏新乐。

康熙五十四年，也就是1715年，正月，诏贝勒胤禩：延寿溺职，停食俸。十月，谕大学士：“朕右手病不能写字，用左手执笔批答奏折，期于不泄露也。”十一月，废太子胤礽以矾水作书，嘱大臣普奇举己为大将军，事发，普奇获罪。于京畿小汤山建汤山行宫。

康熙五十五年，也就是1716年，农历十一月，准噶尔部策旺阿拉布坦祸乱西藏。是年校刊《康熙字典》，康熙帝自为序。

康熙五十六年，也就是1717年，正月，修《周易折中》成，颁行学宫。五月，九卿议王贝勒差人出外，查无勘合，即行参究。七月，策旺阿拉布坦遣将侵扰西藏，杀拉藏汗，囚其所立达赖。十一月，皇太后不豫，上省疾慈宁宫。发布诏书，回顾一生，阐述为君之难；并言自今春开始有头晕之症，形渐消瘦；特召诸子诸卿详议立储大事。十二月，皇太后逝。康熙帝亦病七十余日，脚面浮肿。是年，禁赴南洋贸易，赴东洋者照旧。

康熙五十七年，也就是1718年，农历二月，翰林院检讨朱天保上疏请复立胤礽为皇太子，康熙帝于行宫训斥之，命诛之。三月，上大行皇后谥号为孝惠仁宪端懿纯德顺天翊圣章皇后。裁起居注官。四月，葬孝惠章皇后于孝东陵。七月，修《省方盛典》。十月，命皇十四子胤禵为抚远大将军，进军青海。命翰林、科道官入直。命皇七子胤祐、皇十子胤䄉、皇十二子胤裪分理正黄、正白、正蓝满蒙汉三旗事务。

康熙五十八年，也就是1719年，正月，诏立功之臣退闲，世职准子弟承袭，若无承袭之人，给俸终其身。二月，学士蒋廷锡表进《皇舆全览图》，颁赐廷臣。四月，命抚远大将军胤禵驻师西宁。十月，命蒙养斋举人王阑生修《正音韵图》。

康熙五十九年，也就是1720年，农历二月，册封新胡毕勒罕为六世达赖喇嘛，结束了五世达赖喇嘛之后的西藏宗教领袖不定的局面。十月，诏抚远大将军胤禵会议明年师期。皇三子胤祉之子弘晟被封为世子，皇五子胤祺之子弘升为世子，班俸均视贝子。定外藩朝觐年例。

康熙六十年，也就是1721年，正月，康熙帝以御极六十年，遣皇四子胤禛、皇十二子胤裪、世子弘晟祭永陵、福陵、昭陵。三月，大学士王掞先密疏复储，后御史陶彝等十三人疏请建储，康熙帝不许，王掞、陶彝等被治罪，遣往军前效力。四月，诏厘定历代帝王庙崇祀祀典。九月，上制平定西藏碑文。十月，召抚远大将军胤禵来京。

康熙六十一年，也就是1722年，正月，举行千叟宴，康熙帝赋诗，诸臣属和，题曰《千叟宴诗》。三月，至皇四子胤禛邸园饮酒赏花，命将其子弘历养育宫中。十月，命雍亲王胤禛等视察仓储。十一月，康熙帝不豫，还驻畅春园。命皇四子胤禛恭代祀天。病逝。即夕移入大内发丧。

遗诏皇四子胤禛继位，是谓雍正帝。遗诏真伪，引发继位之谜。以贝勒胤禩、皇十三子胤祥、大学士马齐、尚书隆科多为总理事务王大臣。召抚远大将军胤禵回京奔丧。诚亲王胤祉上疏，援例陈请将诸皇子名中“胤”字改为“允”字。